e-codemocracia
A PROTEÇÃO DO MEIO AMBIENTE NO CIBERESPAÇO

H333e   Hartmann, Ivar Alberto Martins
       e-codemocracia: a proteção do meio ambiente no ciberespaço / Ivar
    Alberto Martins Hartmann. – Porto Alegre: Livraria do Advogado Editora, 2010.
       208 p.; 23 cm.
       ISBN 978-85-7348-707-7

       1. Proteção ambiental. 2. Proteção ambiental: Internet: Estado.
    3. Meio ambiente. I. Título.

                                        CDU – 349.6

       Índices para catálogo sistemático:
    Proteção ambiental   349.6
    Meio ambiente   504

       (Bibliotecária responsável: Marta Roberto, CRB-10/652)

Ivar Alberto Martins Hartmann

e-codemocracia
A PROTEÇÃO DO MEIO AMBIENTE NO CIBERESPAÇO

Porto Alegre, 2010

© Ivar Alberto Martins Hartmann, 2010

Capa, projeto gráfico e diagramação
Livraria do Advogado Editora

Imagem da capa
Montagem utilizando fotografia produzida
pelo autor em Walter-Grossmann-Weg, em Hannover, Alemanha,
durante período de investigação para produção da dissertação.

Revisão
Smirna Cavalheiro

Direitos desta edição reservados por
Livraria do Advogado Editora Ltda.
Rua Riachuelo, 1338
90010-273 Porto Alegre RS
Fone/fax: 0800-51-7522
editora@livrariadoadvogado.com.br
www.doadvogado.com.br

Impresso no Brasil / Printed in Brazil

Para Laura.

Agradecimentos

Agradeço a meus pais pelos subsídios e oportunidades oferecidas para que pudesse cursar um mestrado, realizar pesquisa no exterior e desenvolver este trabalho.

Agradeço a todos os amigos e entes queridos que me estenderam a mão em auxílio ou me ofereceram o ombro em momentos difíceis, entre eles Carlos, Fernanda, Patrícia, Gabriel, Ewerton e Lisete.

Agradeço aos colegas de pesquisa jurídica, que me influenciaram com sua experiência e me agraciaram com sua ajuda e companhia nessa caminhada que está apenas no início, entre eles Italo, Mariane, Sérgio e Nelise.

Agradeço ao Professor Jörg Neuner e ao Deutscher Akademischer Austausch Dienst (Serviço Alemão de Intercâmbio Acadêmico) por possibilitarem experiência única de investigação em ricas bibliotecas e bases de dados, em Augsburg, Munique e Hannover, às quais não teria de outra maneira acesso.

Agradeço, na pessoa da Caren, às companheiras da secretaria do Programa de Pós-Graduação por seu auxílio sempre prestativo e atencioso.

Agradeço à Coordenação de Aperfeiçoamento de Pessoal de Nível Superior (CAPES) pela bolsa de estudos.

Agradeço ao Professor Ingo Wolfgang Sarlet, meu padrinho na pesquisa jurídica, por acreditar em mim e abonar-me diversas oportunidades ímpares de crescimento pessoal e profissional.

Por fim, agradeço profundamente ao Professor Carlos Alberto Molinaro, pelo estímulo criativo desde a fase da definição do tema e de seu recorte até a elaboração da conclusão, por enobrecer esta dissertação com sua peculiar perspicácia, por acreditar sinceramente na relevância deste estudo, auxiliando minha pesquisa inclusive com recursos financeiros próprios e, acima de tudo, por mostrar, ao longo de todo o caminho, o que é ser um orientador ao mesmo tempo que um amigo.

Prefácio

Um livro deve revolver ideias, provocá-las inclusive.
Um livro deve ser um perigo.

Emil Mihai Cioran[1]

O pesquisador **Ivar Alberto Martins Hartmann**, cuja dissertação de mestrado (que ora se publica) tivemos o privilégio de orientar (Carlos Alberto Molinaro) e co-orientar (Ingo Wolfgang Sarlet), no âmbito do Programa de Pós-Graduação em Direito da PUCRS, apresenta-nos um trabalho que "abre" ou "inflama" muitas imagens, conceitos e ideias para a reflexão e para ulteriores investigações. O autor, jovem irrequieto, possuidor de todas as qualidades que se espera de um cientista dedicado ao estudo das ciências sociais aplicadas, em especial o direito, é dotado de um espírito criativo e detentor de uma metódica de trabalho exemplar. Importa consignar que o texto ora publicado pode ser considerado como constituindo um alargamento e aprofundamento da investigação anterior realizada quando da graduação no Curso de Direito da PUCRS (na ocasião, versava o trabalho de conclusão de curso sobre o tema "**O acesso à Internet como direito fundamental**"),[2] trabalho que logrou, assim como a sua dissertação de mestrado, obter aprovação com nota máxima. Além disso, há que destacar a participação, por ocasião da defesa pública da dissertação de Mestrado, do Professor Doutor Andreas Krell, na composição da banca examinadora, o que apenas vem a reforçar o selo de qualidade atribuído ao trabalho.

O título da presente obra, "e-codemocracia – a proteção do meio ambiente no ciberespaço", pela sua originalidade ademais de ampla pesquisa em doutrina comparada revelam-nos questões das mais importantes postas neste já final de década do presente século. O bem articulado discurso encontra-se redigido em

---

[1] Cioran E., *Œuvre*, Paris, Gallimard, 1999.
[2] O TCC – Trabalho de Conclusão de Curso foi orientado por Ingo Wolfgang Sarlet e co-orientado por Carlos Alberto Molinaro, contando com a participação – na banca examinadora – da Professora Fernanda Fontoura de Medeiros.

três capítulos que, a rigor, podem ser lidos separadamente (nada obstante o fio condutor que alinha toda a narrativa); o primeiro deles dedica-se ao estudo do "Estado Ambiental", cuja moldura está construída segundo o modelo alemão, estrutura que o autor de forma entusiasmada adota e discorre com proficiência; o segundo, já desloca o autor para o ambiente comunicacional norte-americano, dedicando-se a expor e analisar os fluxos presentes do modelo de uma sociedade-rede que induz um Estado-Rede cuja formatação está suportada por um reticulado sistema de comunicações horizontais, de nódulos periféricos tendo como instrumento as potencialidades que a Internet disponibiliza; o terceiro capítulo, núcleo duro da investigação, trata da imbricação de um Estado articulado em rede dedicado à proteção ambiental mediante um complexo sistema procedimental fundado em uma democracia digital em cujo interior pulsa um intenso direito fundamental à informação consubstanciado em um direito universal de acesso à Internet.

Como se pode ver o projeto do autor foi ambicioso! Neste estilo, cabe a pergunta: logrou o autor resultados práticos com a sua narrativa? A nosso juízo a resposta é afirmativa. Com efeito, na atualidade e na maioria das democracias ocidentais, os Estados têm-se conformado a um modelo de Estado de proteção ambiental, mais precisamente de proteção socioambiental. Não há como descuidar-se da *socioambientalidade* de todas as relações entre os atores sociais (pessoas, corporações, instituições, órgãos despersonalizados e universalidades de direito), especialmente confrontando-a com os graves problemas advindos da degradação do meio ambiente, aquecimento global, segurança alimentar, da vulnerabilidade das comunicações, da corrupção passiva e ativa dos agentes públicos e privados, da instabilidade das relações econômicas e financeiras mediadas pela cobiça e pela assunção de riscos incompatíveis com a boa economia, da sobreposição de programas políticos que têm como endereço apenas projetos de poder suportados pelo lugar dos nacionalismos inconsequentes, o crescimento da violência e do terrorismo político.

Desde meados do último século, com intensidade maior no presente, vemos crescer espetacularmente as desigualdades sociais, seja no interior dos Estados, como na ambiência internacional, o que tem constituído a principal fonte das tensões sociais e políticas. Ainda, assistimos a cada vez mais intensa translação – por parte dos países centrais – de custos para países de mão de obra barata, a desvalorização dos salários, pela "reserva de mão de obra" desempregada. Na perspectiva da mobilidade, vemos cada vez mais numerosas as populações de países periféricos em permanente migração, seja pelas guerras locais, seja em busca de trabalho, para um pequeno número de países eurocêntricos, que não as acolhem e ainda mais as hostilizam e incriminam. Tais eventos frustram qualquer coerência relacional e induzem a busca constante por novas formas de convivência sociopolítica e cultural capaz de dar conta dos desejos e necessidades, gestados e até mesmo amadurecidos no contexto global.

De outro modo, o sistema de democracia representativa, na opinião de muitos, não é senão uma forma odiosa de oligarquias parlamentares e de mecanismos de partidos políticos mais interessados em seus próprios interesses, o que afasta o povo do governo, limitando a sua participação na tomada de decisões e condensa a vontade de milhares de pessoas em um apenas a pessoa que supostamente as representam. As eleições são menos importantes do que competições esportivas, e não são mais um processo, na maioria das vezes obrigatórias, se levarmos em consideração a abstenção e a apatia que assola a sociedade moderna. O cidadão envolvido na formação das instituições, até mesmo contra a sua vontade por "representantes iluminados" do povo que em seu nome praticam as maiores iniquidades e hipocrisias.

A investigação realizada pelo autor aponta para um mundo que depende de modo progressivo da ciência e da tecnologia. Neste sentido, proteção dos ecossistemas, fluxos socioambientais e processos de produção, provisão alimentar, saúde, educação, segurança, comunicação e mobilidade, entre outras, são esferas que orbitam no amplo espaço socioambiental. Ciência, e Tecnologia são vetores indispensáveis de fomento para maior eficiência e melhora das condições de vida, sua qualidade e formas de interação intercultural das populações.

Relativamente à formatação de um Estado de Ambiente – isto é, daquele que tem por meta e medida de decidibilidade a proteção ambiental e a atribuição de um direito fundamental à cidadania –, certamente podemos creditar ao Estado brasileiro um endereço constitucional fundado na sociabilidade das relações cidadãs e na garantia da proteção ambiental, portanto, mais que um Estado do Ambiente, um Estado Socioambiental, onde assume relevância a análise, entre outros, de três processos intercorrentes nas relações sociais e na proteção ambiental: fluxos econômicos, inovação tecnológica e sustentabilidade.

Contudo, reprise-se, assistimos à progressiva deterioração do ambiente. Esta grave crise ambiental é devida a vários fatores, tais como o forte aumento da população humana, atualmente, mais de seis bilhões (segundo os últimos dados 6,5 bilhões) de pessoas, o que é agravado pela pobreza sofrida por grande parte dos habitantes deste planeta, juntamente com o crescimento excessivo da atividade econômica que tem produzido impactos negativos sobre o meio ambiente, com densidade na degradação ambiental, afetando a qualidade de vida, como resultado de superexploração dos recursos naturais.

Os níveis de pobreza que se acrescem aos problemas ambientais se manifestam também pelas assimetrias na distribuição demográfica, pois é nos países mais ricos onde se concentra 20% da população mundial, tudo isso carrega ainda o ônus da desigualdade global da renda e do consumo, pois os 20% mais ricos apropriam 86% do consumo privado, enquanto que os 20% mais pobres da população mundial apropriam menos de 2% do consumo total privado. Esta densidade concentrada no consumo revela-se como matriz da dessimetria dos níveis de contaminantes.

Outro aspecto a considerar é que, no século passado, o crescimento industrial aumentou cinquenta vezes, sendo o responsável por quatro quintos desse crescimento nos últimos cinquenta anos. Este aumento reflete o espetacular desenvolvimento experimentado pela ciência e tecnologia aplicada em todos os campos da atividade humana, o que explica o aumento das atividades econômicas, como construção, transporte, mineração, pesca, comércio, indústria, agricultura e pecuária, não só em resposta a uma ambição de progresso, mas o imperativo de satisfazer as necessidades de uma população humana que se expande exponencialmente.

O nível crítico que encontramos na conservação e proteção do habitat se reflete na inegável mudança do clima que hoje todos afligem resultado do aquecimento global, o efeito estufa, a diminuição da camada de ozônio, o erosão do solo, poluição atmosférica, predação das espécies e inúmeros outros danos ambientais resultado de comportamentos prejudiciais em práticas cotidianas que aparentemente não podem ser neutralizadas, apesar da existência de diferentes mecanismos criados para compensar o impacto da poluição ambiental.

O crescimento incontrolável do problema que o planeta enfrenta tem causado uma profunda insatisfação com o uso de instrumentos convencionais de políticas públicas, o que exige a necessidade de implantação de determinados instrumentos econômicos, tais como direitos de emissão negociáveis, taxas de emissão de poluentes, os impostos ambientais, entre outros, como parte de uma política de gestão ambiental. É por isso que é oportuno destacar a importância do uso da política fiscal como instrumento de gestão ambiental que, em conjunto com outras políticas já existentes para a proteção do ambiente, pode alcançar o desenvolvimento sustentável tão desejado.

A tarefa de encontrar sinergias entre o ambiente, democracia e o crescimento econômico é essencial para desenvolvimento de um possível futuro. Além disso, vários países que, atualmente, se encontram em um círculo vicioso populismo, de pobreza, estagnação econômica e destruição ambiental, podem ter parte da solução para este problema em sua riqueza ecológica. Em contrapartida a indiferença com o problema ambiental pode acabar com os recursos naturais que até agora tem sido a principal fonte de desenvolvimento econômico. É verdade que o crescimento econômico não é a única causa da crise ambiental, mas também não está livre de qualquer culpa. É verdade, ainda, que em alguns casos, é necessário aumentar a utilização de recursos ou as emissões de resíduos para o crescimento econômico, mas infelizmente, o uso indiscriminado dos recursos naturais e a emissão excessiva de resíduos tem sido desproporcional em relação ao desenvolvimento econômico observado.

Necessário, pois, um processo de planejamento "eco-eficiente" na proteção do meio ambiente, necessária uma holodemocracia real, observe-se que esse planejamento deve ocorrer através de mercados, e não em oposição a eles, sem dúvida, se exige um maior grau de intervenção estatal na economia que vivemos, com a definição de metas para cada indicador, alem de aplicar as normas ambientais, ou outros instrumentos para limitar a atividade econômica a essas metas para encontrar simetria entre desenvolvimento e sustentabilidade. Poderoso instrumento para a simetria entre crescimento econômico e sustentabilidade revela-se na inovação tecnológica. O processo de inovação tecnológica possibilita combinar as capacidades técnicas, financeiras, produtivas, comerciais e administrativas e permite o lançamento no mercado de novos e melhores produtos ou processos. Mediante bem definidas políticas públicas no sentido de fomentar a pesquisa para a inovação de métodos e processos técnicos podem ser alcançados os mais diversos campos do saber que se vão concretizar em medidas que atendam as ciências ambientais e seus reclamos, em espacial a sustentabilidade.

Em tal cenário, fundado na socioambientalidade das relações, justifica-se formular novas soluções: *e-governaça*, *e-democracia*! Enfim, está plenamente validada a proposta de uma incursão mais densa no amplo espaço da **ciberestatalidade** onde direitos e deveres fundamentais, na ambiência pública e privada podem contribuir de modo eficaz para a progressiva solução de tão graves problemas. Neste sentido, já dispomos de um poderoso instrumento: a *Internet*.

A internet, definida como a participação social na comunicação global, propiciando informação, entretenimento, conhecimento, contatos em rede em tempo real, todos de forma dinâmica e interativa. Dinamicamente, pois o fluxo de informações é atualizado regularmente e controlado pelos desejos do usuário final. Interativa, porque ele é enriquecido com a possibilidade de intervenção no processamento de informações e retroalimentação contínua. Neste sentido, formas de governo e de democracia digital, baseados no espaço da *web* e dos dispositivos que lhe são apendiceados, estão flexionadas para a participação cidadã na codecisão e controle dos negócios públicos.

Observe-se que atualmente, na forma das nossas democracias representativas, a cidadania (corpo da soberania popular) sufraga, mas não governa revelando-se num modelo em crise permanente. A alternativa é o modelo de democracia direta, todavia até recentemente de difícil concretização devido não só à complexidade do Estado contemporâneo como também a elevada densidade demográfica. Contudo, com incorporação de novas conquistas tecnológicas passa a existir a possibilidade de modelos alternativos de democracia, que programem uma ponte entre a democracia representativa e a democracia direta, fazendo com que o povo destituído da decisão política passe a ser um agente proativo não só de sua concreção, mas também que tenha o controle de sua aplicação.

Um direito fundamental de acesso à Internet (condição de uma ciberdemocracia), não está longe de alcançar a sua desejável e mesmo necessária concretude (até podemos visualizá-lo como referido ao direito fundamental à informação) para a maioria dos Estados ocidentais. Com efeito, é possível constatar que o mesmo já se encontra positivado na Finlândia, com a recente decisão da universalização de acesso a "banda larga", em 02 de abril do corrente ano;[3] note-se, ademais, que a Agenda Digital para a Europa de 19 de maio último, já antevê a fundamentalidade deste direito.[4] De outro modo um breve percurso no excelente *site* da Internet World Stats,[5] nos dá bem a medida de uma eminente viragem para o reconhecimento global da fundamentalidade do acesso ao amplo espaço da *web*. No Brasil, já contamos com o e-Democracia um portal de interação virtual da sociedade com o objetivo de promover a discussão e o compartilhamento de conhecimento no processo de elaboração de políticas públicas e projetos de lei de interesse nacional.[6]

De todo o exposto, perceptível que o livro de Ivar Hartmann chega em boa hora, e não sendo nosso intento aumentar a distância entre o leitor e a obra ora apresentada, resta-nos parabenizar o autor e a editora por este oportuno lançamento, almejando que venha a obter a merecida acolhida, não apenas, mas especialmente na esfera jurídica, onde uma lufada de ares oriundos de outras fontes do saber cada vez mais se faz necessária.

Porto Alegre, junho de 2010.

Carlos Alberto Molinaro
Professor Adjunto da Faculdade de Direito da PUCRS

Ingo Wolfgang Sarlet
Professor Titular da Faculdade de Direito da PUCRS

---

[3] Cf. http://www.om.fi/Oikeapalsta/Haku/1247668492388; http://formin.finland.fi/Public/Print.aspx?contentid=179013&nodeid=15154&culture=fi-FI&contentlan=1; http://www.01net.com/editorial/507381/le-haut-debit-va-devenir-un-droit-pour-les-citoyens-finlandais/; Cf. Lei das Comunicações Eletrônicas, in, http://www.riigiteataja.ee/ert/act.jsp?id=13247210

[4] Cf. http://ec.europa.eu/information_society/digital-agenda/documents/digital-agenda-communication-en.pdf

[5] Cf. http://www.internetworldstats.com/stats.htm

[6] Cf. http://www.edemocracia.camara.gov.br/publico/. Observe-se que o Brasil, em 2009, com uma população de aproximadamente 199 milhões de habitantes, conta com mais de 72 milhões de internautas.

Sumário

Apresentação – *Carla Amado Gomes* 17
Introdução 19

Parte I

1. O Estado Ambiental 23
    1.1. Justiça ambiental 23
    1.2. Estado Ambiental 26
        1.2.1. Argumentos contrários a um direito fundamental ao meio ambiente 34
        1.2.2. A proteção ambiental como objetivo estatal 37
            1.2.2.1. Objeto da proteção 39
            1.2.2.2. Delineamento da proteção – mandado de otimização e proibição de degradação 43
            1.2.2.3. A eficácia jurídica do objetivo estatal de proteção ambiental do art. 225 .. 47
    1.3. O estado ambiental e o estado de direito 57
        1.3.1. A compatibilização dos elementos do Estado de Direito com o objetivo estatal de proteção ambiental 57
        1.3.2. Relações constitucionais multipolares e proporcionalidade: a proposta de Christian Calliess 61
    1.4. Conclusão intermediária 64

2. O Estado-Rede 68
    2.1. Sociedade-rede: nenhum paradigma definitivo, apenas acordo semântico 68
    2.2. A sociedade-rede 71
        2.2.1. Uma rede de comunidades 71
        2.2.2. Aspectos problemáticos da comunicação na Rede 77
        2.2.3. Aspectos sociais e econômicos da sociedade-rede 81
        2.2.4. Aspectos centrais da sociedade-rede 84
    2.3. A regulação da Internet, a Internet na regulação e o Estado-rede 86
        2.3.1. A regulação da Internet 86
            2.3.1.1. A impossibilidade da regulação da Internet 86
            2.3.1.2. A inconveniência da regulação da Internet 93
        2.3.2. A Internet e o Estado: Estado-rede 98
            2.3.2.1. As funções essenciais do Estado-rede 100
        2.3.3. A administração rede 105
        2.3.4. A regulação da Internet pelo Estado-rede 107
    2.4. Conclusão intermediária 112

Parte II

3. A proteção ambiental procedimental na perspectiva de um estado ambiental articulado em um Estado-rede 115
   3.1. A proteção procedimental do meio ambiente 115
   3.2. A Convenção de Aarhus e seus três pilares 124
       3.2.1. O acesso à justiça como auxiliar e como garantia da efetividade dos outros dois direitos e o processo eletrônico nesse contexto 126
   3.3. Acesso à Informação ambiental no Estado-rede 131
       3.3.1. Contornos tradicionais do instituto do direito de acesso à informação ambiental . 131
       3.3.2. A informação ambiental no Estado-rede 138
   3.4. Elementos da ciberdemocracia e a participação pública em processos decisórios ambientais 142
       3.4.1. Noções de ciberdemocracia 142
       3.4.2. A participação pública em processos decisórios ambientais no Estado-rede 151
   3.5. Conclusão intermediária 156

4. O Direito Fundamental ao Acesso à Internet e a sua Eficácia 158
   4.1. Introdução 158
   4.2. A vinculação do poder público 160
       4.2.1. Dimensão negativa 160
       4.2.2. Dimensão positiva 165
          4.2.2.1. O acesso à Internet como direito fundamental social 165
          4.2.2.2. Políticas públicas de inclusão digital 171
          4.2.2.3. Acesso à Internet e mínimo existencial 180
   4.3. A vinculação dos particulares 185
       4.3.1. Dimensão negativa 185
       4.3.2. Dimensão positiva 191
   4.4. Conclusão intermediária 193

Conclusão 195

Referências 198

Apresentação

Navego na NET, logo existo. Nestes tempos de *totalitarismo cibernético* em que vivemos, a adaptação da máxima cartesiana não podia vir mais a propósito. A realização da justiça social passa hoje, não só pela salvaguarda de um mínimo existencial condigno, como também pela garantia de um mínimo informacional condigno, traduzido, entre outros, no direito de acesso à rede. A universalidade, informalidade, celeridade de transmissão de informação através da Internet transformam-na num meio privilegiado de concretização da cidadania, sobretudo no que tange a governança de interesses colectivos. Como observa CHEVALLIER, "A governança releva de uma abordagem pluralista e interactiva da acção colectiva", essencial na gestão de "bens comuns do povo", na expressão constitucional, como os ambientais.

A obra que ora se apresenta parte de uma premissa que vimos defendendo há alguns anos: a natureza procedimental do "direito ao ambiente". Enquanto feixe de posições jurídicas reportadas a interesses difusos, de fruição colectiva, tal "direito" perde densidade no confronto com direitos de personalidade e insufla-se de sentido quando referenciado às dimensões de direito à informação, participação procedimental e acesso à justiça (o triângulo para que a Convenção de Aarhus aponta). A solidariedade, que a regulação do interesse de prevenção de danos a uma grandeza que a todos aproveita e que a ninguém pertence demanda, tem um espaço de afirmação e operacionalização na rede, veiculando o incremento de uma *e*-democracia (ou, forçando a adjectivação, uma *e*-ecodemocracia).

Parte do dever do Estado de protecção de bens de fruição difusa passa, assim, pela promoção da qualidade de participação procedimental e encontra o seu reflexo subjectivo na afirmação de um *direito fundamental de acesso à rede* por parte dos membros da comunidade. A composição de interesses, privados, públicos e colectivos, que a tutela ambiental convoca, encontra aí momento dialógico estrutural e estruturante à ponderação de decisões racionalmente justas e ecologicamente equilibradas. Um Estado que compactua com a existência de cidadãos ambientalmente infoexcluídos é um Estado que irreversivelmente se afasta da realização da democracia ambiental e se condena a um futuro cada vez mais frágil.

Ivar Hartmann escreve com mestria, originalidade e elegância um "manual de instruções" dirigido ao Estado que deve buscar a realização óptima do interesse de protecção do ambiente, em prol das gerações presentes e futuras, visando os seus cidadãos e os cidadãos do mundo – um Estado ambientalmente comprometido com uma responsabilidade histórica que a urgência da crise ambiental impõe.

Lisboa, Fevereiro de 2010

Carla Amado Gomes
Professora da Faculdade de Direito da Universidade de Lisboa
Professora Convidada da Faculdade de Direito da Universidade Nova de Lisboa

Introdução

A degradação ambiental e a Internet são dois aspectos, dentre alguns poucos outros, que estão no centro das relações humanas neste início de século XXI. Fenômenos climáticos, imagens de devastação florestal, número crescente de espécies em extinção, incerteza em relação ao nosso futuro e ao do planeta. E-mails, notícias a cada segundo, *blogs*, redes sociais virtuais com milhões de adeptos, profundas modificações na maneira como trabalhamos, como nos relacionamos com familiares, na forma como nos entretemos. Há aqueles que não percebem como são afetados por tudo isso – mas todos o são, de uma maneira ou de outra.

É possível que haja uma relação entre essa nova forma de se comunicar e, em última análise, de viver, e a missão, para a qual apenas alguns parecem dar importância, de proteger a casa da humanidade? E protegê-la por quê? Apenas porque abriga a nossa espécie, sem atenção à riqueza da vida além da humana?

Acreditamos que a malha comunicativa diferenciada, introduzida apenas nos últimos anos na forma da Internet, é algo que afeta tudo aquilo que se resume a informação e comunicação. Assim, a noção de necessidade de preservação da natureza e a decisão de como fazê-lo – elementos centrados na informação e na comunicação – necessariamente devem ser compreendidos sob um ponto de vista diferente em sede daquilo que muitos denominam de sociedade da informação. Há como vislumbrar indivíduos interessados no ambiente, e que habitam o ciberespaço, participando de um novo tipo de democracia. Pretendemos, nesta obra, fornecer as bases para a compreensão do "porquê" e os contornos gerais do "como" isso se dá.

A empreitada não é simples e pressupõe investigação profunda de diferentes ramos do direito, da sociologia, da antropologia, da psicologia, da teoria política, da biologia, da geologia e das demais ciências naturais, entre outras. Juristas que somos, podemos apenas pisar na soleira da porta que dá acesso ao debate dessa questão no âmbito dessas outras ciências. Podemos, todavia, fornecer um bom panorama, recheado de pequenos aprofundamentos, dos aspectos mais estreitamente ligados ao direito: a configuração do Estado, da Administração Pública, o acesso à justiça, os direitos fundamentais, o direito da proteção ambiental, e assim por diante. Nosso objetivo não é esgotar um tema pretendendo reduzi-lo ao "jurídico", mas sim permitir que essas abordagens jurídicas dialoguem com aquelas de cientistas das demais áreas do saber, de modo a facilitar a compreensão coletiva do universo problemático recém-mencionado. Ainda assim, no ramo do direito, nossa empreitada segue sendo tudo menos simples. Na tentativa de lograr algum êxito da forma da oferta de alguns pressupostos e possíveis conclusões sobre esse novo tipo de democracia, estruturamos esta obra em duas partes, cada uma dividida em dois capítulos. Na primeira parte, estabelecemos as bases argumentativas e discursivas com as quais trabalhamos, para então, nelas ancorados, desenvolvermos a ideia central do estudo na segunda parte.

No primeiro capítulo, apresentamos aquilo que nos parece ser o estado da arte em termos de proteção ambiental constitucional, caracterizada pelo paradigma alemão do Estado Ambiental. Introduzimos algumas características essenciais desse formato de Estado, argumentos em prol da proteção ambiental constitucional por meio de um objetivo estatal (ao invés de um direito fundamental ao meio ambiente) e aspectos desse objetivo – seu objeto, sua amplitude e pontos relacionados à harmonização do objetivo com a proteção dos direitos fundamentais e garantia do Estado de Direito. A base do estudo nesse capítulo é a doutrina alemã, seja porque o paradigma do Estado Ambiental conforme adotado aqui se desenvolveu naquele país, seja porque a dogmática da proteção constitucional ambiental (e possivelmente do direito ambiental de forma geral) produzida na Alemanha é uma das mais sofisticadas do mundo, certamente muito à frente da brasileira.

No segundo capítulo, apresentamos as principais características daquilo que designamos de sociedade-rede e, a partir da identificação de tarefas essenciais diferenciadas a serem cumpridas pelo Estado nesse contexto, mormente a governança dos processos comunicativos, discorremos sobre a noção de Estado-Rede. Nessa linha, centramos nossa concepção de sociedade-rede e de Estado-Rede no novo formato descentralizado da malha comunicacional da sociedade com base no uso das potencialidades da Internet. Apresentamos também os argumentos em prol da impossibilidade e inconveniência da regulação da Rede e explicamos por que não procedem, introduzindo, em seguida, aspectos básicos da regulação da Internet pelo Estado-Rede. A doutrina é quase exclusivamente norte-americana. O pioneirismo da produção jurídico-científica dos Estados Unidos nessa área, bem como o papel central desempenhado pela liberdade de expressão e direito à informação na cultura norte-americana, servem como justificativa para essa opção metodológica.

Temos que o terceiro capítulo representa o coração de nosso estudo. Nele discorremos sobre os contornos da procedimentalização da proteção ambiental, a partir do reconhecimento da complexidade do enfrentamento da incerteza, empresa que caracteriza a proteção ambiental. Introduzimos elementos do direito de acesso à informação ambiental, fornecendo então as características da efetivação desse direito a partir do uso da Internet. Da mesma forma, imbricamos noções de ciberdemocracia com institutos tradicionais de processos de participação pública na tomada de decisões ambientais, mostrando como isso implica uma verdadeira participação e debate democráticos efetivos. O tema do acesso à justiça, elemento da tríade de proteção procedimental ambiental consagrada pela Convenção de Aarhus, e sua relação com o processo eletrônico merecem algumas linhas, embora não seja esse o foco do capítulo. Demonstramos, em suma, como o Estado Ambiental e a proteção ambiental procedimental que esse implica são articulados em um Estado-Rede.

A partir da indicação, em diversos momentos do estudo, do papel-chave que desempenha a Internet, consistindo a garantia de acesso uma das tarefas essenciais do Estado-Rede e base para o modelo de procedimentalização apresentado no terceiro capítulo, desenvolvemos a concepção do acesso à Internet como direito fundamental social na perspectiva constitucional brasileira. Focando a eficácia desse direito, listamos aspectos da vinculação do Estado e de particulares, na dimensão negativa (de defesa) e positiva (prestacional) desse direito fundamental. A ênfase é dada às políticas públicas de inclusão digital e ao mínimo existencial como garantia desse direito frente ao legislador.

— *Parte I* —

1. O Estado Ambiental

1.1. JUSTIÇA AMBIENTAL

O homem está revendo a sua perspectiva em relação à natureza que o abriga. Disso resulta que a ciência do direito revê a forma como trata – normatizando – a relação do homem com a natureza. O movimento ambientalista mundial, iniciado nos idos da década de 1970, já rendeu incontável número de abordagens teóricas e modificações práticas no âmbito do direito. Quando afirmamos que o homem está revendo a forma como vê e se relaciona com, a natureza, queremos apenas sinalizar simpatia e filiação com a larguíssima produção teórica e jurisprudencial que buscou, nos últimos anos, enfatizar essa assertiva. Não é nosso intuito discorrer sobre a história nefasta das implicações ecológicas da revolução industrial, da superpopulação humana e do capitalismo em seu formato crematístico que estimula o consumismo. Há profusão de trabalhos científicos na seara nacional e internacional, nas mais diversas ciências humanas e biológicas, descrevendo essa história. Desnecessário, igualmente, dedicar diversas linhas aqui para apontar e chamar atenção para tais implicações, que atualmente deixaram de ser um risco para concretizarem-se em um dano atual, incomensurável e de dificílima (e em muitos casos impossível) reversão e reparação.

Muito já se teorizou sobre a falência desse sistema social consumista, sobre a insustentabilidade da sociedade ocidental no formato norte-americano e sobre a decorrente e obrigatória mudança de paradigmas. Dessa forma, aqui apenas ratificamos esse ponto de vista externado e bem argumentado por diversos autores, podendo assim dedicar o esforço de forma mais eficiente ao nosso objetivo específico, qual seja, a contribuição para o delineamento do Estado Ambiental.[1]

Ao tratar do Estado Ambiental, estamos opta por uma perspectiva brasileira e, especificamente, constitucional do direito do ambiente. Reconhecemos, en-

---
[1] Sobre o aspecto da crise ambiental e o decorrente Estado Ambiental, ver MARQUES, Angélica Bauer. A cidadania ambiental e a construção do Estado de Direito do Meio Ambiente. In: FERREIRA, Heline Sivini; LEITE, José Rubens Morato (Coords.). *Estado de direito ambiental*: tendências; aspectos constitucionais e diagnósticos. Rio de Janeiro: Forense Universitária, 2004.

tretanto, que a proteção do ambiente é problema global que deve ser trabalhado necessariamente por meio de uma análise jurídica supranacional. O tema do sistema internacional de proteção do ambiente é riquíssimo e tem sido abordado por diversos autores, inclusive no Brasil. Uma efetiva proteção decorre, entretanto, da percepção dessa dimensão internacional e da configuração de uma estrutura abrangente e integrada de preservação. Isso significa que também os entes de âmbito nacional e inclusive regional devem ser dotados de alguma autonomia, ao mesmo tempo que integrados à superestrutura. Afirmar que a proteção ambiental deve ser feita em nível global não significa, portanto, a manutenção de um sistema exclusivamente internacional de proteção. Quer dizer, isso sim, que os entes públicos e privados dos mais diferentes níveis, do municipal ao mundial, devem agir em sinergia, de forma a respeitar e tomar o máximo proveito dos limites e possibilidades de cada um.[2]

Nesse contexto, o Estado nacional obtém inegável destaque em razão da ordem constitucional que o forma, da razoável capacidade de administrar diferenças regionais, bem como da peculiar força coercitiva. Assim, pretendemos deixar claro que a opção pelo foco na dimensão constitucional de forma alguma reflete desconhecimento acerca do aspecto internacional da proteção ambiental ou descrença na importância do estudo dessa superestrutura e das relações de integração entre os entes nela abrangidos.

A abordagem pretendida é eminentemente dogmática, evitando tratar do tema sob o ponto de vista da filosofia, política ou sociologia. Muito embora ainda haja grande espaço para discussão e inovação no ponto de conexão entre o tópico Estado Ambiental e essas importantes áreas, fazemos uma opção delimitadora em razão do espaço do qual aqui dispomos para o desenvolvimento de nossos argumentos e, principalmente, da função que o presente capítulo desempenha no panorama geral desse estudo. O privilegiamento de uma abordagem que se pretende estritamente dogmática deverá, entretanto, ser precedido por algumas poucas linhas sobre uma questão de teoria da justiça.

Julgamos que nossa perspectiva acerca dos pontos de direito constitucional ambiental que pretendemos desenvolver mais adiante será mais facilmente compreendida, logrando possivelmente maior aceitação, se a teoria de justiça na qual está fundada for apontada previamente. Ainda que se faça brevemente e sem grande aprofundamento do tópico.

O termo *environmental justice*, "justiça ambiental", foi empregado inicialmente nos Estados Unidos, no final da década de 1970 e início da década de 1980, após a constatação de que empreendimentos com impacto ambiental negativo, como grandes depósitos de lixo e usinas nucleares, estavam localizados com grande frequência em locais habitados predominantemente por minorias,

---

[2] Sobre o objeto e natureza do sistema internacional de proteção ambiental, ver o clássico KISS, Alexandre Charles. *International Environmental Law*. Transnational Publishers, 1994, p. 5 e ss. Também KLOEPFER, Michael. *Umweltschutzrecht*. Munique: C.H. Beck, 2008, p. 163 e ss.

como negros e hispânicos. Alguns incidentes deixaram clara a vulnerabilidade dessas pessoas – em sua maioria de classe econômica baixa – diante dos potenciais danos à saúde advindos de morar próximo a locais desse tipo. Mas o que causou grande celeuma foi, de fato, a concentração altamente desproporcional, comprovada por diversos estudos (inclusive do governo), de tais empreendimentos na vizinhança de bairros ou cidades ocupadas quase totalmente por negros e latinos.[3] O movimento da *environmental justice* surgiu no âmbito de outro mais abrangente e historicamente precedente: o da igualdade racial. Isso fez com que, a despeito de sua força, que motivou inclusive a criação do órgão federal norte-americano da *Environmental Protection Agency*, EPA (Agência de Proteção Ambiental), esse movimento permanecesse sempre focado na busca da igual distribuição geográfica de empreendimentos nocivos à saúde. Seu objetivo, assim, era combater mais uma funesta forma de discriminação social que permitia que usinas de carvão, fábricas altamente poluentes, depósitos de lixo radioativo e outros fossem construídos em locais habitados por minorias.[4]

Michael Kloepfer[5] bem constatou que o tema da justiça ambiental deve abranger muito mais que isso. Ainda no campo de uma justiça social humana, trata-se de buscar uma forma justa de distribuir o impacto ambiental negativo provocado pelos humanos entre eles mesmos, mas também, e muito mais importante que isso, de determinar uma justa distribuição já da produção desse impacto ambiental negativo. A essas questões junta-se ainda a problemática da justiça intergeneracional humana. Justiça ambiental, todavia, diz também com questões que incluem o homem, mas não estão reduzidas apenas a ele. Trata-se da relação de todos os seres vivos entre si, e da relação destes com o ambiente onde vivem, ou as bases naturais da vida. A despeito das grandes dificuldades, entendemos que uma teoria de justiça ambiental deve necessariamente tratar dessas questões.

É dizer, uma teoria de justiça ambiental exclusivamente humana – que contenha proposições acerca de quanto cada um pode poluir e quanta poluição cada um deve tolerar – deve estar inserida em uma teoria da justiça genuína, sistemática: ecológica. É preciso delinear quanto a *espécie* humanidade pode impor de peso existencial ou *existential footprint* sobre o ecossistema,[6] e quanto disso deve

---

[3] Um deles, elaborado pelo Departamento de Contadoria Geral do governo federal em 1983, constatou que 75% de todos os depósitos de lixo de oito Estados do sul dos Estados Unidos estavam localizados em vizinhanças habitadas por maioria negra. A população negra desses oito Estados, entretanto, representava apenas 20% do total. ELVERS, Horst-Dietrich. Umweltgerechtigkeit als Forschungsparadigma der Soziologie. *Soziologie*, v. 36, n. 1, p. 21-44 / Jan. 2007. Disponível em: http://www.springerlink.com/content/a1765804472954t0/. Acessado em: 20 maio 2009.

[4] Para demais aspectos da justiça ambiental como desenvolvida nos Estados Unidos, ver LAKE, Robert W. *Volunteers, nimbys, and environmental justice*: Dilemmas of democratic practice. Disponível em: http://www3.interscience.wiley.com/journal/119207185/abstract?CRETRY=1&SRETRY=0. Acessado em: 20 maio 2009.

[5] KLOEPFER, Michael. Aspekte der Umweltgerechtigkeit. *Jahrbuch des Öffentlichen Rechts der Gegenwart*, v. 56, p. 1-22, Tübingen: Mohr Siebeck, 2008.

[6] Nesse ponto reside uma das grandes deficiências de uma teoria exclusivamente econômica de direito, pois não considera a finitude dos chamados "recursos naturais" e a fragilidade do equilíbrio de um ecossistema. Sobre

tolerar (o que inclui as relações com as outras espécies. Somente uma visão não egoísta de justiça ambiental pode prevalecer. É essencial, portanto, reconhecer e aceitar que o homem ocupa determinada posição em um ecossistema que abrange muito mais que apenas a humanidade; que se originou bilhões de anos antes desta; e que seguirá existindo – mesmo que mais pobre sob o ponto de vista da diversidade da vida – ainda que o homem faça o possível para destruí-lo. O ambiente não é do homem, o homem é do ambiente. O ambiente tem um valor intrínseco que não está limitado à função que desempenha na vida do homem.[7] Ao passo que mais tarde integraremos essa concepção no âmbito da escolha da forma de proteção constitucional do ambiente, é de lamentar que a maioria dos autores – mesmo que não a unanimidade – que tratam da ideia de justiça e desenvolvem uma teoria, entendem que uma perspectiva que observe além dos humanos é por demais complexa.[8]

1.2. ESTADO AMBIENTAL

O termo "Estado Ambiental", ou *Umweltstaat*, foi cunhado pelo jurista austríaco Norbert Wimmer em 1976. O primeiro a dedicar-se mais extensamente ao desenvolvimento dos elementos de um Estado Ambiental, entretanto, foi o jurista alemão Michael Kloepfer, em um importante artigo datado de 1989.[9] Em razão da importância do tema no contexto histórico da época, o termo passou a ser empregado por grande número de estudiosos de direito ambiental alemão, transpondo logo a barreira nacional, e adotado em sua versão traduzida em outros países. A expressão tem sido usada nos últimos anos também em língua portuguesa, sendo responsável pela sua difusão o constitucionalista português José Joaquim Gomes Canotilho. O termo original tem sido objeto de algumas variações, como "Esta-

---

esse problema e outros, ver CANSIER, Dieter. Umweltgerechtigkeit in der Ökonomie. *Poiesis Prax*, n. 5, p. 33-51. Berlim: Springer Verlag, 2008.

[7] Cf., em relação aos animais, SARLET, Ingo Wolfgang; FENSTERSEIFER, Tiago. Algumas notas sobre a dimensão ecológica da dignidade da pessoa humana e sobre a dignidade da vida em geral. In: MOLINARO, Carlos Alberto; MEDEIROS, Fernanda Luiz Fontoura de; SARLET, Ingo Wolfgang; FENSTERSEIFER, Tiago (orgs.). *A dignidade da vida e os direitos fundamentais para além dos humanos*. Uma discussão necessária. Belo Horizonte: Fórum, 2008.

[8] É o caso, por exemplo, de John Rawls. Rawls reconhece que sua teoria da justiça não inclui a relação dos homens com os animais e o resto da natureza. Embora acredite que os homens não estão obrigados a dar justiça estrita para criaturas desprovidas de capacidade para um senso de justiça, o autor admite que disso não resulta que não existem quaisquer requisitos em relação a elas ou nas relações humanas com a ordem natural. E conclui que uma concepção correta de nossas relações para com os animais e a natureza dependeria de uma teoria da ordem natural e nosso lugar nela, com o que concordamos (RAWLS, John. *A theory of justice*. Revised edition. Cambridge (MA): Harvard University Press, 1999, p. 448).

[9] Kloepfer inclusive cita, nesse artigo, Wimmer como criador do termo. KLOEPFER, Michael. A caminho do Estado Ambiental? A transformação do sistema político e econômico da República Federal da Alemanha através da proteção ambiental especialmente desde a perspectiva da ciência jurídica. *In*: SARLET, Ingo W. (org.). *Estado Socioambiental e Direitos Fundamentais*. Porto Alegre: Livraria do Advogado, 2010.

do Ambiental de Direito" e "Estado Ecológico", entre outras. Essas variações ocorrem igualmente em alemão: *Umweltverfassungsstaat* (Estado Constitucional Ambiental), *ökologische Verfassungsstaat* (Estado Constitucional Ecológico), *ökologische Rechtsstaat* (Estado de Direito Ecológico), entre outras.

Muitos autores justificam a variação empregada por meio de algum elemento ou característica que julgam deva ser adicionado ou ressaltado no Estado Ambiental conforme desenvolvido por Kloepfer. Apesar de familiarizados com obras e argumentos que defendem algumas das variações ao termo, preferimos empregar aqui sua forma original. A razão disso é que entendemos que o novo paradigma jurídico apontado por Kloepfer, já em 1989, mantém-se ainda o mais crítico e relevante, sendo sua sedimentação praticamente inexistente no Brasil, mesmo que já satisfatória na Alemanha. Muito embora autores que adotem denominações ligeiramente diferentes, como as citadas acima, justifiquem essa diferença com base em determinadas nuanças que pretendem devem ser ressaltadas na conformação do Estado, pensamos que isso seria inconveniente neste trabalho. Isso porque nosso objetivo presente é introduzir, em sua essência, o conceito de Estado Ambiental conforme está sendo construído na Alemanha e, especialmente, apontar alguns elementos dessa construção que podem ser utilizados na doutrina e jurisprudência ambiental constitucional no Brasil. Discutir o mérito das variações conceituais há pouco listadas e, sobretudo, apresentar uma variação de desenvolvimento próprio, foge do nosso objetivo nesta obra.[10]

---

[10] A pesquisa que resultou nesta obra está inserida na área de concentração "Fundamentos Constitucionais do Direito Público e do Direito Privado", do Programa de Pós-Graduação em Direito da PUC-RS. Além disso, no âmbito mais restrito, foi realizada como parte de um projeto de pesquisa, que obteve recursos do Conselho Nacional de Desenvolvimento Científico e Tecnológico (CNPq), intitulado "Por uma teoria dos deveres socioambientais". De forma geral, as investigações empreendidas sob esses auspícios têm utilizado o termo "Estado Socioambiental", do que dão conta obras como a de Carlos Alberto Molinaro e Tiago Fensterseifer, citadas ao longo do texto, e, inclusive, a existência de uma disciplina no currículo do Mestrado do aludido Programa de Pós-Graduação intitulada "Estado Socioambiental". Em razão disso, parece-nos adequado justificar a não adoção, em particular, da variante "Estado Socioambiental" aqui. Em primeiro lugar, há que deixar claro que a opção de forma alguma reflete entendimento de impropriedade do conceito. Muito pelo contrário. Além dos trabalhos mencionados, já de há muito são realizadas interposições entre o Estado Social e a concretização dos direitos fundamentais sociais, de uma parte, e a proteção ambiental, de outra. Exemplo disso é um texto de 1973, de Siegmar Streckel denominado "Proteção ambiental e o Estado Social de Direito. Direito como instrumento de enfrentamento da crise ambiental". Muitos anos antes de ser incluído um dispositivo de direito ambiental material na Lei Fundamental alemã, Streckel defendia que "Reservas Comunitárias" a serem aplicadas em face dos direitos fundamentais por força do princípio do Estado Social implicariam a possibilidade de o Estado limitar os direitos fundamentais tendo por finalidade oferecer alguma preservação do ambiente. Isso porque no âmbito de uma "definição política de prioridades", estaria ele legitimado a medida razoáveis de política ambiental racional. Além disso, Streckel afirmava que, a partir dos direitos fundamentais à vida e ao livre desenvolvimento da personalidade, bem como do princípio do Estado Social – todos protegidos pela Lei Fundamental alemã – decorreria um direito à vida em um ambiente digno. STRECKEL, Siegmar. Umweltschutz und sozialer Rechtsstaat. Recht als Instrument zur Bewältigung der Umweltkrise. In: REHBINDER, Manfred (org.). *Recht im sozialen Rechtsstaat*. Opladen: Westdeutscher Verlag, 1973, p. 335 e 354. Cabe reconhecer, outrossim, que os direitos sociais (e no quarto capítulo apontaremos o entendimento de Peter Häberle, de que todos os direitos fundamentais são, em sentido amplo, direitos sociais) somente podem ser realizados tendo por pressuposto a preservação de um ambiente que permite a vida humana digna. Mas reafirmamos nossa opção, neste trabalho, pela caracterização dos elementos essenciais do conceito originalmente sedimentado de Estado Ambiental, em diante do que nos parece inconveniente ir além de nosso objetivo e adotar (o que requisitaria adequada fundamentação) variantes do conceito que poderíamos adjetivar aqui de "clássico".

Dessa forma, não sendo nosso intento precípuo discorrer de forma detalhada sobre as diferentes variações de Estado Ambiental sugeridas no direito comparado (o que incluiria, por óbvio, análise mais detida de outros ordenamentos além do alemão), parece-nos adequado simplesmente um acordo semântico em prol do uso da expressão "Estado Ambiental". Ao expormos os elementos e características que diferentes autores atribuem às suas concepções com denominação diferente de "Estado Ambiental", fazemo-lo com o intuito de enriquecer o conceito, através da dialética, sem com isso fazer em cada caso específico um juízo de valor acerca do emprego dessas outras denominações.

Pertinente mostra-se também nesse ponto ressaltar que a proposta de apresentar o instituto conforme sua construção e evolução germânica não pressupõe de forma alguma uma simples transposição e aplicação incólume no Brasil. Cientes das múltiplas diferenças jurídicas, tanto de direito constitucional ambiental, como de direito ambiental infraconstitucional, e até culturais, temos o intuito de uma apresentação de conceitos e elementos, visando a comparação com o tratamento da matéria em nosso país. As características do Estado Ambiental em sua concepção alemã, cujo aproveitamento no Brasil – aí sim – mostra-se conveniente, serão enfatizadas ao longo deste capítulo.

Feitos alguns esclarecimentos, podemos então passar a uma conceituação. Michael Kloepfer define Estado Ambiental da seguinte forma: *"Als Umweltstaat soll dabei ein Staat verstanden werden, der die Unversehrtheit der Umwelt zu einem wesentlichen Ziel und Maβstab seiner Entscheidungen macht"*.[11] Podemos dizer que dessa assertiva resulta que a preservação ambiental alcança uma posição necessariamente fundamental na ordem constitucional.

Nessa linha, Carlos Alberto Molinaro assevera que o Estado Socioambiental e Democrático de Direito tem sua existência em razão do interesse do Estado e da sociedade na defesa, promoção e manutenção ambiental. Esse interesse está fundado na seguinte narração:

> Algumas mudanças nas políticas, internacionais e nacionais, poderiam reduzir o dano causado pela pressão sobre os ecossistemas. Contudo, trata-se de grandes transformações, não inteiramente possíveis atualmente, *e.g.*, a melhora da governança local e o ensaio de uma governança global; incentivos fiscais locais e internacionais; mudanças no modelo de consumo e de desenvolvimento; novas tecnologias não predadoras e não incentivadoras de dominação econômica, ademais de qualificada investigação para administrar melhor os ecossistemas.[12]

---

[11] "Como Estado Ambiental deve ser entendido um Estado que faz da integridade do ambiente o objetivo e a medida essenciais de suas decisões" (KLOEPFER, Michael. Aspekte eines Umweltstaates Deutschland. Eine umweltverfassungsrechtliche Zwischenbilanz. In: DOLDE, Klaus-Peter (org.). *Umweltrecht im Wandel*. Bilanz und Perspektiven aus Anlass des 25-jährigen Bestehens der Gesellschaft für Umweltrecht (GfU). Berlim: Erich Schmidt Verlag, 2001, p. 747).

[12] MOLINARO, Carlos Alberto. *Racionalidade ecológica e estado socioambiental e democrático de direito*. Dissertação de Mestrado. Programa de Pós-Graduação em Direito da Faculdade de Direito da Pontifícia Universidade Católica do Rio Grande do Sul, 2006, p. 134.

O autor funda sua concepção de Estado Ambiental essencialmente em uma racionalidade ecológica, tema que, a despeito da clara relevância, não pretendemos aqui aprofundar.

Klaus Bosselmann entende que o ancoramento de normas constitucionais de proteção ambiental não basta para que seja alcançado o Estado de Direito Ecológico, que para ele difere do Estado Ambiental. Seria necessária uma nova lógica, sustentada por uma ética ecológica, que pudesse realmente alterar o caráter do "Estado Industrial". Elementos de um Estado de Direito Ecológico, segundo o autor alemão, são a relação entre os direitos fundamentais e sua delimitação pelos direitos da natureza, uma produção legislativa ecologicamente orientada e uma organização da Administração com regras processuais que permitam a aplicação dessa legislação ecologicamente orientada. Bosselmann adota uma posição mais radical que a média da doutrina, postulando inclusive uma profunda alteração da sociedade capitalista sem, contudo, defender o socialismo.[13] O centro do conceito de Estado de Direito Ecológico, em Bosselmann, está em uma ética ecológica.[14]

O paradigma de Rudolf Steinberg é centrado na diferenciada organização das tomadas de decisão em nível societário. O autor afirma que a questão do Estado Ambiental é também um problema do clássico Estado Constitucional em si. A proteção ambiental, como valor fundamental da ordem jurídica e social poderia ser concretizada de três formas diferentes, resultando em três formatos diferentes de Estado, tudo conforme o desenrolar do contexto fático, sendo que Steinberg afirma ser difícil determinar qual desses formatos prevalecerá.[15] O primeiro formato seria aquele de um Estado Preventivo, descrito mais adiante, e se assemelha com um estado totalitário. O segundo formato seria o de uma constituição – de Estado de Direito e democrática – por meio da estrutura tecnológica. O autor acredita pouco provável que uma "tecnoestrutura" venha a substituir o Estado, visto que lhe falta legitimidade e, portanto, estabilidade social. O terceiro formato sugerido é o do Estado Constitucional Ecológico. Cabe ressaltar que J. J. Gomes Canotilho adota essa expressão, mencionando justamente a obra de Steinberg.[16]

O Estado Constitucional Ecológico, na acepção de Steinberg, caracteriza-se especialmente pela participação social ativa e pelo diálogo. A Constituição conteria assim ainda outra tarefa para a ordem social, que deve ser incluída com os objetivos antigos do agir estatal – segurança, liberdade, democracia, estado social

---

[13] BOSSELMANN, Klaus. *Im Namen der Natur*. Der Weg zum Ökologischen Rechtsstaat. Berna: Scherz, 1992, p. 354.

[14] Também tratando de uma ética ecológica, porém em nível mundial, e condenando da mesma forma a liberdade econômica e o sistema atual do mercado internacional (WEIZSÄCKER, Ernst Ulrich von. Ética mundial ecológica. *Ciência y Ethos Mundial*. Madri: Trotta, 2006).

[15] STEINBERG, Rudolf. *Der ökologische Verfassungsstaat*. Frankfurt a.M.: Suhrkamp, 1998, p. 378.

[16] CANOTILHO, José Joaquim Gomes. Estado Constitucional Ecológico e Democracia Sustentada. In: SARLET, Ingo Wolfgang (org.). *Direitos fundamentais sociais*: estudos de direito constitucional, internacional e comparado. Rio de Janeiro: Renovar, 2003, p. 454.

– em concordância prática. A Constituição, como "plano para uma conformação jurídica da convivência social", requer, acima de tudo, também um processo no qual as medidas que dizem com o alcance do objetivo devem ser trabalhadas, determinadas, com a participação dos envolvidos, assim como, em se tratando de interesses públicos, com a participação da coletividade interessada. É nesse contexto de privilegiamento do diálogo social sobre questões ambientais que não mais apenas a ordem social, senão também a condição do ambiente, torna-se objeto das decisões estatais. É por essa razão que, para Steinberg, o ambiente é protegido na Constituição sobretudo pelo procedimento.[17]

Canotilho, alinhando-se essencialmente a Steinberg, delimita algumas compreensões, ou perspectivas, acerca dos problemas jurídico-ambientais. A perspectiva associativista, muito parecida com aquilo que Steinberg considera intrínseco ao Estado Constitucional Ecológico, parece ser aquela mais compatível com a noção de Canotilho acerca da conformação de um Estado Constitucional Ecológico.[18]

A proposta de Frank Schiller é muito parecida com a de Steinberg à medida que localiza o paradigma do Estado Ambiental no âmbito de um discurso de sustentabilidade, sendo que a estrutura do direito constitucional ambiental e do direito ambiental deve ser centrada no procedimento. Para Schiller,

> os princípios estruturantes de direito constitucional do Estado de Direito e da Democracia são dependentes do meio "Direito", mas esse não consegue equipar a ação da Administração com uma norma em branco dinâmica para a concretização de um conceito jurídico indefinido como "Prevenção".[19]

O autor alemão afirma que para o Estado Preventivo voltado ao ambiente o princípio da precaução tem especial significado – a diferenciação entre proteção contra riscos e precaução contra riscos é uma valoração normativa do sistema jurídico. Nesse contexto, Schiller ressalta que essencial à governança de sustentabilidade do Estado de Direito ecológico, mais que a efetiva aplicação do direito, é o desenvolvimento de uma sistemática do Estado como programa procedimental. E afirma que, na medida que o direito procedimental pode estabelecer um desenho associativista da sociedade civil, permite também uma nova conformação do modo como a Administração cumpre sua tarefa.[20]

---

[17] STEINBERG, op. cit., p. 406-407, 418.

[18] Afirma o autor que "Contra uma visão fundamentalmente individualista, a leitura ambiental associativista considera que a democracia ecológica, sustentada e autossustentável, implica a reabilitação da democracia dos antigos como democracia de participação e de vivência da virtude ambiental" (CANOTILHO, Estado constitucional ecológico e democracia sustentada, op. cit., p. 499).

[19] "Die verfassungsrechtlichen Strukturprinzipien des Rechtsstaats und der Demokratie sind auf das Medium Recht angewiesen, doch dieses kann Verwaltungshandeln nicht mit einer dynamischen Blankettverweisung zur Verwirklichung eines unbestimmten Rechtsbegriffes wie Prävention ausstatten" (SCHILLER, Frank. *Diskurs und Nachhaltigkeit*. Zur Dematerialisierung in den industrialisierten Demokratien. Disponível em: http://webdoc.sub.gwdg.de/diss/2004/schiller_frank/index.html. Acessado em: 7 out 2007, p. 177).

[20] Ibidem, p. 180 e 182.

Hasso Hofmann dá ainda maior ênfase ao aspecto da precaução. Para ele, são dois os elementos que fundam o "princípio do Estado Ambiental": a proteção ambiental ampla, não vinculada a meios ou setores isolados (como, por exemplo, tendo por objeto apenas as florestas ou realizada apenas pela Administração) e a proteção ambiental voltada para o futuro, ou uma proteção para a posteridade (*Nachweltschutz*), em razão da menção feita pela Constituição às futuras gerações. Hofmann afirma que a grande novidade do princípio do Estado Ambiental é a precaução, ou seja, o agir do Estado para proteger os indivíduos e o ambiente de ameaças que ainda não configuram um perigo, consubstanciando-se apenas em riscos.[21]

Parece-nos claro que a posição fundamental ocupada pela proteção ambiental, especialmente em sua forma precauciosa, deve ser baseada e sustentada pelo reconhecimento de um valor intrínseco da natureza, conforme já repisado. Dessa forma, podemos adicionar ainda que um Estado Ambiental está ancorado no marco da identificação da natureza não mais como um recurso, mas sim como uma responsabilidade. Essa a lição de Antônio Augusto Cançado Trindade.[22] Sem isso, não estaríamos tratando de um Estado Ambiental, mas de uma espécie de Estado Preventivo, que emprega a precaução exclusivamente em prol do homem.

Sob um viés diferente da conceituação do Estado Ambiental, há quem sustente que para este a preservação do ambiente é a, ou uma dentre outras, finalidade estatal. A *raison d'être* do Estado, portanto. Isso significa uma divergência essencial com as clássicas teorias contratualistas. Aqui discordamos, pois entendemos que a finalidade do Estado é a proteção e concretização de direitos fundamentais do homem.[23] Christian Calliess critica também a noção de preservação ambiental como finalidade do Estado, resgatando as teorias contratualistas para asseverar que a finalidade do Estado segue sendo a segurança homem.[24]

Isso não significa dizer que a proteção ambiental será empreendida pelo Estado necessariamente em função do homem. Tanto o Estado quanto a Constituição têm razão fundante e finalidade sociais, porém suas normas pertinen-

---

[21] HOFMANN, Hasso. "Umweltstaat". Bewahrung der natürlichen Lebensgrundlagen und Schutz vor den Gefahren und Risiken von Wissenschaft und Technik in staatlicher Verantwortung. In: BADURA, Peter; DREIER, Horst (eds.). *Festschrift 50 Jahre Bundesverfassungsgericht*. Tübingen: Mohr Siebeck, 2001, p. 875-876 e 881.

[22] O grande ambientalista, sem tratar de aspectos constitucionais da proteção ambiental, mas sim da proteção ambiental internacional, afirma que é percebida uma evolução da noção mundial de compartilhar os recursos naturais de maneira justa para a ideia, mais madura, de compartilhar de maneira justa a responsabilidade pela preservação do ambiente (TRINDADE, Antônio Augusto Cançado. *Direitos humanos e meio-ambiente*: paralelo dos sistemas de proteção internacional. Porto Alegre: Fabris, 1993, p. 49).

[23] SARLET, Ingo Wolfgang. *A eficácia dos direitos fundamentais*. 6. ed. Porto Alegre: Livraria do Advogado, 2006, p. 74.

[24] Da forma como é conceituada essa segurança pelo autor alemão, podemos dizer que não há uma discordância essencial entre dizer que a finalidade estatal é a segurança do homem e postular que se trata da proteção e concretização de direitos fundamentais, de forma que concordamos também com o autor, ainda que parcialmente (CALLIESS, Christian. *Rechtsstaat und Umweltstaat*: Zugleich ein Beitrag zur Grundrechtsdogmatik im Rahmen mehrpoliger Verfassung. Tübingen: Mohr Siebeck, 2001, p. 88-96).

tes à relação do homem com a natureza podem (e devem) ser informadas pela constatação do valor intrínseco da natureza e pelo reconhecimento, por parte do homem, do lugar que ele ocupa nesta natureza. É dizer: o Estado e a Constituição são sistemas antropocêntricos, porém devem ser ecocêntricos em tudo aquilo que diz respeito à relação do homem com a natureza.

Nessa linha, entendemos que o Estado tem por finalidade a proteção e a realização dos direitos fundamentais do homem e por objetivos básicos, entre outros poucos, a proteção do ambiente. Até aqui concordariam o teórico ecocêntrico e o antropocêntrico esclarecido. Mas o motivo de a proteção ambiental estar entre os objetivos básicos seria a causa de divergência. O antropocêntrico esclarecido afirmaria que o homem deve esforçar-se para não alterar o equilíbrio contemporâneo do ambiente para garantir a sobrevivência do próprio homem – já que qualquer forma de vida depende da diversidade geral do sistema biótico. O ecocêntrico afirmaria que a capacidade intelectual do homem implica em uma *responsabilidade* de manter intacto o equilíbrio natural, reconhecendo que é apenas uma espécie dentre milhões de outras, e por isso não pode deixar que sua existência signifique a supressão indigna da existência dessas milhões de espécies. Não subsiste o argumento de que a elevação da dignidade da pessoa humana a princípio reitor do ordenamento resulta necessariamente em uma perspectiva antropocêntrica da constituição. Dietrich Murswiek ressalta com peculiar sabedoria que a dignidade do homem requer exatamente proteger o ambiente em razão do valor intrínseco deste e não em função dos próprios interesses e necessidades do homem.[25]

À medida que o ambiente é valor fundamental intrínseco e a vida não humana tem dignidade, a preservação da natureza deve ser um dos objetivos estatais principais, de primeira hierarquia. A catastrófica falha do homem em perceber essa responsabilidade e cumprir as obrigações dela resultantes, bem como a consequente falha do Estado em agir de forma a alcançar esse objetivo, resultam que hoje a preservação ambiental pode ser tida como uma condição de legitimidade da atividade estatal, o que não é o mesmo que ser a finalidade mesma do Estado. Essa, a formulação de Calliess, com a qual concordamos. O Estado Ambiental é então um Estado que tem como uma das condições de legitimidade a preservação ambiental.

Reunimos os aspectos tonificados pelos diferentes autores não com a pretensão de estabelecer um conceito definitivo, mas sim de contribuir para uma sistematização e, especialmente, um enriquecimento da definição do instituto do Estado Ambiental no Brasil.[26] Dessa forma, podemos marcar que o Estado

---

[25] MURSWIEK, Dietrich. Staatsziel Umweltschutz (Art. 20a GG) – Bedeutung für Rechtsetzung und Rechtsanwendung. *Neue Zeitschrift für Verwaltungsrecht*, p. 224, Heft 3, 1996.

[26] Apesar de ancorarmo-nos em larga escala nas proposições de doutrinadores alemães, escolha previamente explicada, e a despeito de existirem poucos trabalhos sobre Estado Ambiental no Brasil, que de maneira geral não trazem contribuições substanciais além da assertiva da importância da proteção ambiental na contemporaneidade (ver nota 57), há que evidenciar a importância da obra de FENSTERSEIFER, Tiago. *Direitos fundamentais e*

Ambiental é um Estado em cuja ordem constitucional a proteção ambiental ocupa lugar e hierarquia fundamental, resultando que a execução do objetivo de proteção ambiental constitui uma das condições de legitimação do agir estatal. Características essenciais desse objetivo do Estado Ambiental são a estruturação de uma ordem procedimental que garanta e estimule o diálogo social; a proteção precauciosa contra riscos e não apenas perigos ambientais; o reconhecimento da natureza e sua preservação como valores intrínsecos.

Que a matéria merece tratamento constitucional parece já óbvio, não obstante o formato desse tratamento, ou *como* se insere a proteção ambiental na Constituição, ser então outro problema. O constituinte de muitas das novas cartas fundantes ocidentais nas últimas duas décadas tem escolhido por explicitar um direito fundamental ao meio ambiente ecologicamente equilibrado. Isso ocorre em grande parte em razão da função que têm ocupado os direitos fundamentais, qual seja, a de uma garantia – diante de experiências recentes de autoritarismo – contra a disposição do legislador infraconstitucional. Parece que o constituinte positiva um direito fundamental ao meio ambiente como forma de garantir posteriormente o respeito e o cumprimento por parte do poder público. Já a doutrina – notadamente a brasileira – tem suportado também a ideia, a ponto de sustentar com quase unanimidade um direito fundamental ao meio ambiente, reforçando que essa é a única forma eficaz de garantir a preservação da natureza.[27] Embora não concordemos com a assertiva, há razão para crer que, diante do fato de que no Brasil a aplicação das normas constitucionais é mais formalista que na Alemanha, uma norma fundamental objetiva de proteção ambiental (mesmo que de

---

proteção do ambiente. A dimensão ecológica da dignidade humana no marco jurídico-constitucional do Estado Socioambiental de Direito. Porto Alegre: Livraria do Advogado, 2008. O autor desenvolve o conceito de Estado Socioambiental de Direito – utilizando a variação socioambiental em razão da "necessária convergência das 'agendas' social e ambiental num mesmo projeto jurídico-político para o desenvolvimento humano" (p. 94). São elementos desse Estado, para Fensterseifer, a solidariedade, caracterizada especialmente pela "idéia de justiça distributiva (e também corretiva), já que o princípio [da solidariedade] oxigena a relação entre sociedade e Estado, deslocando parte das responsabilidades e encargos sociais para os particulares, principalmente no que tange à concretização dos direitos fundamentais e da dignidade humana" (p. 115); a indivisibilidade e interdependência dos direitos fundamentais entre si, aí incluído o direito fundamental ao meio ambiente ecologicamente equilibrado, dado que "as dimensões do Estado de Direito se agregam e se somam para formar o arcabouço de princípio e valores consagrados pela sociedade em um processo histórico permanente e cumulativo" (p. 99); "o primado do princípio do destino universal dos bens ambientais, o que impõe como tarefa fundamental o controle jurídico do uso racional do patrimônio natural" (p. 102); a justiça ambiental, no sentido de proteção das minorias "expostas de forma desigual à degradação ambiental" (p. 104); a segurança ambiental, que significa aqui o resguardo "[d]os cidadãos ante as novas violações da sua dignidade e dos seus direitos fundamentais em razão dos riscos ambientais produzidos pela sociedade (pós-industrial) de risco contemporânea" (p. 105); a cooperação, que se expressa por meio da "tutela compartilhada público-privada do bem ambiental, ou seja, a possibilidade da proteção ambiental ser promovida tanto pelo Estado quanto pela sociedade" (p. 110); a cidadania ambiental, "que tem como marca característica o protagonismo da sociedade civil na proteção do ambiente", sendo que o acesso à informação ambiental é um dos subprincípios da noção de cidadania ambiental proposta pelo autor (p. 121) e, por fim, mas não menos importante, o direito fundamental ao ambiente (p. 142 e ss.). Como se vê, com exceção deste último elemento, o conceito delineado por Fensterseifer é muito similar àquele aqui defendido.

[27] Sobre o direito fundamental ao meio ambiente conforme seu desenvolvimento na doutrina brasileira, ver, por todos, MEDEIROS, Fernanda Luiza Fontoura de. *Meio ambiente*. Direito e dever fundamental. Porto Alegre: Livraria do Advogado, 2004, p. 147 e ss.

aplicabilidade direta) talvez obtivesse resultados inferiores em termos de controle constitucional da proteção do ambiente pelo Estado.[28]

Não obstante, devemos ao menos considerar outras formas da técnica constitucional para tratar da questão da preservação ambiental. Ou seja, não é dizer que um direito fundamental ao meio ambiente é uma forma totalmente inepta de positivação, mas ocorre que tem suas falhas e boas alternativas devem ser discutidas. E é justamente essa discussão que não se dá atualmente na doutrina brasileira. Assim, julgando pertinente contribuir para tanto, porém tolhidos pelo espaço disponível, colocaremos alguns argumentos contrários ao direito fundamental ao meio ambiente e outros tantos favoráveis à modalidade do objetivo estatal de proteção ambiental.

1.2.1. Argumentos contrários a um direito fundamental ao meio ambiente

Utilizamos a concepção de direitos fundamentais de Robert Alexy, citada por Ingo W. Sarlet: direitos fundamentais são posições de tal importância comunitária, do ponto de vista do direito constitucional, que não podem ser deixadas à disposição do legislador.[29] Essas posições são precipuamente subjetivas, ainda que possuam uma dimensão objetiva juridicamente eficaz.[30] Dizem primeiramente e essencialmente com o homem considerado perspectiva individual. Mesmo os direitos fundamentais sociais – que não se confundem com direitos coletivos – são direitos subjetiváveis. Nesta linha, os principais argumentos contra a proteção ambiental na forma de direito fundamental são a incompatibilidade de um direito fundamental ao ambiente com o sistema de proteção constitucional e a dificuldade de delimitação dos direitos subjetivos que dele decorreriam.[31]

Tendo em vista os pressupostos há pouco expostos, que não são, é claro, unanimidade, não há como afirmar que a proteção ambiental é subjetivável no nível fundamental (embora uma posição subjetiva em relação ao Estado possa surgir, conforme sustentaremos mais adiante, será nesse caso um direito à devida proteção ambiental por parte do poder público, e não direito ao ambiente pura

---

[28] Comparando os sistemas jurídicos de proteção ambiental do Brasil e da Alemanha, Andreas Krell, posicionando-se pelo reconhecimento de um direito fundamental ao meio ambiente, afirma que a interpretação constitucional brasileira, "menos material-valorativa do que na Alemanha [...] impede um maior controle dos atos legislativos e executivos a respeito" (KRELL, Andreas J. Ordem Jurídica e meio ambiente na Alemanha e no Brasil: Alguns aspectos comparativos. *Revista de Direito Ambiental*. v. 8, n. 31, p. 178-206, jul./set. 2003).

[29] SARLET, *A eficácia dos direitos fundamentais*, op. cit., p. 108.

[30] ANDRADE, José Carlos Vieira de. *Os direitos fundamentais na constituição portuguesa de 1976*. Coimbra: Almedina, 1987, p. 149 e ss.

[31] TSAI, Tzung-Jen. *Die verfassungsrechtliche Umweltschutzpflicht des Staates*. Zugleich ein Beitrag zur Umweltschutzklausel des Art. 20 a GG. Berlim: Duncker & Humblot, 1996, p. 56. O autor aponta também a incongruência entre o instituto "direito fundamental", que visa à proteção individual, e um direito fundamental ao meio ambiente, que transformaria o interesse comunitário na proteção ambiental no objeto de proteção de um direito fundamental individual (p. 54-55).

e simplesmente). A não ser que se adote uma visão antropocêntrica, torna-se incompatível afirmar que o ambiente deve ser preservado em razão do interesse do homem. Quando se examina os direitos fundamentais, percebe-se que são sempre algo devido ao indivíduo e, nesse sentido, *dele*. A liberdade, a igualdade, o livre exercício da profissão, a saúde, a educação... Mas o ambiente não se enquadra nessa categoria. Reconhecendo o valor intrínseco da natureza, não se pode outorgar uma posição subjetiva fundamental ao homem cujo objeto é o meio ambiente.

Um direito fundamental aqui tornaria a proteção do ambiente – já de início e essencialmente, e daí o problema – no objeto de uma demanda individual justicializável. Mas a proteção ambiental está estritamente ligada ao interesse e bem comum, sendo apropriado então que tal tema seja tratado no âmbito de um órgão com legitimidade política, o Poder Legislativo, e a partir das diretrizes aí encetadas, realizado de forma sistemática e geral pelo Poder Executivo. Tornar a proteção ambiental *prima facie* objeto de demandas individuais ou mesmo coletivas, resultando em decisões no âmbito do Poder Judiciário, não se coaduna com a necessidade de maior participação possível de todos os indivíduos na determinação de como efetuar a preservação do ambiente.

Essa determinação se faz absolutamente necessária, pois, ao contrário de clássicos direitos de defesa, um direito fundamental ao ambiente resta altamente abstrato. Como conservar a Mata Atlântica? Qual o nível de pureza do ar que deve ser exigido? Qual o critério para determinar que uma espécie esteja em extinção e quais as medidas são obrigatórias a partir dessa determinação?[32] De fato, os direitos fundamentais sociais prestacionais também carecem de determinação, o que resulta de seu menor nível de concretude normativa. Mas o argumento acima não se opõe da mesma forma a esses direitos. Tomemos o exemplo do direito à saúde: muito embora sua realização requeira que o legislador tome determinadas escolhas no sentido de concretizar a norma fundamental, no caso excepcional do mínimo existencial, mesmo o juiz pode determinar de que forma esse direito fundamental protege o indivíduo no caso concreto. Salvo mediante atuação largamente pró-ativa do juiz (e por isso mesmo discutível sob o ponto de vista democrático), é impossível determinar no caso concreto a que tipo de proteção está intitulado o indivíduo como decorrência de um direito fundamental ao meio ambiente ecologicamente equilibrado. Nesse sentido pode-se afirmar que uma norma fundamental de proteção ambiental jamais pode ser construída como uma proteção individual.[33]

Klaus Bosselmann afronta o cunho excessivamente individualista e egoísta do direito fundamental ao meio ambiente, herdado já do desenvolvimento histó-

---

[32] Esse o argumento de ERBGUTH, Wilfried; SCHLACKE, Sabine. *Umweltrecht*. 2. ed. Baden-Baden: Nomos, 2008, p. 56.

[33] Assim sustentam SCHMIDT, Reiner; KAHL, Wolfgang M. A. *Umweltrecht*. 7. ed. ampl. Munique: C. H. Beck, 2006, p. 57, ao afirmarem que "Bei Umweltveränderungen handelt es sich aber regelmässig um eine Lage, die das Dasein und Verhalten einzelner Bürger nicht speziell, sondern nur ganz allgemein betrifft".

rico dos clássicos direitos fundamentais preponderantemente negativos,[34] postulando por uma ecologização do conjunto dos direitos fundamentais, de forma a orientar o funcionamento desses de acordo com a proteção ambiental.[35]

Conceber o ambiente como direito fundamental humano significa também conceber que os demais seres vivos devem ter sua vida protegida pelo Estado, por ser isso algo que é devido ao homem. Parece-nos que tal lógica é muito mais difícil de ser sustentada que o reconhecimento de direitos dos animais. E o entrave a esse reconhecimento é, aliás, inexpressivo. Dado que a existência de alguma dignidade dos seres vivos é, ainda que de forma e intensidade diferentes conforme a espécie, objeto de cada vez maior aceitação, mesmo entre juristas, o único problema que resta é de cunho jurídico-operacional. E se observarmos que a ciência do direito encontrou uma forma de operacionalizar a outorga de direitos a pessoas jurídicas – denominadas também de "pessoas morais" justamente por serem entes frutos de nossa imaginação e que sequer existem de fato – não há como sustentar, com alguma seriedade, que é impossível fazer o mesmo quando se trata de seres vivos.

Mesmo optando pela forma antropocêntrica e egoísta de tratamento constitucional da relação do homem com o ambiente, o direito fundamental ao meio ambiente, ainda resta o problema primordial da titularidade. Não há como determinar o titular de um direito fundamental ao meio ambiente no caso concreto, senão vejamos: quando o poder público, por meio de determinado empreendimento, lança produtos químicos em larga escala no rio Amazonas, quem é o titular do direito violado? Apenas os habitantes da margem do rio? Apenas os habitantes dos estados da federação pelos quais corre o rio? Todos os brasileiros? Apenas os brasileiros?

O instituto dos "interesses difusos" foi desenvolvido no contexto da tentativa de superar, entre outros problemas contemporâneos do direito, também este. Os direitos fundamentais são, todavia, sempre individuais ou no mínimo individualizáveis,[36] sendo apenas o interesse, por motivos de direito processual, qualificável de "difuso".[37] Afirmar que não há um direito fundamental ao meio ambiente não

---

[34] Não adotamos a classificação dos direitos fundamentais em gerações, mas sim aquela proposta por Ingo W. Sarlet, que os divide em direitos de defesa e prestacionais.

[35] BOSSELMANN, op. cit., p. 357 e ss.

[36] Para aqueles que têm os direitos sociais por direitos coletivos (posição à qual não nos filiamos): trata-se de um sujeito plural que é singularizado no caso concreto. Um direito fundamental ao ambiente, em nosso sentir, não pode jamais ser singularizado.

[37] O fato de discordar essencialmente da solução encontrada (operacionalização de "direitos difusos"), não significa, de qualquer forma, desmerecer os resultados práticos conquistados por esse caminho. Julgamos apenas ser uma saída mais problemática e menos eficaz. Em nossa opinião, seria muito mais congruente atribuir direitos – à vida e ao livre desenvolvimento – aos demais seres vivos, ou ao menos aos animais, e atribuir a competência de representação a determinadas entidades públicas e privadas. E mais, cabe enfatizar que um processo coletivo e um interesse difuso não pressupõem necessariamente um direito difuso, muito menos fundamental. A produção nacional sobre o tema dos direitos difusos é, todavia, inegavelmente significativa, até por força da opção do legislador brasileiro. Ver aí, dentre tantos, PIOVESAN, Flávia. A atual dimensão dos direitos difusos na Constituição de 1988. In: *Direito, cidadania e justiça*. São Paulo: Revista dos Tribunais, 1995, p. 113-124. MANCUSO, Rodolfo de Camargo. *Ação civil pública*: em defesa do meio ambiente, do patrimônio cultural e dos consumidores: Lei 7.347/1985 e legislação complementar. 11. ed. rev. e atual. São Paulo: Revista dos Tribunais,

significa, entretanto, que o indivíduo jamais terá uma posição subjetiva frente ao Estado cujo objeto seja a proteção ambiental. Essa posição pode surgir, na forma de direito subjetivo, porém não será fundamental. Não é todo e qualquer direito subjetivo que é fundamental, e mostra-se infelizmente comum, atualmente, em um afã de relacionar todo e qualquer tópico com o instituto dos direitos fundamentais, borrar a barreira entre direito subjetivo público e direito fundamental.

Negar a existência de um direito fundamental ao meio ambiente não significa que a degradação do mesmo jamais atinge o âmbito protegido por direitos fundamentais. De fato essa violação – por vezes inclusive do núcleo essencial – ocorre, porém trata-se de direitos fundamentais à vida, à saúde, à liberdade, à propriedade, ao livre exercício da profissão, entre outros. Quando se trata da violação do direito à saúde, mesmo que o dano afete diversos aspectos ambientais mais amplos e não apenas o titular do direito fundamental à saúde, o que é protegido no caso concreto é o indivíduo. Resta claro que pretender utilizar os direitos fundamentais como única baliza de direito constitucional contra a degradação ambiental é nitidamente insuficiente: sempre que o objeto da ação que se busca coibir – uma espécie em extinção, por exemplo – não diz com o bem-estar individual daquele titular, não há proteção.[38]

Dito isso, cumpre igualmente deixar claro que há modelos alternativos que podem ser operacionalizados, contendo a proteção objetiva como nota essencial em associação com a proteção na dimensão fundamental subjetiva como auxiliar. É provável, uma vez que a esmagadora maioria da doutrina e jurisprudência brasileiras posicionem-se pelo reconhecimento do direito fundamental ao ambiente, que o melhor consenso possível a ser alcançado, do ponto de vista dogmático-constitucional, fosse acerca de um modelo híbrido como este. Em situações excepcionais, pode ser deduzida uma posição subjetiva originária mesmo de um objetivo estatal de proteção ambiental, conforme argumentaremos mais adiante. Mas, repetimos, tratar-se-ia de uma posição subjetiva relativa à atuação protetiva por parte do Estado no cumprimento dos deveres decorrentes do objetivo estatal, o que em nosso sentir pode ser satisfatoriamente distinguido de um direito subjetivo ao ambiente. Desconsiderada essa distinção, entretanto, poderíamos encontrar o consenso possível entre a posição que aqui se defende e aquela que é amplamente majoritária no Brasil.

1.2.2. A proteção ambiental como objetivo estatal

A Lei Fundamental alemã de 1949 (doravante designada apenas por "LF") foi elaborada contendo apenas normas de competência legislativa, no que se refe-

---

2009. E na seara do direito ambiental, especificamente, MILARÉ, Édis. O compromisso de ajustamento de conduta e o fundo de defesa de direitos difusos: relação entre os instrumentos alternativos de defesa ambiental da lei 7.347/1985. *Revista de Direito Ambiental*. v. 10, n. 38, p. 7-22, abr./jun. 2005.

[38] Sobre a pequena amplitude da proteção ambiental oferecida por direitos fundamentais ver, nessa linha, TSAI, op. cit., p. 197 e ss.

re ao ambiente. Nenhuma menção de direito material ambiental era feita. Com o desenvolvimento inicial do movimento ambiental internacional, já na década de 1970 os partidos políticos alemães começaram a criar esboços e projetos de uma emenda constitucional para que a LF garantisse um nível de proteção adequado ao ambiente. Entre a metade da década de 1970 e início da década seguinte, foi suscitada e discutida a possibilidade de um direito fundamental ao meio ambiente. Mas, devido aos motivos recém-expostos, esse formato foi abandonado, de forma que tal hipótese não é considerada por uma relevante maioria política ou doutrinária há quase trinta anos.

A opção que passou a ser pensada em seguida foi aquela de uma norma constitucional fundamental objetiva de proteção ambiental. Conveniente destacar que a experiência com esse tipo de formato, na época, já era de algum sucesso. Muito embora a LF não contenha direitos fundamentais sociais explicitados no catálogo de direitos fundamentais, o art. 20, I, ancora o princípio do Estado Social. A norma não constitui uma posição subjetiva individual, como os direitos fundamentais, mas sim tem caráter objetivo. Dado que, mesmo não constituindo direito subjetivo fundamental, o princípio do Estado Social vincula o poder público, de diversas formas, a jurisprudência do Tribunal Federal Constitucional alemão desenvolveu uma série de institutos jurídico-constitucionais que protegem os direitos sociais. Um exemplo deles é o "mínimo existencial", uma posição subjetiva individual que surge em casos de excepcional descumprimento pelo Legislador do dever de concretizar o princípio do Estado Social. Base constitucional para o mínimo existencial são, então, o art. 20, I (princípio do Estado Social), o art. 1, I (dignidade da pessoa humana) e o art. 3, II (direito fundamental à igualdade material).[39] O exemplo serve para demonstrar que a inexistência de direitos fundamentais sociais na LF não resultou em total descumprimento e ausência de controle judicial no que tange à concretização pelo Legislativo dos deveres estatais decorrentes da consagração do princípio do Estado Social.

Com essa experiência, os partidos políticos alemães e a doutrina passaram a trabalhar com a alternativa de uma norma constitucional objetiva de proteção ambiental, que precisasse ou delineasse um objetivo estatal, o que se denominou *Staatszielbestimmung* (determinação de objetivo estatal). Um relatório emitido por uma comissão de especialistas alemães em direito constitucional, em 1983, procurou diferenciar normas constitucionais de direito objetivo com vinculação do poder público de normas constitucionais a partir das quais podem decorrer diretamente direitos individuais de pessoas isoladas. Nessa linha, produziu-se uma definição que serve de base para a doutrina até hoje:

> Delimitações de objetivos estatais são normas constitucionais com eficácia jurídica vinculante, que prescrevem ao poder público o duradouro cuidado ou cumprimento de determinadas tarefas – objetivos tecnicamente circunscritos. Elas delineiam um determinado

---

[39] Trataremos com o devido cuidado do instituto do mínimo existencial no quarto capítulo.

programa do poder público e são, assim, guias ou diretrizes para o agir estatal, bem como para a interpretação de leis e outros postulados legais.[40]

Após alguns anos de divergência acerca do texto que deveria conter a norma, bem como de alguns impasses políticos, foi adicionado à LF o art. 20a. Essa reforma não se deu de forma isolada, mas sim no âmbito da renovação constitucional geral que ocorreu após a reunificação alemã.[41] Estabelece o art. 20a: "No âmbito da ordem constitucional, o Estado protege as bases naturais da vida, tendo em conta também a sua responsabilidade para com as futuras gerações, por meio do poder Legislativo, e segundo a lei e o Direito, por meio dos poderes Executivo e Judiciário".[42]

Conforme já repisado previamente, a opção por uma norma fundamental de cunho objetivo, em vez de uma posição subjetiva individual, representa o reconhecimento de um valor intrínseco à vida: no caso do ambiente, a proteção constitucional não se dá para o benefício do homem e sim como forma de reconhecer uma responsabilidade em relação às espécies com as quais convivemos e o ambiente que a todos abriga.

Reconhecendo que uma vasta maioria da doutrina entende que o art. 225 da Constituição Federal brasileira contém uma norma de direito fundamental, ousamos discordar. A nosso ver, o primeiro argumento, de fundo político e filosófico, restou já suficientemente exposto: uma norma de direito fundamental ao meio ambiente não se coaduna com o reconhecimento de um valor intrínseco da natureza. O segundo argumento é um de natureza técnico-jurídica: sob o ponto de vista do direito constitucional, a proteção ambiental por meio de uma norma objetiva é mais adequada e operacionalizável que por meio de um direito fundamental. Para esclarecer satisfatoriamente nossa posição, dedicaremos maior espaço à forma como se dá a proteção por meio da positivação constitucional de um objetivo estatal. De antemão, porém, destacamos que nosso intuito é sustentar que o art. 225 da Constituição Federal constitui um objetivo estatal e não contém um direito fundamental ao meio ambiente.

1.2.2.1. Objeto da proteção

O objeto da proteção de um objetivo estatal de proteção ambiental pode ser interpretado de forma mais ampla que o conteúdo de um direito fundamen-

---

[40] Tradução livre do autor. No original: "Staatszielbestimmungen sind Verfassungsnormen mit rechtlich bindender Wirkung, die der Staatstätigkeit die fortdauernde Beachtung oder Erfüllung bestimmter Aufgaben – sachlich umschriebene Ziele – vorschreiben. Sie umreißen ein bestimmtes Programm der Staatstätigkeit und sind dadurch eine Richtlinie oder Direktive für das staatliche Handeln, auch für die Auslegung von Gesetzen und sonstigen Rechtsvorschriften". Esse é o trecho destacado do relatório por CALLIESS, op. cit., p. 105.

[41] Sobre o histórico, especialmente político, do longo caminho até a entrada em vigor do art. 20a, ver TSAI, p. 60 e ss.

[42] O termo "e os animais" foi adicionado logo após "bases naturais da vida", em emenda constitucional de 2002. Mesmo antes dessa adição, a doutrina já referia que uma adequada proteção dos animais estaria albergada pela expressão "bases naturais da vida", inclusive tendo o legislador dado sinais desse entendimento. Mais adiante, ao tratarmos do conteúdo da proteção do art. 20a, dedicaremos algumas linhas à questão.

tal, pois este último exige relação do bem protegido com o interesse individual. É claro que a doutrina e jurisprudência têm procurado garantir a maior proteção possível por meio desse direito fundamental, tratando de um meio ambiente ecologicamente equilibrado. Um direito fundamental ao meio ambiente e um objetivo estatal de proteção ambiental resultariam, possivelmente, em uma tentativa de abarcar o mesmo conteúdo com a mesma amplitude. Porém, a questão é que a necessidade de associar o direito fundamental a um interesse individual implicaria uma tendência de restringir os bens ambientais protegidos. Isso não ocorre em se tratando do objetivo estatal. A noção de direitos difusos é apenas uma forma de contornar esse problema – no fundo uma questão de titularidade, já mencionada –, mas entendemos que não é a melhor solução do ponto de vista da técnica constitucional.

Tratamos aqui de Estado Ambiental, termo que se originou na Alemanha justamente tendo em vista a proteção ambiental por via do art. 20a (ainda que quando empregado o termo pela primeira vez o art. 20a não havia sido incluído na LF, já existiam os projetos de alteração constitucional e era grande a expectativa de sua confirmação). Da mesma forma e mais importante ainda, o direito ambiental germânico sempre foi referência na União Europeia – e talvez devesse sê-lo aqui também, da mesma forma como já o é o direito constitucional alemão. Por esses motivos, julgamos pertinente apontar a maneira como tem sido construído pela doutrina alemã o conteúdo da proteção ambiental constitucional.

Ao invés do termo "meio ambiente ecologicamente equilibrado", o art. 20a traz a expressão "bases naturais da vida". A melhor forma de trabalhar com essa diferença é fazer com que ambos os termos dialoguem. Em razão da importância e complexidade, uma dialética dos conteúdos da proteção no direito comparado ambiental já merece por si só uma obra específica. Dado que esse não é nosso objetivo precípuo, e para tanto não podemos reservar grande espaço (além de existirem diversos trabalhos no Brasil que tratam do conteúdo da proteção do "meio ambiente ecologicamente equilibrado"), optamos por apresentar apenas alguns apontamentos sobre a forma como tem sido interpretada a expressão "bases naturais da vida" no direito constitucional ambiental e infraconstitucional ambiental alemão. A ideia é enriquecer essa dialética sem pretensões de nela nos aprofundarmos.

Para a doutrina alemã, quando a lei menciona as "bases naturais da vida" ou o "meio ambiente", está se referindo essencialmente ao mesmo bem. Não obstante, por "bases naturais da vida" subentende-se que o art. 20a aponta a finalidade da proteção da vida em si que depende, para sua existência, da continuidade e evolução no futuro, de premissas fundamentais. Tendo em vista as diversas interdependências e processos de intercâmbio manifestados no ecossistema, a vida individual (ou de determinada espécie) pressupõe a vida geral (de todas as espécies, da mais simples à mais complexa, do ponto de vista evolutivo). Assim, qualquer forma de vida é fundamental e é apenas possível quando a vida em geral se dá em grande diversidade. Daí resulta que o conceito de "bases naturais da vida" deve abranger todas as formas da vida em si, inclusive seus processos e relações de intercâmbio.[43]

Enquanto no direito ambiental brasileiro se fala comumente de meio abiótico e meio biótico, parece-nos que há, ainda, uma diferença qualitativa na conceituação de "bases naturais da vida", pois atribui-se um valor intrínseco não somente às formas de vida, mas também à interação e processos de intercâmbio existentes entre essas formas de vida.

Quanto aos animais, resulta óbvio que estão abrangidos tanto por "ambiente" como por "bases naturais da vida". Como se o disposto no *caput* pudesse deixar dúvidas, o constituinte brasileiro especificou ainda no inciso VII (proteger a fauna e a flora) do § 1º do art. 225 a inclusão dos animais como objeto da proteção do objetivo estatal. A despeito disso, e mesmo reconhecendo-se uma dignidade dos mesmos, conforme já apontado, a *forma* como o Estado realiza a proteção demandada constitucionalmente reside no âmbito de liberdade de conformação do legislador. Não queremos adiantar essa questão, mas cabe aqui apenas ressaltar que, independentemente do formato jurídico escolhido para a salva-guarda – se direitos subjetivos dos animais ou deveres de proteção específicos de Estado e particulares –, a proteção deve ser minimamente satisfatória. Isso não ocorria, por exemplo, na Alemanha, onde a jurisprudência, antes da explicitação da proteção dos animais no art. 20a, julgava inconstitucionais – por afronta aos direitos fundamentais – dispositivos de legislação infraconstitucional que ofereciam alguma proteção aos animais.[44]

O objeto da proteção ambiental constitucional – conforme desenvolvimento doutrinário alemão, que pode enriquecer a conceituação brasileira de "meio ambiente ecologicamente equilibrado" – inclui todas as pré-condições naturais das quais dependem a vida dos humanos, dos outros animais, das plantas e dos demais seres vivos, logo, aquelas condições naturais, funções e processos da vida que são necessários para a conservação da vida, sua continuidade e sua evolução na diversidade das espécies e sem os quais a vida não poderia durar um longo período de tempo.[45] Trata-se de garantir mais que a mera sobrevivência de animais e plantas.

O acervo estético da humanidade, bem como o aspecto estético das paisagens, estão incluídos na proteção das bases naturais da vida. O fundamento comum oferecido pela doutrina alemã é a relevância desses aspectos do ambiente para a vida com qualidade do homem. Não apenas aspectos biológicos são consi-

---

[43] CALLIESS, op. cit., p. 108-109.
[44] CASPAR, Johannes; GEISSEN, Martin. O art. 20a da Lei Fundamental da Alemanha e o novo objetivo estatal de proteção aos animais. In: MOLINARO, Carlos Alberto; MEDEIROS, Fernanda Luiz Fontoura de; SARLET, Ingo Wolfgang; FENSTERSEIFER, Tiago (orgs.). *A dignidade da vida e os direitos fundamentais para além dos humanos*. Uma discussão necessária. Belo Horizonte: Fórum, 2008, p. 481 e ss.
[45] CALLIESS, op. cit., p. 110.

derados no que tange à duração por um longo período de tempo da vida humana, mas também aspectos subjetivos e psicológicos. A área de contato com o âmbito de proteção de alguns direitos fundamentais mostra-se aqui evidente.

Questão absolutamente importante representa o termo "gerações futuras". A alusão àqueles indivíduos que sequer nasceram, mas serão afetados pela forma como o Estado protege o ambiente hoje é comum em praticamente todas as normas nacionais e internacionais de direito ambiental. Esse aspecto da proteção ambiental passou a merecer destaque a partir da Declaração do Rio de Janeiro sobre Meio Ambiente e o Desenvolvimento, de 1992, especialmente em razão do princípio do desenvolvimento sustentável. Tanto o art. 20a como o *caput* do art. 225 contêm também alusão às gerações futuras. Essa expressão, que contém alta carga antropocêntrica e tem sido inclusive fundamento de uma leitura antropocêntrica de ambos os artigos, é, na verdade, pouco relevante ou mesmo desnecessária no contexto da presente leitura do Estado Ambiental e do objetivo estatal de proteção ambiental. Qualquer forma de proteção ambiental minimamente efetiva resulta em assegurar um nível baixo de degradação da natureza – especialmente quando essa proteção é da natureza em razão de seu valor intrínseco –, o que significa demandar que as futuras gerações humanas tenham acesso a um ambiente razoavelmente semelhante àquele no qual hoje convivemos. A proteção contra riscos de danos ambientais, a seguir analisada, também implica em uma lógica de longo prazo que beneficia aqueles que ainda não nasceram.

Não obstante, a forma antropocêntrica do direito fundamental ao ambiente requer uma explicitação das gerações vindouras como dignas de proteção. Isso porque aquele formato contra o qual aqui argumentamos implica em uma proteção do ambiente para o homem. O formato de posição subjetiva fundamental novamente traz grandes problemas do ponto de vista de técnica constitucional, sendo utilizado como solução novamente o quebra-galho da titularidade difusa de direitos fundamentais (o que não se coaduna com a teoria dos direitos fundamentais conforme desenvolvida na Alemanha e importada em grande parte pela doutrina e jurisprudência brasileiras). Enquanto a proteção ambiental constitucional por meio de um direito fundamental resulta em um dilema sobre a atribuição de titularidade a indivíduos que ainda não existem (e cuja futura existência é incerta), o objetivo estatal de proteção do ambiente demanda um agir do Estado independentemente de subjetivações individuais fundamentais. Mesmo que se entenda que é essencial considerar as gerações futuras como elemento independente da proteção ambiental, isso se dá de forma muito mais simples quando esses se beneficiam do agir Estatal sem necessidade de qualquer subjetivação em nível constitucional. De qualquer forma, ressaltamos que o conjunto das bases naturais da vida, objeto da proteção ambiental, inclui as gerações futuras.

1.2.2.2. Delineamento da proteção – mandado de otimização e proibição de degradação

As bases naturais da vida são, portanto, *o que* é protegido. Mas *contra que* se protege? Nesse aspecto, a doutrina alemã de fato está muito evoluída em relação à brasileira. Em sede de teoria dos direitos fundamentais, já na década de 1970, começou a ser desenvolvida uma concepção de dimensão objetiva, decorrente das normas de direitos fundamentais, que determinava que o legislador estabelecesse uma proteção dos particulares contra a ação de outros particulares quando essa causava a violação de direitos fundamentais (a teoria da eficácia mediata dos direitos fundamentais, que propugnava a vinculação do legislador a deveres de proteção emanados da dimensão objetiva dos direitos fundamentais). A teoria dos deveres de proteção foi impulsionada pela constatação de uma nova e crescente multitude de danos e riscos de danos aos direitos fundamentais causados não pelo Estado, mas sim precipuamente por entes privados. Os deveres de proteção consubstanciam-se na resposta do direito constitucional à era do risco.[46]

Mas o desdobramento de maior relevância e pertinência nessa parte é a constatação de que uma proteção dos direitos fundamentais nos tempos modernos não mais poderia resumir-se a evitar danos e sim necessitava, sob pena de insuficiência da proteção mesma, evitar já o risco de dano. O risco é inerente ao conhecimento: já os homens das cavernas percebiam o risco, por exemplo, de serem pegos de surpresa por um predador. Não foi o homem moderno quem primeiro constatou a existência de riscos – riscos sempre existiram, mas o que faz com que os riscos agora obtenham tanta atenção é a tecnologia. A engenhosidade do homem permitiu que ele desenvolvesse novas substâncias, novos tipos de empreendimentos, armamentos mais poderosos, materiais cuja consistência afeta o ambiente de forma diferenciada. São os chamados riscos tecnológicos civilizatórios.[47] Mais adiante, no terceiro capítulo, apontaremos por que a procedimentalização é a única forma de enfrentar o risco, a partir do paradigma do *Umgang mit Unsicherheit* de Karl-Heinz Ladeur. Aqui o objetivo é meramente apresentar a obrigação de proteção contra o risco como parte do objetivo estatal de proteção ambiental.

A tecnologia potencializou possíveis danos colaterais à dinâmica societária comum do homem, ao mesmo tempo, que garantiu os avançados meios de diagnóstico antecipado dessas possibilidades de danos. A era do risco é fruto da tecnologia e do conhecimento do próprio homem. A ameaça de uma quantidade esmagadora de riscos decorrentes da dinâmica social – mais precisamente, decorrentes em especial do uso massivo de tecnologias por grandes entes privados e pelos Estados – obteve do direito constitucional a resposta que parecia adequada. Quanto mais ameaçada estiver a segurança, menos se privilegiará a

---

[46] MURSWIEK, *Die staatliche Verantwortung für die Risiken der Technik*. Verfassungsrechtliche Grundlagen und immissionsschutzrechtliche Ausformung. Berlim: Duncker & Humblot, 1985, p. 280.

[47] Ibidem, p. 147.

liberdade, nessa constante balança do Estado de Direito. Na tensão entre liberdade e segurança se suprime ou a liberdade – para que o poder de polícia possa garantir segurança a todos – ou a segurança – para que ninguém tenha sua esfera da privacidade e liberdade infringida. Esse paradoxo é intrínseco ao Estado de Direito, para Manfred Baldus.[48] Como consequência de um privilegiamento atual da segurança em face dos riscos da tecnologia – e, nos últimos anos, também do terrorismo – o Estado passou a receber a adjetivação de Estado Preventivo (*Präventionsstaat*).

Trata-se de ampliar a proteção de direitos fundamentais como vida e saúde, com uma inevitável nova limitação do direito fundamental à liberdade. Os limites da função policial do Estado Preventivo acabam por se tornar extremamente perigosos, especialmente quando os mecanismos de proteção criados e desenvolvidos para evitar riscos passam a ser, de certa forma, banalizados a ponto de serem usados para evitar danos. Esses mecanismos são instrumentos de direito constitucional que permitem maior limitação do direito fundamental à liberdade com o intuito de possibilitar adequada resposta estatal aos "novos" riscos.

Ocorre que restrições no âmbito do direito à liberdade, que são tradicionais e justificadas no que tange à persecução criminal posterior ao delito, em caso de flagrância ou mesmo em situação de investigações de crimes mais complexos que envolvem crimes menores já cometidos e suspeitos contra os quais já há diversas provas, são agora utilizadas no campo da prevenção. Isso significa que, por medida de prevenção, suprimem-se liberdades de privacidade e inclusive de locomoção tendo por base suspeitas não confirmadas e vitimando pessoas contra as quais não pesa qualquer indício ou prova, sendo elas o foco dos esforços investigatórios apenas por pertencerem a determinados grupos demográficos.[49] Um Estado Preventivo não pode violar certos bens considerados imponderáveis e, portanto, independentes de balanceamento com o interesse segurança pública. Mas a verdade é que a segurança só se dá à custa de alguma porção de liberdade e a liberdade só se dá à custa de alguma porção de segurança.[50]

O Estado Preventivo e os inerentes problemas de colisões de direitos fundamentais têm estreita ligação com o Estado Ambiental à medida que ambos contêm uma tarefa estatal de agir antecipado, preventivo e, no caso da proteção ambiental, precaucioso. No âmbito do Estado Preventivo é dada ênfase à prevenção contra riscos à segurança de forma geral, incluindo, como se viu,

---

[48] BALDUS, Manfred. Freiheitsicherung durch den Rechtsstaat des Grundgesetzes. In: HUSTER, Stephan; RUDOLPH, Karsten. *Vom Rechtsstaat zum Präventionsstaat*. Frankfurt a.M.: Suhrkamp, 2008, p. 111.

[49] Sobre o uso equivocado e geralmente desproporcional de medidas tradicionais de combate à criminalidade no escopo de medidas preventivas, ver DENNINGER, Eberhard. Prävention und Freiheit. In: HUSTER, Stephan; RUDOLPH, Karsten. *Vom Rechtsstaat zum Präventionsstaat*. Frankfurt a.M.: Suhrkamp, 2008, p. 96. A expressão *Präventionsstaat* foi cunhada por Denninger.

[50] Ou, como coloca Dietrich Murswiek: "Sicherheit ist nur auf Kosten von Freiheit zu haben, Freiheit nur auf Kosten von Sicherheit" (MURSWIEK, Dietrich. *Die staatliche Verantwortung für die Risiken der Technik*. Op. cit., p. 139).

questões relacionadas ao terrorismo, privacidade, persecução criminal – temas, saliente-se, de alta importância. Mas a questão tem entonação diferente no que tange ao Estado Ambiental. Aqui a ideia é que o Estado tem o dever de proteger a natureza não apenas contra danos em iminência de ocorrer ou mesmo com grande probabilidade de ocorrência, mas também contra riscos que, em razão de um déficit de conhecimento e precisão, estão abaixo da barreira do perigo (*Gefahrenschwelle*).[51]

As bases naturais da vida merecem proteção mesmo quando não há grande certeza sobre a ocorrência de danos, sejam eles oriundos da ação do Estado ou decorrentes do agir privado. Isso é considerado como uma decorrência lógica de um objetivo estatal de proteção ambiental à medida que esses riscos representam grande parte da ameaça de dano. Por outro lado, faz-se obrigatória a proteção também contra riscos de danos ao ambiente em casos nos quais o potencial dano é irreversível, devido à sua magnitude ou já em decorrência da fragilidade do equilíbrio das bases naturais da vida.

Trata-se da aplicação do princípio da precaução, sobre o qual discorreremos com a devida atenção no terceiro capítulo. O que importa no momento é que o respeito à precaução pelo Estado, ou seja, proteger o ambiente não apenas contra danos altamente prováveis, mas também contra riscos incertos, é uma obrigação decorrente do objetivo estatal de proteção ambiental do art. 225 e, como tal, não se encontra à disposição do legislador. É dizer, o Poder Legislativo, ao concretizar o dever de proteção contra riscos, está vinculado juridicamente no que tange ao "se", e, por consequência, também no que tange ao "quando": está obrigado agora, e não no futuro. Sua autonomia democrática de conformação abrange apenas o "como", a forma como irá implementar e configurar tal proteção por meio da legislação infraconstitucional.[52]

A doutrina alemã é uníssona no que refere a esse dever de precaução: seria implícito ao objetivo estatal consagrado no art. 20a da LF. O art. 225 é mais detalhado, entretanto. Muito embora decorresse já do *caput* da prescrição o dever estatal de precaução conforme delineado pela doutrina alemã, os incisos IV (estudo de impacto ambiental) e V (controle da "produção, a comercialização e o emprego de técnicas, métodos e substâncias que comportem risco para a vida, a qualidade de vida e o meio ambiente") do § 1º especificam os termos do dever estatal de precaução. Isso resulta diminuição – ainda que pequena, dada a generalidade do texto dos incisos – do espaço de conformação do legislador acerca do "como" concretizar a tarefa estatal.

A proteção do ambiente contra danos e riscos está compreendida por aquilo que se designou de uma Proibição de Degradação (*Verschlechterungsverbot*).

---

[51] Nesse sentido, fazendo referência a um mandado de precaução (*Risikovorsorgegebot*), ver, por todos, BRÖNNEKE, Tobias. *Umweltverfassungsrecht*. Der Schutz der natürlichen Lebensgrundlagen im Grundgesetz sowie in den Landesverfassungen Brandenburgs, Niedersachsens und Sachsens. Baden-Baden: Nomos, 1999, p. 326.
[52] MURSWIEK, *Staatsziel Unweltschutz...* op. cit., p. 223.

Ao Estado, em razão do objetivo estatal de proteção ambiental, é vedado causar danos ambientais, bem como omitir-se em evitar riscos de danos ambientais. Mas não se exige uma proteção ótima ou máxima, do que resultariam inclusive violações desproporcionais dos direitos fundamentais, conforme veremos adiante. A Proibição de Degradação pode ser orientada então pela situação ambiental existente quando do estabelecimento do objetivo estatal – 1988. O Estado, no cumprimento do objetivo estatal do art. 225, ponderando e balanceando esse objetivo com outros interesses, princípios e com direitos fundamentais, não pode permitir uma deterioração das bases naturais da vida que implique numa mudança significativa em relação à situação de 1988.[53]

A Proibição de Degradação é uma baliza que serve para orientar o poder público em casos de difícil solução nos quais um balanceamento é exigido. Essa proibição não é, todavia, a única baliza. O máximo de proteção estatal exigido tampouco se resume à proibição de degradação. O objetivo estatal de proteção ambiental propugna também um dever de reparar danos e degradações ambientais já causados. A norma constitucional do art. 225 vincula o Estado a um agir ativo no sentido de reverter a deterioração já causada, tanto pelo próprio Estado como por particulares. Mais uma vez, ressalta-se a diferença em relação ao grau de concretude da norma do art. 20a e aquela do art. 225. Mesmo que não haja discordância entre a doutrina alemã acerca do dever de reparação como implícito ao objetivo estatal de proteção ambiental, esse dever de reparação encontra-se explicitado no inciso I (preservar e restaurar os processos ecológicos essenciais e prover o manejo ecológico das espécies e ecossistemas) do § 1º do art. 225. Novamente, registramos que essa reparação não deve ter como objetivo alcançar o estado da natureza existente antes de qualquer ação humana, buscando uma proteção máxima. O objetivo estatal consubstancia-se em um Mandado de Otimização[54] (*Optimierungsgebot*), como um princípio, no sentido de obrigar o Estado à proteção ambiental contra danos, riscos de danos e também à reparação de danos ambientais já ocorridos. Nesse sentido, o Estado torna-se um patrono, gestor ou fideicomissário do ambiente.[55]

Embora não seja nosso objetivo determinante trabalhar os princípios de direito ambiental constitucional, faz-se necessário mencioná-los aqui em virtude

---

[53] Sustentando, no direito alemão, que seja utilizado como padrão o ano de 1994, no qual foi adicionado o art. 20a à LF, assim como discorrendo sobre a Proibição de Degradação, ver APPEL, Ivo. *Staatliche Zukunfts- und Entwicklungsvorsorge*. Zum Wandel der Dogmatik des Öffentlichen Rechts am Beispiel des Konzepts der nachhaltigen Entwicklung im Umweltrecht. Tübingen: Mohr Siebeck, 2005, p. 122.

[54] Esse Mandado de Otimização é defendido por diversos autores. Um outro formato de expressão jurídica vinculante dos deveres oriundos do objetivo estatal é aquele apresentado por Frank Schiller. Trata-se de objetivos de qualidade ambiental que, segundo o autor, implicariam em quatro perspectivas de desenvolvimento: um fortalecimento da orientação qualitativa-ambiental do direito ambiental em contrapartida a normas sobre tecnologia e grandes estabelecimentos; estão vinculadas a necessidades de um planejamento geral ambiental; servem de base para soluções econômico-ambientais da problemática ambiental; são interpretadas como instrumento de um Estado Ambiental cooperativo, que recorre à auto-obrigação pública – de particulares (SCHILLER, op. cit., p. 188).

[55] CALLIESS, op. cit., p. 118.

de sua função delimitadora do Mandado de Otimização ambiental. A enumeração e classificação desses princípios é altamente heterogênea na doutrina brasileira. Na doutrina alemã, a despeito de tampouco existir unanimidade, há certo consenso acerca de uma tríade de princípios reitores da proteção ambiental pelo Estado. Seriam eles o princípio da precaução, o princípio do poluidor-pagador e o princípio da cooperação. Esses princípios fazem parte inclusive do conteúdo essencial da proteção ambiental demandada pelo objetivo estatal, que não está à disposição do legislador.[56]

A forma como o princípio da precaução proporciona maior precisão ao "como" da proteção ambiental exigida pelo objetivo estatal já restou suficientemente demonstrada: a obrigação da proteção não apenas contra perigos de dano ambiental, mas também contra riscos de tais danos. Devotaremos mais espaço à explicação de nossa posição em relação a como inserir o princípio da precaução na proteção ambiental sob a perspectiva procedimental no terceiro capítulo.

O princípio do poluidor-pagador tem seu foco não na obrigatoriedade da reparação dos danos ambientais, mas na imputação desses danos especificamente àquele ou àqueles que os causaram, na medida do possível. Ou seja, é um princípio de justiça retributiva e não sancionatória. É de notar que o nome dado ao princípio na ordem jurídica alemã é traduzido literalmente por "princípio do causador", em alusão inequívoca à sua função central e dominante. Trata-se da negação da socialização dos custos dos danos ambientais e, em especial, da obrigatoriedade também de entes privados de cuidado com a natureza. Disso resulta que uma das obrigações do Estado, decorrentes do objetivo estatal, é a de determinar normas que vinculem diretamente os particulares à proteção ambiental.

O princípio da cooperação explicita a característica estrutural do Estado Ambiental. Trata-se do estabelecimento de um processo que garanta a efetiva participação dos indivíduos, não no que tange à obrigatoriedade de protegerem o ambiente ao lado do Estado, mas sim de conduzirem a delimitação geral da forma como se dá a proteção ambiental, por meio de um diálogo social inclusivo.

1.2.2.3. A eficácia jurídica do objetivo estatal de proteção ambiental do art. 225

Muito embora a noção de Estado Ambiental tenha surgido na Alemanha e tenha lá, da mesma forma, sido mais desenvolvida, a doutrina brasileira também se dedicou ao tema, por influência especialmente de J. J. Gomes Canotilho. A despeito da existência já de alguns estudos específicos sobre o Estado Ambiental, não há desenvolvimento doutrinário muito além da afirmação de que o Estado necessita proteger efetivamente o meio ambiente em razão do contexto atual de degradação ambiental. Há, sim, grande quantidade de trabalhos sobre o meio ambiente como direito fundamental e sua eficácia, porém, conforme a concep-

---
[56] KLOEPFER, Aspekte eines Umweltstaates Deutschland, op. cit., p. 754.

ção original e vigorante de Estado Ambiental, a existência dentre os direitos fundamentais de um consagrando o ambiente não faz com que o Estado possa então ser chamado de Estado Ambiental. Essencial é, portanto, a elevação da proteção ambiental como um dos objetivos estatais elementares. Um Estado Ambiental tem como condição de legitimação de sua atuação a proteção do ambiente.

Nessa linha, pode-se dizer que é escassa a produção doutrinária nacional sobre o tema eficácia do objetivo estatal de proteção contido no art. 225.[57] A eficácia de uma norma de objetivo estatal funciona de forma diferente da de um direito fundamental. Não obstante, não há que confundir – e esse ponto merece ser frisado – uma norma de objetivo estatal com uma norma programática, conforme a clássica definição constitucional. O objetivo estatal ancorado na Constituição vincula o poder público diretamente. Não há necessidade de interposição legislativa para que passe a surtir efeitos jurídicos. Isso, aliás, resulta já do fato de que qualquer norma constitucional tem eficácia, mesmo em níveis diferentes. O objetivo estatal de proteção ambiental, entretanto, vincula o Legislativo, o Executivo e o Judiciário de forma específica. A maneira como se dá essa vinculação é tema muito discutido na doutrina constitucional ambiental alemã e determinados aspectos encontram-se já sedimentados também pela

---

[57] MARQUES, op. cit., p. 180, resume-se a listar funções do Estado Ambiental sem, contudo, tratar de como isso se dá em termos do funcionamento do direito constitucional ambiental e direito ambiental infraconstitucional. Já LEITE, José Rubens Morato; PILATI, Luciana Cardoso; JAMUNDÁ, Woldemar. Estado de Direito Ambiental no Brasil. In: KISHI, Sandra Akemi Shimada; SILVA, Solange Teles da; SOARES, Inês Virgínia Prado (orgs.). *Desafios do direito ambiental no século XXI*: estudos em homenagem a Paulo Affonso Leme Machado. São Paulo: Malheiros, 2005, limitam-se a mencionar a necessidade de uma "ponderação hermenêutica em decisões judiciais que envolvam o exercício de direitos de ordem individual e o ambiente saudável como necessidade da coletividade" p. 625. Em seguida os autores afirmam que "O Estado de Direito do Ambiente é fictício, marcado por grande abstratividade" (p. 627), mas apontam ao menos cinco funções da discussão do Estado de Direito do Ambiente (moldar formas mais adequadas para a gestão de riscos, juridicizar instrumentos preventivos e precaucionais, trazer ao campo do direito ambiental a noção de "direito integrado", buscar a formação da consciência ambiental e propiciar maior compreensão do objeto estudado) (p. 628). NUNES JUNIOR, Amandino Teixeira. O estado ambiental de direito. *Revista de Informação Legislativa*, v. 41, n. 163, p. 295-307, jul./set. 2004, p. 303, também se limita a mencionar funções do Estado Ambiental: "As funções do Estado Ambiental de Direito se realizam, principalmente, por meio de medidas (concretas) que visam a estimular e a provocar o exercício das condutas (participativa e solidária) desejadas para alcançar o fim ambiental do Estado". Sobre o Estado Ambiental e sua necessária diferenciada conformação em razão da incerteza inerente ao ambiente, adotando uma perspectiva similar, em relação a esse ponto específico, àquela manifestada ao longo deste estudo, ver ROCHA, Leonel Severo; CARVALHO, Delton Winter de. Policontexturalidade jurídica e estado ambiental. In: SANTOS, André Leonardo Copetti; STRECK, Lenio Luiz; ROCHA, Leonel Severo. *Constituição, sistemas sociais e hermenêutica*. Porto Alegre: Livraria do Advogado, 2007. Walter Rothenburg fala de uma "constituição ambiental em sentido amplo", conceito que pode ser considerado como ontologicamente próximo àquele de Estado Ambiental conforme aqui retratado, porém com o mesmo certamente não se confunde. Para o autor, uma "constituição ambiental em sentido amplo" é aquela para a qual "o valor 'ambiente', quando considerado alicerce da Constituição, impregna-a amplamente. Para compreendê-la e aplicá-la, é preciso levar em consideração a perspectiva ambiental". Rothenburg conclui que "essa importância do ambiente permeia toda a Constituição, cuja compreensão integral somente se dá sob o influxo desse valor. Daí falar-se em 'Constituição Ecológica' e reconhecer que também a Constituição da República Federativa do Brasil, de 5.10.1988, é uma 'Constituição ambiental'" (ROTHENBURG, Walter Claudius. A Constituição Ecológica. In: KISHI, Sandra Akemi Shimada; SILVA, Solange Teles da; SOARES, Inês Virgínia Prado (orgs.). *Desafios do direito ambiental no século XXI*: estudos em homenagem a Paulo Affonso Leme Machado. São Paulo: Malheiros, 2005, p. 817 e 828).

jurisprudência, o que significa que a eficácia do objetivo estatal de proteção ambiental não é algo abstrato e sim razoavelmente bem delineado.

Cabe frisar, outrossim, que a eficácia está diretamente relacionada com a concretude normativa que é dada à norma que consagra o objetivo estatal. Nesse aspecto, é possível afirmar que o art. 225 da Constituição brasileira determina com especificidade muito maior que aquela do art. 20a da LF a forma como deve o legislador concretizar o objetivo estatal. Sendo essa norma mais detalhada, ainda que deixe amplo espaço de conformação ao legislador, permite um controle judicial ligeiramente mais amplo da vinculação do Poder Legislativo àquilo que está expresso no art. 225. Contudo, a forma como estão sendo sedimentados o Estado Ambiental e os elementos do objetivo estatal de proteção ambiental pela doutrina alemã coincidem em grande parte e essencialmente com as determinações específicas dos parágrafos do art. 225. Isso permite aferir que a amplitude do controle constitucional da proteção ambiental na Alemanha e no Brasil é muito similar.

O Poder Legislativo está proibido de produzir legislação que autorize a degradação ambiental. Nesse ponto a eficácia da norma constitucional funciona da forma clássica, proibindo a legislação infraconstitucional que seja contrária ao que determina o art. 225. Aqui não nos alongamos, seja por não representar novidade em relação à eficácia tradicional das normas constitucionais, seja porque o aspecto problemático – o balanceamento entre legislação protetora de direitos fundamentais e a proibição de legislação degradante da natureza – será abordado mais adiante.

A omissão da produção de legislação contrária ao objetivo de proteção ambiental não é a única obrigação do legislador. Esse possui também uma obrigação de agir ativo no sentido de produzir legislação que concretize e configure os aspectos específicos da proteção ambiental. Mas aqui, mais ainda que no que tange à obrigação de omissão, o legislador possui um espaço de conformação. A escolha de produzir normas de proteção ambiental não está à sua disposição, mas a forma como delineá-las, e, em especial, o grau de proteção ambiental buscado, residem sim no âmbito desse espaço de conformação.

A maneira e a intensidade como deve ser cumprido o dever do legislador, decorrente do objetivo estatal, devem ser objeto de escolhas democráticas e politicamente legitimadas. Não cabe ao Judiciário tomar essas decisões, mas sim ao Legislativo. A participação da sociedade civil é essencial, ainda mais em se tratando de normas ambientais, pois a matéria é por demais delicada em razão da sensibilidade do equilíbrio da natureza e da possibilidade real de danos irreversíveis resultantes de más escolhas legislativas. Ressaltamos que isso não significa que a concretização do objetivo estatal pelo legislador está afastada do controle judicial. Rogamos não ser malcompreendidos, até porque deixamos claro que o objetivo estatal não se confunde com norma programática. Há, sim, controle judicial, sem o qual inclusive a eficácia da norma ficaria esvaziada. Mas é necessário perceber que a seara precípua para as decisões ambientais é o órgão político e não o judicial. A maneira e os limites do controle judicial serão expostos mais adiante.

O legislador possui dupla obrigação de agir ativo: produzir normas que estabeleçam formas de proteção do ambiente e, igualmente importante, produzir normas que vinculem os particulares à proteção ambiental. Esse segundo ponto é um tanto mais complexo. Cabe reconhecer que o Estado não é o único agente degradante – e é discutível inclusive a assertiva de que seja o principal. Os entes privados também poluem, desmatam, vilipendiam e esgotam a natureza. Mas a norma do art. 225, a despeito de fazer referência ao dever da coletividade de proteger o ambiente, não pode ser aplicada diretamente de forma a criar obrigações para os indivíduos.

Nesse ponto, o tema aqui abordado relaciona-se com o tema da influência dos direitos fundamentais no direito privado, ou aquilo que se tem denominado de eficácia direta ou eficácia indireta dos direitos fundamentais. De maneira geral, nossa posição em relação à questão da imediatidade ou mediatidade da eficácia dos direitos fundamentais nas relações entre particulares é mais restrita que aquela da doutrina dominante no cenário nacional. Julgamos que atualmente, já superada a noção de direitos fundamentais como normas que têm por destinatário sempre e *somente* o Estado, é mais relevante tratar dos critérios hermenêuticos que permitam identificar quando se dá a eficácia direta que simplesmente defender o reconhecimento de tal efeito pelo aplicador sempre em qualquer situação. Atentamos principalmente para o perigo da constitucionalização excessiva e niveladora de todo o direito, tornando todo e qualquer assunto matéria de direito constitucional, tendo por regra ignorar as escolhas do legislador democraticamente legitimado e conduzindo, finalmente, a um "Estado Judicial". Urgindo não sermos mal-interpretados, ressaltamos que não negamos de pleno a eficácia direta dos direitos fundamentais nas relações entre particulares, apenas entendemos que o mais apropriado, no momento, é uma preocupação com o desenvolvimento e a sedimentação de critérios para distinguir os casos nos quais essa eficácia direta ocorre daqueles nos quais a eficácia indireta ainda é o melhor caminho. Sobre esse tema manifestaremo-nos com mais profundidade no quarto capítulo.

Pois bem, tratando-se de proteção ambiental, e especificamente de uma norma que, reconhecida como um objetivo estatal imediatamente vinculante, poderia resultar em eficácia direta nas relações privadas, na forma de obrigações para particulares, defendemos o máximo cuidado com a aplicação de eficácia imediata ou horizontal. Afastar o princípio da reserva legal para permitir ao juiz identificar, a despeito da inexistência de disposições infraconstitucionais prévias, obrigações de entes privados em relação à proteção ambiental é um passo importante na direção de uma Ecoditadura, justamente a variação de Estado Ambiental que procuramos aqui censurar. Ainda que não se trate de uma consequência lógica, e possa ser defendido que, operada criteriosamente e com cautela, a eficácia direta do objetivo estatal de proteção ambiental não seria tão nefasta, reservamos ceticismo quanto a essa hipótese.

O problema está em que a proteção ambiental perpassa a concretização de uma série de direitos fundamentais, não apenas aqueles preponderantemente de defesa, mas também os ditos prestacionais, abarcando um âmbito considerável das relações jurídicas privadas. Conforme veremos a seguir, em sede da precaução ambiental, há argumentos inclusive em prol de uma proibição geral de atividades, por parte de particulares, que possam trazer risco ao ambiente e que, portanto, somente poderiam ser realizadas após autorização legal. Ora, diante da importância e peso que propugnamos neste trabalho para a proteção ambiental, é alto o risco de que, desfazendo-nos do clássico requisito de prévia lei para criação de obrigações dos particulares, estabeleçamos as bases para um futuro Estado Ecológico Judicial, no qual obrigações de proteção ambiental prestacional ou negativa são delineadas por juízes, diminuindo largamente a segurança jurídica e adentrando, no mais das vezes de forma desproporcional, no âmbito de proteção dos direitos fundamentais. A necessária congruência entre o Estado Ambiental e o Estado de Direito, tema que aqui se mostra muito pertinente, será abordada nas próximas páginas.

Necessário deixar claro, ainda, que tratamos no presente momento do reconhecimento de obrigações (ambientais) positivas para particulares diretamente a partir da Constituição. Isso não é o mesmo que a restrição, mediante o uso da proporcionalidade, do âmbito de proteção de direitos fundamentais em razão do objetivo estatal de proteção ambiental. Funcionando aqui como limite imanente aos direitos fundamentais, numa função que esclareceremos também em seguida, o objetivo estatal de proteção ambiental implica restrições de agir, no sentido de delimitações de alguma liberdade individual ou da realização prestacional de determinado direito pelo Estado, mas não no reconhecimento de obrigações positivas das pessoas.

O tema coloca-se, portanto, na seara de deveres fundamentais ambientais. A doutrina alemã é unânime em negar a eficácia direta dos deveres fundamentais de particulares de uma forma geral, o que não significa, em nosso sentir, que tal entendimento deva ser adotado no Brasil em relação aos deveres fundamentais de forma geral. Mas, pelos motivos que acabamos de expor, entendemos que se tratando de proteção ambiental, os deveres fundamentais necessitam de interposição legislativa para criar obrigações aos particulares. Conscientes de que aqui discordamos de relevante doutrina brasileira sobre o tema,[58] preferimos a solução alemã. Por outro lado, conforme ressalta Tobias Brönneke, exigir interposição legislativa não significa, de forma alguma, anular a eficácia do dispositivo nesse contexto. Primeiro porque a norma constitucional, conforme sustentamos, funda

---

[58] Entre tantos, sustentando a eficácia direta do dever de proteção ambiental para vincular particulares, em razão da relevância do conteúdo protegido para o direito à vida, e posicionando-se pela eficácia direta dos deveres fundamentais, ver MEDEIROS, op. cit., p. 128-130.

uma obrigação para o Estado de estabelecimento de normas a regular deveres negativos e positivos dos indivíduos em relação ao ambiente. Segundo porque seu caráter declaratório implica a identificação de uma escolha constitucional de, em coadunação com o princípio da subsidiariedade, a responsabilidade pela proteção ambiental deve ser repartida entre o Estado e os indivíduos na medida das possibilidades de cada um. É dizer, o legislador deve atribuir obrigações de proteção ambiental aos particulares sempre que estes estejam providos das melhores condições para levá-las a cabo, e não apelar à criação de obrigações apenas como *ultima ratio*.[59] Essa, em nosso sentir, a leitura a ser feita do *caput* do art. 225 da Constituição quando determina que se impõe também à coletividade o dever de defender e preservar o meio ambiente.

Preferimos, portanto, a solução por meio da qual cabe ao Poder Legislativo determinar as normas que irão vincular diretamente os particulares, proibindo que estes causem a degradação do ambiente. Aqui também incide o espaço de conformação do legislador, já que ele tem autonomia para determinar o grau de proteção ambiental que vinculará os entes privados. Mas o legislador não pode escolher não concretizar a norma do art. 225 de modo a obter a vinculação de particulares. Nesse aspecto, o objetivo estatal de proteção ambiental funciona de forma semelhante aos deveres de proteção decorrentes de direitos fundamentais. A teoria dos deveres de proteção (*Schutzpflichten*) é aquela que determina que da dimensão objetiva das normas de direitos fundamentais decorre uma obrigação do Estado de produzir normas que restrinjam a violação desses direitos por outros particulares.[60] Muito embora em sede de influência dos direitos fundamentais sobre o direito privado, de maneira geral, tal solução pareça não ser a mais adequada para o Brasil, por força das diferenças entre as escolhas do constituinte brasileiro em relação ao alemão (onde os deveres de proteção foram idealizados), entendemos que, tratando-se estritamente do objetivo estatal de proteção ambiental, essa é uma solução mais segura que a de uma eficácia imediata. Dessa maneira, a fórmula da teoria dos deveres de proteção pode ser utilizada na ordem jurídico-constitucional brasileira para operacionalizar a obrigação do Legislativo de estabelecer leis que restrinjam a degradação ambiental por parte de particulares.

Frisamos, todavia, a diferença essencial entre os dois institutos: o funcionamento da eficácia do objetivo estatal não se confunde com a dimensão objetiva dos direitos fundamentais. Primeiro porque o art. 225 é primária e essencialmente uma norma objetiva, ao passo que os direitos fundamentais têm uma dimensão objetiva que é ligeiramente secundária em relação à dimensão subjetiva.

---

[59] "Sinnvollerweise kann das Verhältnis der Verantwortlichkeit des Staates gegenüber der Verantwortlichkeit der Bürger so interpretiert werden, dass eine Umweltverantwortlichkeit jeweils von dem wahrzunehmen ist, der ihr am besten und effektivsten gerecht werden kann" (BRÖNNEKE, op. cit., p. 309).

[60] Sobre a teoria dos deveres de proteção, ver CANARIS, Claus-Wilhelm. *Direitos fundamentais e direito privado*. Coimbra: Almedina, 2003. O célebre privatista alemão deixa claro, no prefácio mesmo da tradução de sua obra para o português, que deve-se ter sempre cuidado para adaptar essa teoria a outras ordens constitucionais que não a alemã.

Segundo, e principalmente, porque a eficácia do objetivo estatal do art. 225 obriga o Estado à legislação que restrinja a atuação de particulares na degradação ambiental, enquanto que os deveres de proteção propugnam a restrição da atuação de particulares na violação dos direitos fundamentais de outros particulares.[61]

O Poder Executivo está vinculado pela lei e tem, portanto, um espaço de conformação muito menor que o do legislador. Cabe à Administração proteger o ambiente dentro dos parâmetros estabelecidos pelo Legislativo e, no âmbito de seu pequeno espaço de discricionariedade, respeitar também a delimitação dada pelo constituinte ao objetivo estatal de proteção ambiental. À medida que o art. 225 é visto como um Mandado de Otimização, também o Executivo está vinculado, devendo buscar a melhor proteção possível, dentro de seus limites de atuação.

A regulação de questões atinentes ao ambiente é, em sua essência, peculiarmente técnica. Estão envolvidos padrões, parâmetros e orientações cujo conteúdo é determinado pelas ciências biológicas e exatas, e não pode, em razão da especificidade, ser estabelecido já em lei. Isso resulta na criação de leis com normas abertas, referências a regulações emitidas por órgãos da Administração e a detalhes determinados por atos normativos do Executivo. Assim, a atuação desse Poder na proteção ambiental torna-se razoavelmente mais independente e por isso mesmo também mais decisiva que em outras áreas. Hasso Hofmann nota que em razão do uso frequente da expressão "conforme o estado da técnica" (*nach dem Stand der Technik*) na legislação a Administração acaba tendo maior autonomia de gestão. Em decisão mais antiga, o Tribunal Constitucional Federal alemão determinou que o Judiciário deveria respeitar o prognóstico de risco feito pelas autoridades administrativas, em virtude de estarem elas melhor equipadas para tomar decisões que envolvem risco e questões técnicas. O autor registra que o Estado Preventivo parece ser um Estado no qual as competências administrativas restam ampliadas.[62]

Diante disso é imprescindível redobrada atenção da sociedade civil para que a Administração não avance sobre temas que não lhe competem e acabe por ser a instância de decisões que apenas o Legislativo tem legitimidade para tomar.[63]

---

[61] Fazendo essa comparação, e ressaltando que ambos os institutos são dirigidos ao legislador, (KOCH, Hans-Joachim (org.). *Umweltrecht*. 2. ed. renov. e ampl. Colônia: Carl-Heymanns, 2007, p. 69).

[62] HOFMANN, op. cit., p. 878 e 892. Sobre a discricionariedade da Administração Pública no âmbito de decisões que envolvem o *Stand der Technik*, Andreas Krell propugna também um *judicial self-restraint* maior na revisão, por exemplo, de licenças de instalação e operação concedidas por autoridades do Executivo. O autor defende "uma teoria de que a interpretação desses conceitos pressupõe juízos de *perícia técnica*, de valor ou de *prognose*, expressões de um espaço de discricionariedade onde existe uma presunção em favor da apreciação efetuada pela Administração, que, *prima facie*, deve ser controlada apenas negativamente, onde há arbitrariedade ou erros claros de avaliação" (KRELL, Andreas J. *Discricionariedade administrativa e proteção ambiental*: o controle dos conceitos jurídicos indeterminados e a competência dos órgãos ambientais: um estudo comparativo. Porto Alegre: Livraria do Advogado, 2004, p. 59). O autor diferencia, porém, na sequência, o âmbito de controle da discricionariedade, nessa seara, do mandado de segurança individual (mais restrito) e da ação civil pública (mais amplo).

[63] BRÖNNEKE, op. cit., p. 340 e ss.

Nessa mesma linha, e como decorrência do Estado de Direito, um "mandado de definição" (*Bestimmtheitsgrundsatz*) determina que a lei somente utilize normas abertas e cláusulas gerais quando o conteúdo da norma possa ser determinado com segurança por meio da interpretação judicial ou com fundamento em jurisprudência reiterada.[64]

O Judiciário está vinculado ao objetivo estatal de proteção ambiental de forma que deve aplicar o Mandado de Otimização na interpretação. É um engano dizer que em um Estado Ambiental a interpretação pelo juiz deve colocar a proteção ambiental como princípio de hierarquia superior aos demais. É absolutamente desacertado afirmar que a existência de um objetivo estatal explicitando a proteção ambiental requer obrigatoriamente uma preponderância *ex ante* desse interesse em casos de colisão.

Em um Estado Ambiental, a proteção do ambiente é um objetivo estatal fundamental, um dos elementares, porém não o único. Já acentuamos que a finalidade do Estado é a proteção e a realização dos direitos fundamentais. Não há contradição em adicionar que a proteção do ambiente é, atualmente, uma condição de legitimação da atuação estatal. A "evolução", em termos de Estado Ambiental, está em que a proteção ambiental passa a ocupar o devido lugar, qual seja, o de um objetivo estatal principal, em vez de ser relegada a interesse secundário. O que se propugna não é a "maior importância" da proteção ambiental, mas a "devida importância" da mesma.

Além da função interpretativa do objetivo estatal, o papel do Judiciário consiste também no controle do cumprimento do art. 225 pelo Legislativo e pelo Executivo. A questão é certamente mais complexa em relação ao controle constitucional, ou seja, o respeito do legislador àquilo que propugna o objetivo estatal, ou, em última análise, o controle da eficácia da norma constitucional de proteção ambiental.

Conforme asseverado há pouco, o legislador está proibido de emitir leis contrárias à proteção ambiental ou que determinem uma degradação. Caso isso se verifique, não há qualquer novidade em afirmar que o Poder Judiciário deve – não *pode*, mas *deve* – declarar a inconstitucionalidade dessas leis. Esse aspecto do controle judicial é menos complicado, visto que se trata de determinar se houve a violação de uma proibição. É evidente que precisar aquilo que afronta desproporcionalmente a proteção ambiental, distinguindo-o de normas que impliquem razoável degradação ambiental em razão da proteção de direitos fundamentais, é tarefa complicada. Mas sobre isso nos manifestaremos mais adiante.

Aspecto visivelmente complexo, todavia, é o controle judicial da obrigação do legislador de concretizar a proteção ambiental, seja produzindo normas contendo uma obrigação específica do Estado de preservação ativa, seja criando as leis que vinculem diretamente os particulares, restringindo a ação degradante

---

[64] ERBGUTH e SCHLACKE, op. cit., p. 66.

desses. Já deixamos claro que há um espaço de conformação do legislador no que tange à opção de como e em que nível concretizar essa proteção. Não cabe ao juiz adentrar o mérito da forma como o Legislativo a escolheu quanto à proteção de determinado elemento das bases naturais da vida. Mas quanto ao "se" não há autonomia do legislador frente ao objetivo estatal.

Nessa linha aplica-se aqui o instituto, desenvolvido no âmbito da teoria dos deveres de proteção, da proibição de infraproteção ou proibição de proteção insuficiente (*Untermaßverbot*). O objetivo estatal de proteção ambiental insculpido no art. 225 deve ser concretizado pelo legislador sob pena de este incorrer em agir insuficientemente protetivo do ambiente. É inconstitucional a omissão em estabelecer normas – independentemente de sua configuração – que determinem a atuação ativa do Poder Público na preservação do ambiente e que restrinjam a liberdade dos particulares criando para estes proibições de degradar e deveres de preservar. Os efeitos da decisão que declara a inconstitucionalidade por omissão do legislador são os mais diversos, conforme a sede em que tal declaração se dá (controle difuso ou concentrado) e as novas possibilidades advindas da modulação dos efeitos das decisões. Esse tema ultrapassa os limites deste estudo e, a despeito de sua extrema importância, não será aqui aprofundado.

Fornecemos um exemplo para esclarecer nossa posição, que ademais não constitui nada de revolucionário, mas sim o consenso atual na doutrina e jurisprudência alemãs em sede de direito constitucional ambiental. A Mata Atlântica é um bioma de extrema importância no universo dos bens ambientais encontrados em território brasileiro. Do objetivo estatal resulta que deve ser protegida contra danos e riscos de danos, bem como deve ser reparada sua degradação. Isso se encontra inclusive explicitado no § 4º do art. 225, porém mesmo que não estivesse, decorreria naturalmente do estabelecido no *caput*. Dada a vinculação jurídica do objetivo estatal, decorre daí um dever do legislador de estabelecer normas que cumpram essas tarefas. Respeitando as competências legislativas em matéria ambiental, se tanto o Legislativo Federal como o Estadual não estabelecem a devida legislação, incorrem em inconstitucionalidade por omissão. Se apenas um dos Estados normatiza a proteção da Mata Atlântica em seu território, incorrem os demais Estados onde se manifesta esse bioma em inconstitucionalidade por omissão. Ainda, e nesse ponto persiste grande relutância do Poder Público brasileiro, se o Legislativo Federal cria um programa de proteção contra danos à Mata Atlântica – vide desmatamento, por exemplo – porém não estabelece a forma como será feita a prevenção contra riscos de danos ao bioma – vide chuva ácida resultante da poluição ou extinção de animais e plantas em decorrência da mudança climática provocada pelo efeito estufa, por exemplo –, incorre igualmente em inconstitucionalidade por omissão. Se o legislador falha em determinar a forma como se dará a reparação da enorme parcela da Mata Atlântica que já foi destruída, incorre em constitucionalidade por omissão.

É de ressaltar que se o legislador estabelece a proteção contra danos e riscos e ainda a reparação de forma tímida, concretizando um nível de proteção que o juiz entende insuficiente, deve ser respeitada a escolha do órgão político. Entretanto, em casos nos quais a concretização feita pelo legislador é por demais insuficiente, garantindo um nível de proteção que quase iguala a inexistência de proteção, há a violação da proibição de infraproteção. Nesses casos, cabe o controle judicial de constitucionalidade. Mas não podemos deixar de frisar a absoluta excepcionalidade dessa situação, sendo sempre a regra aquela que até agora afirmamos: a escolha de como efetuar a proteção ambiental determinada pelo art. 225 está no âmbito do espaço de conformação do legislador.

Nesse contexto é possível interpretar a referência explícita a um "direito de todos" no *caput* do art. 225 como a salvaguarda constitucional de uma posição subjetiva que surge apenas nesses casos de excepcional omissão do legislador em cumprir sua tarefa.[65] Aqui se faz analogia com o mínimo existencial social, que implica também no surgimento de uma posição individual subjetiva (um direito a prestações sociais originário) apenas em caso de excepcional omissão do legislador em concretizar os direitos fundamentais sociais. Ressalte-se que mesmo admitindo uma posição subjetiva em casos excepcionais, essa não constitui um direito ao ambiente em si, mas um direito à efetiva proteção ambiental pelo Estado.

A efetivação da preservação do ambiente representa para o Estado, assim como os direitos sociais fundamentais, uma tarefa de constante aprimoramento. Do Mandado de Otimização decorre que a proteção do ambiente deve ser concretizada pelo legislador de forma contínua e em uma progressão de qualidade do nível dessa proteção. Quando o legislador, em sua autonomia democrática de conformação, faz uma opção por determinado nível ou forma de proteção ambiental, ele passa a estar vinculado a essa escolha. A partir daí, incide a proibição de retrocesso ambiental. Esse instituto, semelhante àquele da proibição de retrocesso social, faz com que, uma vez estabelecido infraconstitucionalmente determinado nível de proteção ambiental, esse nível de proteção passe a opor-se contra a ação do legislador, figurando então como uma proibição.[66] Como decorrência da garantia de segurança jurídica e do Mandado de Otimização, um contínuo aprimoramento da preservação ambiental impede que o Legislativo retroceda, revertendo um nível de proteção já alcançado.[67]

---

[65] Defendendo também o respeito da legitimidade democrática do legislador para escolher a forma da proteção ambiental devida e propugnando um direito individual judicializável somente nos casos em que a tarefa concretizadora é excepcionalmente malcumprida pelo legislador (SCHMIDT; KAHL, op. cit., p. 60).

[66] Nesse sentido, especificamente em relação à proibição de retrocesso social, CANOTILHO, Estado constitucional ecológico e democracia sustentada, op. cit., p. 479.

[67] Ver sobre o tema, no Brasil, MOLINARO, Carlos Alberto. *Direito ambiental*. Proibição de retrocesso. Porto Alegre: Livraria do Advogado, 2007. O autor explica que "O princípio de proibição da retrogradação socioambiental, como afirmamos, embora restrinja a 'afetação' da liberdade parlamentar, praticada nos limites do 'mínimo', remanescendo-lhe o excedente, no entanto, agora veda-lhe o poder de desconstituição, mesmo do excedente, desde já consolidado" (p. 114).

Mesmo em casos nos quais o Judiciário constata uma inconstitucionalidade por total deficiência da medida protetiva emitida pelo Legislativo, não se abrem as portas para que juízes determinem qual deve ser a proteção adotada para aquele elemento determinado das bases naturais da vida. Qual deve ser o efeito da decisão – se manutenção da medida insuficiente e estabelecimento de prazo ao legislador para a emissão de lei adequada; se a declaração de inconstitucionalidade sem a supressão de texto; se a determinação de medidas específicas protetivas no caso concreto associada a prazo ao legislador para emissão de lei adequada – é tema que escapa de nosso horizonte no presente estudo. Cabe dizer, entretanto, que a efetividade do controle constitucional depende sempre do respeito do Legislativo e do Executivo ao Judiciário e, em especial, ao Supremo Tribunal Federal.

1.3. O ESTADO AMBIENTAL E O ESTADO DE DIREITO

1.3.1. A compatibilização dos elementos do Estado de Direito com o objetivo estatal de proteção ambiental

A nova adjetivação do Estado – "Estado Ambiental" – não alude um juízo de desvalor em relação ao Estado de Direito. Muito pelo contrário, o Estado de Direito passou por diversas fases históricas diferentes e já carregou consigo outras adjetivações, que eram igualmente importantes em outras ocasiões especialmente para sinalizar a relevância, então, dos interesses que propugnavam. O Estado de Direito já precisou ser Estado Liberal em contrapartida ao totalitarismo; precisou ser Estado Social para reverter o liberalismo excessivo; precisou ser Estado Democrático para proteger a população de regimes ditatoriais. Ao adjetivar o Estado de Estado Ambiental, o que se pretende não é negar a importância dos princípios fundamentais da democracia, da liberdade, ou do Estado Social. A concepção é de uma incorporação ou ganho qualitativo em relação aos institutos já conquistados do Estado de Direito, com o intuito de permitir ao Estado que legitime sua atuação mediante a efetiva proteção ambiental.

Essa é a lição de Kloepfer, que assevera que "o Estado do séc. 21 é (também) um Estado Ambiental, mesmo que, de forma a evitar um Estado (Ambiental) totalitário, esteja inserido nos princípios estruturais do Estado relacionados, quais sejam, Estado de Direito, Democracia, Estado Federativo e Estado Social".[68]

Essa proteção deve, portanto, ser coadunada com o Estado de Direito e a proteção dos direitos fundamentais. Conforme já deixamos claro há pouco, não se trata de colocar a proteção ambiental no topo de uma hierarquia de interesses, mas sim de dar a ela a mesma importância que a proteção dos direitos e princípios

---

[68] "[...] der Staat des 21. Jahrhunderts (auch) Umweltstaat ist, wenngleich auch in Abgrenzung zu einem totalitären (Umwelt-)Staat zugleich eingebettet in die bestehenden Staatsstrukturprinzipien Rechtsstaat, Demokratie, Bundesstaat und Sozialstaat" (KLOEPFER, Aspekte eines Umweltstaates Deutschland, op. cit., p. 747).

fundamentais. A cláusula do art. 225 vigora de forma transversal, e não tópica e isolada, na realização das tarefas estatais, bem como na interpretação judicial.[69]

Diante da necessidade de uma efetiva proteção ambiental, cumulada com um ânimo social favorável ao ambiente, a inclusão do art. 20a na LF alemã despertou a preocupação da doutrina daquele país com uma ecoditadura (*Ökodiktatur*). Muito embora o nível de amparo social à preservação do ambiente seja significativamente menor no Brasil, a tendência diante do recrudescimento dos efeitos negativos da degradação ambiental na saúde humana é de uma intensificação do clamor pela efetiva preservação. Assim como acontece no Estado Preventivo, já citado, a proteção ambiental máxima viria ao custo dos direitos fundamentais, mormente a liberdade.

Mas essa ameaça paira em realidade apenas se o Estado mantém reiteradamente um nível de proteção baixo e ineficiente.[70] É de observar que a doutrina do *laissez-faire* absoluto surgiu como contra efeito imediato do Estado Totalitário, bem como a revolução comunista na Rússia deu-se como reação justamente a uma total ausência de proteção social por parte do Estado. Se o nível de proteção ambiental efetivado for razoavelmente suficiente, dificilmente far-se-á presente o contexto requerido para a instauração de uma ecoditadura.

A grande problemática resta então em compatibilizar o objetivo estatal de proteção ambiental com o respeito aos institutos do Estado de Direito e, em particular, com a proteção dos direitos fundamentais. Um dos aspectos mais complexos dessa problemática jaz no balanceamento entre a proteção contra riscos de danos ambientais, ou precaução, e a proteção dos direitos fundamentais, especialmente a liberdade de exercício de profissão e a propriedade.

A proteção por meio da precaução implica em uma redelimitação do âmbito de proteção dos direitos fundamentais por parte do Estado mesmo e especialmente na ausência da certeza acerca da ocorrência e do impacto de danos ambientais. A tarefa estatal decorrente do art. 225 é de difícil realização em razão da tendência natural em regimes democráticos de dar maior peso a questões imediatas que a problemas que se desenvolvem em longo prazo.[71] O legislador politicamente legitimado para tomar decisões nessa seara obtém sua legitimidade justamente do fato de que é eleito. Mas a restrição de direitos fundamentais, sobretudo aqueles relacionados à liberdade econômica, é altamente impopular. Como resultado, os parlamentares acabam privilegiando a manutenção da liberdade agora em detrimento da proteção ambiental com vistas ao longo prazo.

---

[69] Assim determina o princípio da transversalidade, cf. KOCH, op. cit., p. 53.
[70] CALLIESS, op. cit., p. 27.
[71] Sobre essa tensão entre democracia e proteção ambiental em longo prazo, ver, extensamente, APPEL, op. cit., p. 85. O princípio da sustentabilidade pode ser considerado um dos princípios reitores do Estado Ambiental exatamente porque requer um balanceamento triplo entre os interesses dos países industrializados e em desenvolvimento, das gerações presentes e futuras e dos aspectos ecológicos e econômico-sociais. (REHBINDER, Eckard. Das deutsche Umweltrecht auf dem Weg zur Nachhaltigkeit. *NvwZ*, p. 657, Heft 6, 2002).

O assunto é muito debatido na doutrina, surgindo diversas sugestões de como conciliar um sistema democrático altamente imediatista com o planejamento necessário para a precaução contra riscos de possível impacto futuro. A ideia de um órgão independente, formado por especialistas e pessoas sem a ameaça presente da perda de mandato em razão de decisões impopulares, é uma dessas sugestões. Tal órgão tomaria a forma de uma espécie de conselho ambiental, devendo auxiliar nas decisões de matéria ambiental. A noção parece salutar, à primeira vista.

Mas o problema é que a questão ambiental é transversal, o que significa que, de alguma forma, todas as decisões importantes tomadas pelo Estado são ambientalmente relevantes. Outrossim, para ter alguma utilidade e valia, tal órgão necessitaria poder suficiente para fazer valer suas decisões. Resulta disso que teríamos um órgão não eleito e, portanto, com pouca ou nenhuma legitimidade democrática, tendo poder decisório em praticamente todas as questões do Estado. Essa dificuldade aponta então para outros caminhos, como, por exemplo, uma valorização de conselhos técnicos nas questões ambientais e o aumento das qualificações técnicas das instâncias estatais de decisões ambientais.[72]

Daí resulta que não há outra saída para a problemática de conciliação da proteção ambiental (precauciosa) e proteção dos direitos fundamentais que não a participação popular direta nas decisões. Isso requer, entre outras coisas, essencialmente a ampla disseminação e o acesso à informação ambiental. Esse é o elemento do Estado Ambiental que é privilegiado por Rudolf Steinberg, conforme já exposto no início da obra. Esse tema será desenvolvido largamente no terceiro capítulo.

A proteção ambiental não pode ser máxima justamente porque transbordaria então na violação de direitos fundamentais. Há que reconhecer que a simples existência do homem sobre a Terra causa um impacto ambiental cuja redução a zero é impossível. Da mesma forma, a própria existência social do homem causa riscos, em maior ou menor escala. Não se pode pretender eliminar todas as hipóteses de risco. Há que, no mínimo, intentar uma distinção entre os riscos e os riscos residuais (*Restrisiko*). Estes últimos são intrínsecos à vida humana e ao convívio social. Uma ética da administração do risco pelos indivíduos no convívio social deve ser adotada, podendo aqui tomar forma similar ao imperativo categórico kantiano. Ou seja, reconhecendo que um princípio de consistência pragmática implica que estejamos prontos a suportar um risco que julgamos que é razoável impor a outros. Em outras palavras, uma "regra de ouro" poderia ser formulada nos seguintes termos: *O que tu julgas razoável para todos os outros, deve também servir para ti!*[73]

---

[72] APPEL, op. cit., p. 91.
[73] GETHMANN, Carl Friedrich. Zur Ethik des Handelns unter Risiko im Umweltstaat. In: KLOEPFER, Michael; GETHMANN, Carl Friedrich (eds). *Handeln unter Risiko im Umweltstaat*. Berlim: Springer, 1993, p. 51.

A precaução estritamente devida pelo Estado em razão do art. 225 abrange apenas os riscos, mas não os riscos residuais. A opção pela proteção eventual contra alguma espécie de risco residual fica à disposição do legislador e tem menor peso, no balanceamento com a proteção dos direitos fundamentais, que a precaução contra os riscos.

Dietrich Murswiek sugere uma distinção de forma a auxiliar a decisão sobre quais riscos evitar. Para ele, aqueles riscos inerentes ao convívio social e necessários à vida com um mínimo de bem-estar – dito de outra forma, imprescindíveis para a consecução de um objetivo comunitário – podem ser denominados de socialmente adequados (*sozialadäquat*).[74] A obrigação constitucional de precaução decorrente do objetivo estatal de proteção ambiental não alcançaria o combate de tais riscos. Para Murswiek, além do Estado, também os particulares deveriam estar diretamente obrigados à precaução – independentemente de interposição legislativa – em três casos excepcionais: quando o ente é ele próprio responsável pela criação do risco; quando essa ameaça não pode ser evitada de qualquer outra maneira que não através da imposição direta desse dever de proteção; quando tal restrição ao direito de liberdade do particular é essencial em face das bases da vida ou saúde individual (*Lebensgrundlagen*).[75]

Questão relevante apontada por alguns autores é o perigo representado por uma má ponderação entre a precaução ambiental e o direito fundamental à liberdade. A sugestão recém-exposta de Murswiek quanto a uma eficácia direta da norma constitucional de proteção ambiental nas relações entre particulares é exemplo da tentativa de ponderação. Outro exemplo, esse ainda mais delicado, é da proibição de determinadas atividades sem prévia autorização legal. Há precedentes jurisprudenciais e doutrinários na Alemanha que sustentam que algumas atividades dos particulares, em razão de sua periculosidade e potencial danosidade ambiental, devem ser proibidas por aplicação direta do objetivo estatal de proteção ambiental, a não ser que a lei regule sua permissão.[76] Essa inversão do direito fundamental à liberdade demonstra que o objetivo estatal do art. 225 pode também ser mal-interpretado e colocado em frontal choque com o Estado de Direito.[77]

A clareza do disposto na norma constitucional deveria, entretanto, afastar tais interpretações. É significativo que o inciso IV do § 1º determine que o poder público deva exigir o estudo prévio de impacto ambiental na forma da lei, evitando uma interpretação que propugnasse uma vinculação direta dos particulares ao agir precaucioso – vinculação essa cuja delimitação seria inevitavelmente dada pelo Judiciário. Da mesma forma, o inciso V do mesmo parágrafo estabelece que

---

[74] MURSWIEK, *Die staatliche Verantwortung für die Risiken der Technik*, op. cit., p. 141.
[75] Ibidem, p. 142.
[76] CALLIESS, op. cit., p. 21, criticando inclusive Murswiek por defender essa solução.
[77] Para uma proposta altamente perigosa de "Estado Ambiental de Direito" ver ARAÚJO, Thiago Cássio D'Ávila. O estado ambiental de direito. *Revista da AGU*, v. 6, n. 14, p. 167-177, dez. 2007. O autor sustenta a existência de um princípio da legalidade ambiental que determinaria, conforme a proposta recém-descrita, que "só é possível fazer aquilo que as leis ambientais permitem ou determinam" (p. 175).

cabe ao poder público controlar o agir de particulares que possa gerar riscos ao ambiente, ao invés de determinar diretamente aos particulares uma obrigação de agir respeitando a precaução. Por fim, o inciso VII determina que cabe ao poder público a proteção da fauna e da flora, o que significa proibir por via de lei determinadas condutas de entes privados lesivas a esses bens ambientais. Não optou o constituinte por estabelecer na Carta Magna uma proibição que vinculasse diretamente aos particulares, o que resultaria também da nefasta (pois antidemocrática) delimitação do conteúdo e conformação dessa proibição pelo Judiciário.

Há que reconhecer, todavia, que a concretização do objetivo estatal trará inevitavelmente alguma restrição ao âmbito de proteção dos direitos fundamentais. Enquanto o legislador deve fazer já uma ponderação ao configurar o direito ambiental infraconstitucional, cabe ao Judiciário determinar, no caso concreto, como se dá essa restrição e até que ponto. A função mais relevante do objetivo estatal do art. 225 em sua relação com os direitos fundamentais é a de limite externo. Adotando a teoria dos limites externos aos direitos fundamentais, podemos dizer que o objetivo estatal de proteção ambiental é uma norma fundamental que auxilia na definição da posição definitiva do direito fundamental, seu âmbito de proteção no caso concreto. A norma do art. 225 atua nesse sentido como um limite constitucional imanente (necessariamente externo à delimitação do direito fundamental em si) à posição *prima facie* do direito fundamental, que é diferente da posição definitiva.[78]

Quando o objetivo estatal de proteção ambiental funciona como restrição a direitos fundamentais, o uso do princípio da proporcionalidade faz-se necessário. Entretanto, quando se trata da precaução, o uso da proporcionalidade fica dificultado pela ausência de certeza em relação ao dano. Isso significa que no teste de necessidade (2ª etapa da proporcionalidade) a averiguação da existência de medidas menos restritivas é problemática: como dizer que uma medida restritiva é necessária se a seara é exatamente de incerteza acerca de um dano? Diante disso diversos autores alemães sugerem que seja usada a fórmula quanto mais/tanto mais (*je/desto formel*). É dizer, quanto maior a relevância de um direito fundamental, ou mais intensa a restrição que será imposta a ele, tanto mais importante deve ser o interesse buscado por meio da medida precauciosa, bem como tanto maior deve ser o nível de certeza acerca do risco que se quer evitar. Assim é permitida uma gradação ao invés de um teste preponderantemente objetivo como o da necessidade.

1.3.2. Relações constitucionais multipolares e proporcionalidade: a proposta de Christian Calliess

Mesmo essa solução não é suficiente para atacar o desafio que representa a interpretação e a ponderação no Estado Ambiental. Christian Calliess aponta

---

[78] MURSWIEK, Staatsziel Umweltschutz, op. cit., p. 230. O objetivo estatal funciona assim, segundo o autor, como um "limite constitucionalmente imanente", permitindo ao legislador efetuar restrições de direitos fundamentais que não estão expressamente autorizadas na Constituição.

que há uma essencial diferença a ser considerada.[79] O uso tradicional do princípio da proporcionalidade como forma de resolver colisões entre direitos fundamentais e interesses estatais pressupõe uma relação constitucional bipolar. Por vezes há dois direitos fundamentais conflitantes, por vezes há um direito fundamental a ser restringido em função de um interesse estatal. O princípio da proibição de proteção insuficiente (*Untermaßverbot*) protege um nível mínimo de efetivação do interesse estatal (geralmente decorrente da dimensão objetiva dos direitos fundamentais) enquanto o princípio da proibição de proteção excessiva (*Übermaßverbot*) garante que um direito fundamental não seja restringido em demasia.

Mas as relações constitucionais cujas colisões devem ser resolvidas pelo intérprete no Estado Ambiental são multipolares. Os polos são representados pelos direitos fundamentais, na sua função de defesa, pelos deveres de proteção decorrentes da dimensão objetiva dos direitos fundamentais e pela norma objetiva do objetivo estatal de proteção ambiental.

Sobre a relação entre os deveres de proteção resultantes da dimensão objetiva dos direitos fundamentais e aqueles resultantes do objetivo estatal de proteção ambiental, Calliess ressalta que os primeiros são limitados em seu alcance em razão da necessária correlação com a posição fundamentalmente subjetiva dos direitos fundamentais. Os últimos são mais amplos, tratando-se de deveres de proteção do Estado Ambiental. Mas ambas as espécies de deveres de proteção – compreendidas aqui como princípios e mandados de otimização – estão sujeitas à ponderação e interpretação de proporcionalidade com relação aos bens constitucionais colidentes. Isso significa que a proibição de proteção insuficiente deve balizar também o cumprimento dos deveres de proteção do Estado Ambiental, conforme já exposto.

Calliess entende que a proibição de proteção excessiva e a proibição de proteção deficiente não são iguais. A primeira estabelece um *standard* máximo para o controle da intensidade de restrição de direitos fundamentais permitida ao Estado (protegendo os direitos fundamentais na sua dimensão negativa, como direitos de defesa). A segunda estabelece um *standard* mínimo de intensidade de proteção demandada (para uma mínima efetivação dos deveres de proteção).

O teste multipolar de proporcionalidade funcionaria então da seguinte forma, em um caso concreto. Primeiro determina-se o *standard* máximo de intensidade de restrição estatal permitida. Em seguida, a medida protetiva estatal (a proteção concebida pelo poder público para atender ao dever de proteção decorrente dos direitos fundamentais) deve ser testada tendo em vista um direito a medidas protetivas por parte de interessados – aqui o teste da proibição de proteção deficiente. Por fim, os requerimentos do dever estatal-ambiental de proteção devem ser suficientemente preenchidos – teste da proibição de proteção deficiente.

---

[79] Sobre essa diferença e também o sistema de relações constitucionais multipolares e princípio da proporcionalidade, que procuraremos apresentar aqui, ver CALLIESS, op. cit., p. 564-587.

O propósito da proibição de proteção deficiente aqui é definir um *standard* mínimo que pode ser exigido de intensidade da proteção estatal.

Dessa forma, o legislador é colocado em um corredor, entre a proibição de proteção excessiva e a proibição de proteção deficiente. Cada uma das três etapas acima requer um teste de proporcionalidade em separado. Em relação aos protegidos (pela dimensão negativa dos direitos fundamentais) cabe fazer o teste tendo em vista a proibição de proteção excessiva. Em relação aos interessados (no cumprimento dos deveres de proteção) cabe o teste tendo em vista a proibição de proteção deficiente. E em relação ao objetivo estatal de proteção ambiental, cabe igualmente o teste da proibição de proteção deficiente. Em cada um desses três testes realizam-se os dois primeiros testes da proporcionalidade, o da adequação e o da necessidade.

Ao final, os três juntam-se no terceiro teste da proporcionalidade, a proporcionalidade em sentido estrito ou ponderação. Nesse momento serão submetidos a um teste integrado, conjunto. A diferença é então percebida em relação à proporcionalidade tradicional, que resulta, na prova da proporcionalidade em sentido estrito, em uma ponderação bipolar, enquanto que aqui ela será multipolar. Orientado pelo princípio da concordância prática, o intérprete deve, sob o ponto de vista da unidade da constituição, ordenar os bens jurídicos conflitantes e, no caso concreto, buscando um balanceamento, estabelecer uma relação de hierarquia entre eles.

Nesse ponto, em razão da intersecção entre Estado de Direito e Estado Ambiental, o aspecto protetivo ambiental e o protetivo decorrente da dimensão objetiva dos direitos fundamentais têm ligeira preponderância sobre a dimensão subjetivo-negativa dos direitos fundamentais.

Fica a pergunta, conforme Calliess, de como será feito o sopesamento entre os três bens jurídicos no teste da proporcionalidade em sentido estrito. São necessárias uma concretização e uma graduação cuidadosa dos interesses e bens jurídicos tangenciados. É avaliada então a intensidade do tangenciamento destes bens jurídicos. O autor sugere que um ponto referencial para a verificação dessa intensidade pode ser a noção de núcleo essencial presente no art. 19, II, da LF alemã e que no Brasil é tratado por garantia do núcleo essencial dos direitos fundamentais. Ou seja, quanto mais próxima for a tangenciação da fronteira do núcleo essencial, tanto maior será a intensidade da tangenciação do presente bem jurídico. No caso de posições jurídicas não estabelecidas sob direitos fundamentais (como é o caso do objetivo estatal de proteção ambiental), pode o intérprete questionar-se: Quais aspectos isolados da posição jurídica tangenciada são para ela essencialmente típicos e se, ou até que ponto, estes serão tocados pelo agir estatal?

Essa apreciação da intensidade de tangenciamento dos bens jurídicos em questão jamais pode ser feita em absoluto e em abstrato. O que está sempre se buscando é o peso relativo da posição jurídica tangenciada naquele caso concreto. O que é relevante é que esse peso relativo no caso concreto pode ser fortalecido se um ou mais valores constitucionalmente fundados podem ser colocados na balança pesando em sua ajuda.

A concordância prática multipolar requer que seja buscada melhor otimização possível de cada um dos bens jurídicos contrapostos na relação multipolar de direito constitucional. Ou seja, a regra da concordância prática de Konrad Hesse aqui adquire a seguinte forma: "Quanto maior é o grau de não realização de um dos princípios, tanto maior deve ser a importância da realização *dos outros*". A ponderação determinada nesses termos deve ser aplicada a uma concepção de proteção em concreto, por exemplo, uma lei determinando a forma de proteção da Mata Atlântica.

Nesse ponto, Calliess orienta para o risco da transição do Estado de Direito para o Estado da Ponderação, ou Estado Judicial, tendo em vista que nessa prova multipolar de proporcionalidade o perigo de um controle judicial exagerado é ainda maior. Assim, deve-se ter muito cuidado para preservar a liberdade de conformação ao legislador no caso de normas constitucionais que traduzem regras (em sentido amplo) indefinidas ou fragmentárias e em razão disso requerem uma concretização pelo Legislativo.

1.4. CONCLUSÃO INTERMEDIÁRIA

Esperamos ter logrado demonstrar a complexidade que envolve a aplicação do objetivo estatal de proteção ambiental em sede de um Estado Ambiental. Importante reiterar que esse objetivo estatal é diferente de um direito fundamental, não sendo, entretanto, uma norma programática. O objetivo estatal insculpido no art. 225 vincula diretamente os três poderes. O Legislativo está obrigado a concretizar a proteção devida no sentido de não produzir leis que sejam contrárias à proteção ambiental, bem como de estabelecer a proteção ativa pela Administração e os deveres de proteção que vinculem diretamente os particulares, proibindo-os de degradar o ambiente. O Executivo deve cumprir as normas de direito ambiental infraconstitucional observando também, em seu pequeno espaço de discricionariedade, o objetivo estatal. Ao Judiciário cabe a inclusão da proteção ambiental dentre os interesses fundamentais que balizam sua interpretação, buscando efetivar essa proteção na máxima medida possível. Deve também realizar o controle de constitucionalidade do cumprimento do objetivo estatal por parte do Legislativo e do Executivo, respeitando sempre o espaço de conformação político-democrática do legislador na concretização da norma do art. 225.

Diversos institutos são utilizados nesse processo, todos abrangidos pelo Mandado de Otimização consubstanciado pelo objetivo estatal de proteção ambiental. Procuramos expor como funcionam especificamente os seguintes: a proibição de degradação, a proibição de retrocesso ambiental, a proibição de proteção insuficiente, a proibição de proteção excessiva e o teste de proporcionalidade em sede de relações constitucionais multipolares.

Cabe ressaltar, por fim, que o Estado Ambiental está adstrito aos institutos clássicos do Estado de Direito, o que implica especialmente o respeito e a proteção dos direitos fundamentais dos indivíduos. A proteção ambiental não pode servir como motivo para a violação desproporcional e imponderada desses direitos, sob pena de o Estado Ambiental converter-se em uma ecoditadura. Por outro lado, a concepção de Estado Ambiental resta sobre uma concepção de justiça ambiental que reconhece à natureza um valor intrínseco, implicando também a atribuição de dignidade à vida não humana, bases essas que orientam o cumprimento do objetivo estatal de proteção ambiental pelo Estado.

Dada a fundamental falta de consenso acerca das questões ambientais, bem como a incerteza reinante no que tange aos efeitos de grande porção da ação humana sobre a natureza, uma teoria de justiça ambiental não pode pretender determinar de imediato os bens fundamentais e a forma como se dá a partilha, ou seja, não é possível uma justiça ambiental material. É justamente para situações de incerteza e ausência de consenso, inclusive em relação à identificação dos bens fundamentais, que a justiça procedimental faz-se mais adequada. Daí porque uma teoria de justiça ambiental deve ser uma teoria de justiça ambiental procedimental.

Nessa linha, Michael Kloepfer fala de uma justiça ambiental através do processo. Para ele, tendo em vista que critérios de justiça e sua aplicação em leis têm geralmente característica vaga e aberta, a justiça procedimental pode ter função de suporte e compensação em relação a decisões materiais de justiça ambiental. A garantia de um procedimento justo faz então com que o Estado consiga maior aceitação popular de suas decisões. Aspectos de uma justiça procedimental aqui seriam, segundo o autor: consistência ao longo do processo, imparcialidade em relação às pessoas envolvidas, devida disseminação das informações essenciais, corrigibilidade das decisões (que são em si participativas), representatividade em todas as fases do processo por parte dos grupos de interesse e garantia de uma adequação moral.[80]

O Estado Ambiental, configurado a partir de uma justiça ambiental procedimental, constitui em si mesmo um processo, um diálogo. Essa característica já havia sido abordada brevemente quando da apresentação dos diversos paradigmas de Estado Ambiental na doutrina alemã, sendo que todos eles – embora com diferentes tônicas – reconheciam o aspecto procedimental. A doutrina de direito ambiental constitucional alemão igualmente assevera, independentemente do paradigma de Estado Ambiental – que a norma do objetivo estatal de proteção ambiental contida no art. 20a da LF tem uma dimensão procedimental, inclusive possivelmente mais relevante que a dimensão de direito material.

---

[80] KLOEPFER, Aspekte der Umweltgerechtigkeit, op. cit., p. 8-9.

O conhecimento do estado da tecnologia, do avanço da ciência, constitui um grande obstáculo para uma efetiva aplicação e comprimento do direito ambiental. As decisões estatais apresentam-se assim, e por diversos motivos, como o resultado de procedimentos de negociação.[81] A decisão no contexto da incerteza e acerca do risco (*Risikoentscheidung*) torna impossível uma ponderação legislativa razoavelmente segura e objetiva, e igualmente impossível uma aplicação da lei pela Administração de forma simples. Diante da ausência de certeza e da necessidade de gerir riscos de danos absolutamente irreversíveis, como o são tipicamente os danos ambientais, não há como a Constituição ou a legislação positivarem escolhas prontas. Poderia dizer-se que isso vale para qualquer seara, mas é indiscutível que no campo do direito ambiental isso é ainda mais evidente e a incerteza é ainda maior.

É por esse motivo que o Estado Ambiental exige uma estrutura, um processo, de diálogo societário. Rudolf Steinberg acentua que é imprescindível uma esfera pública democraticamente organizada e delimitada pelo diálogo. Para ele, uma Constituição Ecológica só será possível se o uso das liberdades individuais for feito de forma responsável tendo em vista as consequências para o ambiente e se as limitações daí resultantes – feitas em prol de um desenvolvimento duradouro e ambientalmente justo – forem objeto de um consenso básico entre cidadãos. Esse consenso só pode dar-se em sede de um amplo diálogo, que pressupõe uma ampla participação. A concretização da constituição ecológica dependerá em grande escala da existência, e em qual medida, do sucesso em garantir processos de livre comunicação sob a constituição.[82]

Esses processos de livre comunicação pressupõem uma participação diferenciada e qualitativamente maior dos indivíduos. É nesse sentido que é defendida, como elemento vital do Estado Ambiental, uma "cidadania ambiental", que, por sua vez, pressupõe o acesso à informação ambiental.[83] É na mesma linha que Canotilho afirma que a proteção ambiental exige "novas formas de comunicação e de participação cidadã", o que significa que "impõe-se a abertura à comparticipação dos cidadãos nos procedimentos e processos ambientais relevantes".[84] Essa cidadania ambiental é acentuada também por Carlos Alberto Molinaro, ao referir-se ao ambiente como um "lugar de encontro". Permitimo-nos adicionar – conforme a própria ideia do autor – que esse local de encontro é o palco do diálogo. Molinaro assevera o aspecto relacional desse diálogo entre cidadãos ambientais: "somos com o outro desde uma relação de reconhecimento, respeito, reciprocidade e responsabilidade".[85]

---

[81] STEINBERG, op. cit., p. 397-398.

[82] Ibidem, p. 441, 445, 446.

[83] CAVEDON, Fernanda de Salles; SANTOS, Rafael Padilha dos. Considerações acerca do estado de direito ambiental e suas interfaces com a justiça ambiental: por um novo paradigma. *Revista Brasileira de Direito Ambiental*. v. 1, n. 2, p. 287-316, abr./jun. 2006.

[84] CANOTILHO, Estado constitucional ecológico e democracia sustentada, op. cit., p. 504.

[85] MOLINARO, *Racionalidade ecológica...* op. cit., p. 107. E prossegue o autor, demonstrando grande sensibilidade: "Só uma democracia ambiental ('uma democracia do encontro') pode com melhor proveito fazer a

O princípio da cooperação acentua essa característica procedimental do Estado Ambiental. Para Frank Schiller essa cooperação "não pode estar limitada às agremiações corporativas dualistas e corporativistas, mas deve refletir a pluralidade fática da sociedade civil e subentender-se em discursos práticos sobre a conformação de processos justos – justa regulação da comunicação de dados e equilíbrio informacional".[86]

Nosso intuito aqui é apontar a relevância e centralidade dos elementos "participação" e "informação" no paradigma do Estado Ambiental. Ancorados na construção deste Estado, passamos então a estudar – objetivando a mesma profundidade – o Estado-Rede. A partir daí intentaremos uma análise conjugada da articulação de um Estado Ambiental em sede de um Estado-Rede, demonstrando a relevância dos elementos "participação" e "informação" para uma necessária procedimentalização da proteção ambiental.

---

passagem do individualizante da persistência atomizada para a 'comunhão'. Ela, a 'democracia do encontro', é a resposta racional para o atendimento das necessidades 'naturais', pois na sua constituição são determinantes: a razão e a Natureza (é a inescindível relação substantiva que *retro* examinamos: natureza/cultura). Num 'lugar de encontro' assim, razão e desejo dão as mãos, para se constituir como povo, como Nação, como Estado" (p. 124).

[86] "Kooperation kann nicht auf dualistisch-korporatistische Verhandlungsgremien beschränkt werden, sondern muß die faktische Pluralität der Zivilgesellschaft widerspiegeln und sich in praktischen Diskursen über die Gestaltung fairer Verfahren (faire Datenverkehrsordnung, informationelles Gleichgewicht) verständigen" (SCHILLER, op. cit., p. 186).

2. O Estado-Rede

2.1. SOCIEDADE-REDE: NENHUM PARADIGMA DEFINITIVO, APENAS ACORDO SEMÂNTICO

Aqueles que abordam o tema das tecnologias de informação – ou TI – e sua relação com a sociedade atual sentem-se como que compelidos a adjetivar esta sociedade de forma a sinalizar a relevância atribuída à informação. Ao enfrentarmos também o assunto não poderíamos deixar de manifestar opção pelo emprego ou não de uma das tantas expressões disponíveis e, ainda, pela adoção de uma delas. Isso se deve não ao fato de essas expressões serem lugar-comum, mas sim ao reconhecimento de que há de fato um bom motivo para intitular esse capítulo de "O Estado-Rede".

A expressão possivelmente mais utilizada é "sociedade da informação". Trata-se de designação que acusa o importante papel da informação, por óbvio. Mas qual é esse papel? Certamente não há unanimidade entre sociólogos acerca da razão pela qual se fala de uma sociedade da informação, mesmo entre aqueles que concordam acerca do termo. Frank Webster realizou uma extensa e rica análise dos argumentos alçados por diversos autores para justificar o uso da adjetivação "da informação".[87]

Um primeiro grupo sustenta a existência de uma nova sociedade em decorrência de uma substancial influência da tecnologia. Os avanços na área de TI moldam e reconfiguram a interação entre os indivíduos de tal forma que uma nova época foi inaugurada, da mesma forma que a era industrial também foi caracterizada por novas tecnologias como a energia a vapor, o motor de combustão interna, a eletricidade, entre outras. Webster aponta diversas críticas, entre elas, a dificuldade em determinar o ponto em uma determinada escala de avanço tecnológico a partir do qual se poderia falar de uma nova sociedade; o inevitável ranço de determinismo tecnológico que apoia essa lógica, como se a existência de uma

---

[87] WEBSTER, Frank. *Theories of the information society*. 2. ed. Londres: Routledge, 2003, p. 8 e ss. As críticas veiculadas aqui às diferentes formas de caracterização da sociedade da informação refletem aquelas feitas pelo autor.

tecnologia, e não a forma como é utilizada, fosse o fator essencial; o problema de tomar um fenômeno visto como associal – tecnologia – e afirmar que este define o universo social.

Outra justificativa é aquela do ponto de vista da economia. Uma sociedade da informação é caracterizada pelo progressivo foco da atividade econômica na informação – sua produção, manipulação, transmissão. Diversas pesquisas – com critérios variados e sempre sujeitos a questionamento – identificam que a parcela do produto interno bruto dos países ditos desenvolvidos ligada à atividade econômica informacional ultrapassou a metade há algumas décadas e segue crescendo. O problema do argumento reside na total relatividade de uma classificação que determine os ramos de atividade econômica que poderiam ser determinados como informacionais. Ademais, o crescimento do ramo publicitário, por exemplo, estaria provavelmente ligado à produção de informação, mesmo que seja difícil aferir uma contribuição qualitativa da publicidade para a produção de informação socialmente útil e não meramente fomentadora do consumismo. O problema está em passar ao largo de uma verificação qualitativa do incremento da atividade econômica relacionada à informação.

Um terceiro critério seria ocupacional. A porcentagem de profissionais que atuam com a produção, manipulação ou transmissão de informação já é predominante em relação àqueles que atuam em outras áreas. Esse critério está associado ao trabalho de Daniel Bell,[88] tido como um dos mais importantes teóricos da "sociedade pós-industrial" – outro termo que o próprio autor usa em seus textos como sinônimo de "sociedade da informação". O problema de observar a ocupação predominante entre a população economicamente ativa é que se trata de um foco no poder transformador da informação em si e não na influência das TI. Por outro lado, o problema da alta relatividade da classificação das profissões novamente torna complicado tomar conclusões a partir de diferentes percepções de pesquisadores acerca da maneira mais adequada de enquadrar cada ocupação.

O critério espacial postula pela ênfase na conexão das diferentes regiões geográficas por meio das redes de informação, afetando profundamente a organização do tempo e do espaço. Essa corrente, cujo principal autor é Manuel Castells, propugna a centralidade das redes de informação, resultando em uma nova tônica no fluxo de informações. Novamente o problema que se opõe é aquele da imprecisão das definições – o que faz de uma rede uma rede? Como estipulamos o ponto a partir do qual adentramos uma "sociedade de rede"? Qual é a velocidade do fluxo de informações que marca uma nova sociedade, considerando que redes de informação já existem de há muito, como exemplificado pelo serviço postal?

O último critério é o cultural. Trata-se de inferir que a cultura contemporânea é mais centrada na informação que qualquer outra que a precedeu. Nosso ambiente é saturado pela mídia (aqui, não no sentido de "imprensa"), nossas vidas

---

[88] BELL, Daniel. The social framework of the information society. In: MANSELL, Robin (org.). *The information society*. New York: Routledge, 2009, v. III.

são essencialmente sobre simbolização, sobre trocas de mensagens acerca de nós mesmos e outros. O ambiente informacional é altamente íntimo e constitutivo de nós mesmos. Mas essa explosão de informação traz um colapso do sentido, conforme a largamente difundida escola francesa do pós-modernismo. Nessa linha, simulações são tudo que existe: todos os signos que são comunicados através das redes de informação perdem significado.

Entendemos acertada a conclusão parcial de Webster de que qualquer tentativa de uma determinação definitiva do conceito de "sociedade da informação" – e, ademais, de qualquer outro termo similar – acaba sendo desnudada, após alguma análise mais aprofundada, como subdesenvolvida ou imprecisa. Por outro lado, é razoável argumentar que na sociedade atual é possível localizar informação de ordem e função qualitativamente diferentes. Alguma coisa está sim diferente, nisso a esmagadora maioria concorda. Ao invés de gastar preciosas páginas buscando uma delimitação precisa – e, logo, exclusiva – de sociedade da informação, conveniente é reconhecer que a expressão tem seu valor do ponto de vista heurístico à medida que aponta para uma seara de investigação que hoje está razoavelmente bem delineada.

Ao trabalhar com aspectos relacionados com essa mudança, e no âmbito dessa seara de investigação da sociedade da informação, é imprescindível não cair na tentação de aferir relevância à *quantidade* da informação em vez da *qualidade*. Enquanto medidas quantitativas da informação – como a econômica, a ocupacional e mesmo a cultural – não servem para identificar uma cisão com uma realidade anterior, é possível reconhecer que mudanças qualitativas decisivas marcam, no mínimo, uma mudança de rumo.[89]

A título, portanto, de acordo semântico, adotamos o uso da expressão "sociedade-rede" para apontar um contexto de algumas mudanças qualitativas pelas quais a sociedade atualmente passa. Posteriormente e a partir das bases argumentativas aí estabelecidas, trataremos do Estado-Rede. O advento da sociedade-rede não indica uma transição bem definida e facilmente delimitável no tempo, mas sim um processo contínuo já iniciado, longe de concluir-se e que, todavia, pode ser razoavelmente identificado por meio de alguns desdobramentos mais palpáveis. Nosso foco posterior (que justifica inclusive o título dado ao capítulo) pende para o Estado e não para a sociedade, uma vez que, a despeito de conter profundas imbricações com áreas da sociologia, esta porção do estudo assemelha-se à anterior pelo fato de privilegiar uma análise da normatização oferecida por meio do Estado e, principalmente, da proteção e concretização de determinados direitos e princípios fundamentais pelo Estado, bem como da definição de contornos do novo formato da Administração pública.

---

[89] WEBSTER, op. cit., p. 22. Para deixar claro, o autor posiciona-se pela inexistência de um novo tipo de sociedade, a ser adjetivada de "da informação", porém não é absolutamente contra o uso do termo para determinados fins ou contra o reconhecimento de determinadas alterações qualitativas pontuais relacionadas ao fluxo da informação na sociedade.

Já a opção pelo termo "Estado-Rede", contrastando com possíveis alternativas como "Estado da informação" ou "Estado informático", transparece o viés adotado: investigar não o aumento quantitativo da informação ou o incremento no uso de TI, mas a nova percepção da forma e dos tipos de fluxo de comunicação entre indivíduos e entre indivíduos e o Estado. Os motivos dessa escolha far-se-ão claros ao longo do texto, cabendo aqui apenas indicar alguns elementos, como a alteração da relação – vertical por excelência – entre indivíduo e Estado e a modificação do método de regulação e aplicação do direito pelo Estado, a justificar a escolha da adjetivação "rede".

2.2. A SOCIEDADE-REDE

2.2.1. Uma rede de comunidades

É muito comum depararmo-nos com frases de efeito em escritos sobre a Internet. "A Internet revolucionou a sociedade"; "A Internet é um grande *agora*, um espaço revolucionário onde todos podem estabelecer diálogos"; "Um mundo de informações ao alcance do *click* do mouse". Essas e outras conclusões precipitadas são seguidamente veiculadas por juristas no contexto de uma compreensível euforia dado o reflexo da popularização da Internet sobre aspectos sociais regulados pelo direito. É evidente que não se pode dizer que nada mudou, porém também é exagerado falar em revolução sem apoio em sólidas investigações que não cabem aos juristas, mas sim aos historiadores, cientistas políticos e, em especial, aos sociólogos.

Dessa forma, enfrentamos o tema com cautela, evitando tomar conclusões por demais arrojadas, cientes dos limites impostos a um cientista jurídico na pesquisa de um tema da sociologia. Não cabe, por outro lado, um ceticismo orgulhoso que nos permitisse querer encaixar a sociedade-rede e a Internet a padrões tradicionais de análise de fenômenos comunicacionais. Reiterando nossa manifestação de há pouco: nosso intuito não é defender um paradigma bem delimitado de sociedade-rede, mas sim apontar algumas transformações qualitativas inegáveis no âmbito da comunicação social que ocasionam certas alterações significativas. Para sustentar a configuração de uma revolução, necessitaríamos aguardar ainda alguns anos e a realização de estudos complexos sobre o tema em diversas áreas do saber.

A escolha da expressão sociedade-rede em vez de sociedade da informação sinaliza já uma tomada de posição em relação a um aspecto importante. O aprimoramento das TI e o advento da *World Wide Web*, partição da Internet que contém interface gráfica amigável para o uso da maioria dos indivíduos,[90] são

---

[90] Os termos Internet, Rede e *Web* serão utilizados ao longo desse trabalho como sinônimos, sendo a definição utilizada aquela encontrada em ROHRMANN, Carlos Alberto. *Curso de direito virtual*. Belo Horizonte: Del

louvados pelo significativo aumento da informação que passa a ser produzida e circulada. O aumento da informação disponível seria um dos argumentos para o reconhecimento da sociedade da informação.[91] De fato, é inegável que há mais informação ao alcance do cidadão médio. Mas essa não é a verdadeira característica essencial ou central das alterações operadas pelo uso da Internet.[92]

O que torna digno o pleito pela caracterização de uma nova sociedade, para Manuel Castells, é a nova forma do fluxo de informações. A característica central não é a informação em si, mas sim a comunicação: a troca constante de informações. Historicamente as sociedades sempre tinham por centro a informação, o conhecimento. O foco são redes de informação: uma rede é um grupo de retículos interconectados por nós; trata-se de uma formação descentralizada. A informação flui pelos canais de conexão que se formam por intermédio dos nós. Porém, redes de informação tampouco são novidade: o sistema de telégrafos e o sistema postal, entre outras, são redes na acepção de Castells. Mas a diferença qualitativa das redes de informação atuais é a dupla via do fluxo de comunicação entre indivíduos. Ao contrário de um modelo de transmissão unilateral, característico de mídias de massa, as redes de informação caracterizam-se pela ascensão de cada pessoa a um retículo que recebe, mas também produz e transmite informação aos demais. É essa circulação de informação, a comunicação, viabilizada apenas com as TI mais recentes, e especialmente na Internet, que justifica a denominação sociedade-rede. Para Castells,

> O valor agregado da Internet sobre outros meios de comunicação é sua capacidade de recombinar, no tempo escolhido, produtos de informação e processos de informação para gerar um novo resultado, que é imediatamente processado na Net, em um interminável processo de produção de informação, comunicação e resposta em tempo real ou livremente determinado. Isso é crucial porque a recombinação é a fonte da inovação, e a inovação está na raiz da produtividade econômica, criatividade cultural e produção de poder político.[93]

Rey, 2005, p. 3: um grande e amplo conjunto de redes interconectadas que usam o protocolo TCP/IP para trocas de dados e que evoluíram a partir da ARPANET no fim dos anos 1960 e no início dos anos 1970.

[91] BELL, op. cit., p. 104, toma como exemplo, para demonstrar esse inegável incremento, a elevação vertiginosa da produção científica.

[92] Mesmo não concordando com a seleção ou seus critérios, parece-nos útil apresentar uma dentre tantas listas de elementos da sociedade da informação. Para Richard Rosenberg, seriam os seguintes: a informação como *commodity*; a tecnologia da informação largamente difundida; um enorme número de dispositivos que recebem, enviam e manipulam informação e que têm se tornado ubiquitários; interconectitividade – a facilitação do fluxo da informação; a maior parte da força de trabalho está claramente envolvida com a manipulação de informação; o *status* especial do conhecimento científico – a ciência deve ser apoiada como um domínio de inquisição especial e privilegiado (ROSENBERG, Richard S. *The social impact of computers*. 3. ed. Amsterdam: Elsevier Acad. Press, 2004, p. 642-643).

[93] "The added value of the Internet over other communication media is its capacity to recombine in chosen time information products and information processes to generate a new output, which is immediately processed in the Net, in an endless process of production of information, communication, and feedback in real time or chosen time. This is crucial because recombination is the source of innovation, and innovation is at the root of economic productivity, cultural creativity, and political power-making" (CASTELLS, Manuel. Infomationalism, Networks, and the Network Society: A Theoretical Blueprint. In: CASTELLS, Manuel (org.). *The network society*: a cross-cultural perspective. Cheltenham: Edward Elgar, 2004, p. 11).

Por esse motivo fala-se de sociedade-rede,[94] porque o foco é a nova qualidade das possibilidades de troca de informações, da comunicação, em um formato descentralizado que permite ao indivíduo ser protagonista. Isso não significa que todas as pessoas que antes apenas recebiam informação por meio do rádio, televisão ou jornais agora passarão, mágica e instantaneamente, a produzir e transmitir informação – quanto mais informação com utilidade para alguma finalidade socialmente relevante. É por esse motivo que reconhecer um novo sistema de comunicação não significa deduzir imediatamente uma revolução na sociedade. E não se infere nada sobre a qualidade da informação circulada, mas sim sobre possibilidades, sobre um potencial. No entender de Castells, a cultura da sociedade-rede é: "Uma cultura de protocolos de comunicação viabilizando comunicação entre diferentes culturas tendo por base, não necessariamente valores compartilhados, mas o compartilhamento do valor da comunicação. É dizer: a nova cultura não é feita de conteúdo, mas de processo".[95]

Diversos autores que tratam da sociedade da informação colocam grande importância na tecnologia em si para caracterização de um novo tipo de sociedade. Em uma simplificação (não exagerada) da lógica manifestada por alguns, podemos dizer que a criação da Internet colocou o mundo em uma sociedade da informação. Há uma elevada dose de determinismo tecnológico em conclusões que deduzem uma transformação social qualitativa a partir da simples existência de uma tecnologia. Para evitar essa armadilha há que tratar da forma como essa tecnologia é utilizada pelas pessoas e analisar se aí há algo novo de valor. Acreditamos que o *approach* de Castells está razoavelmente dentro dessa linha, porém há quem afirme o contrário. Para Nico Stehr, não só a ideia de sociedade-rede foca por demais em consequências de produtos tecnológicos não relacionadas com o contexto, como também não se diferencia satisfatoriamente do conceito de sociedade da informação desenvolvido por outros autores.[96]

Além da diferenciação entre a ênfase na informação e a ênfase na comunicação, que julgamos explicar a escolha pelo acordo semântico sociedade-rede, há outro elemento digno de maior atenção no que tange à sociedade-rede: o nível da interação. Um dos chavões mencionados anteriormente é aquele que compara a Internet com a ágora grega, a praça que fazia as vezes de mercado onde todos os

---

[94] O conceito de sociedade-rede formulado por Castells é, então: "A network society is a society whose social structure is made of networks powered by microelectronics-based information and communication technologies" (CASTELLS, op. cit., p. 3).

[95] "A culture of protocols of communication enabling communication between different cultures on the basis, not necessarily of shared values, but of sharing the value of communication. This is to say: the new culture is not made of content but of process" (Ibidem, p. 39).

[96] STEHR, Nico. Deciphering information technologies. Modern societies as networks. In: MANSELL, Robin (org.). *The information society*. New York: Routledge, 2009, v. III. Para o autor "a number of theses in his (Castells') study tend to resonate unavoidably with the paradigm of technological determinism that stresses context-insensitive consequences of technical products rather than the social processes of innovation and deployment" (p. 331). E conclui (sem no entanto haver apresentado argumentos bem concatenados para apoiar tal conclusão) que "the distance between the network society and the more established (although now declining) idea of modern society as an information society is not as large as Castells thinks" (p. 336).

cidadãos – uma denominação que encobre a exclusão de quase todas as pessoas a não ser os chefes de famílias gregas – se reuniam com alguma periodicidade para tratar dos assuntos públicos. A ideia é que aquele debate só era possível devido ao pequeno tamanho das comunidades e que, milhares de anos mais tarde, finalmente a tecnologia permite que um enorme número de pessoas disponha de um meio comum para um debate democrático.

Se esse debate realmente se instala e, mais importante ainda, se é significativo para o avanço de discussões acerca de tema públicos relevantes, é uma questão altamente incerta e que merecerá análise mais detida posteriormente. A crítica no momento é sobre o tamanho do grupo e se realmente a Internet pode ser comparada com uma ágora. É evidente que nenhum espaço virtual pode agrupar de forma minimamente organizada, com a finalidade de uma discussão fértil, milhões de pessoas. Mesmo um sistema virtual altamente elaborado e complexo dificilmente lograria êxito em uma "reunião" no estilo da ágora, com mais que algumas milhares de pessoas.

A palavra-chave não é ágora, é *comunidade*. Uma das mais importantes – senão a mais importante – alterações qualitativas viabilizadas por meio do uso da Internet é a formação das comunidades. Não se trata de conectar todo mundo ao mesmo tempo, mas de reunir, para os fins buscados, determinados grupos de pessoas. A tecnologia que permitiu isso surgiu antes da *World Wide Web*, já na década de 1980, quando pioneiros conectavam-se, por meio da linha telefônica, a uma central que gerenciava a troca de mensagens entre um grupo de pessoas, permitindo a formação de diversos espaços diferentes. Mas o membro da comunidade era obrigado a estabelecer uma conexão direta com essa central, que possuía um ou dois computadores, em vez de conectar-se a um provedor que faria essa ligação por meio da Internet.

O estudo de Howard Rheingold sobre essa modalidade de comunidade, estruturada em um sistema denominado *Bulletin Board System*, ou BBS, é de grande relevância e pioneirismo no campo do direito da informática e da sociologia. As comunidades apoiadas na Internet são ainda mais desenvolvidas. No âmbito da sociedade-rede, as comunidades formam sub-redes (ou retículos, dependendo de como se queira trabalhar com a metáfora) que estão em contato com as demais sub-redes, sejam elas outras comunidades ou não. No seio dessas comunidades florescem e são desenvolvidos relacionamentos humanos com os mais diversos propósitos, por vezes a mera convivência, por vezes a mobilização para defesa de um interesse político comum. É justamente o surgimento de mais primitivos grupos de discussão na Internet que originou a expressão "ciberespaço".[97]

---

[97] "What seemed to trigger the metaphor and indeed the reality of cyberspace was the creation of discussion groups called newsgroups or bulletin boards that permitted the participation of anyone with an Internet account anywhere in the world" (ROSENBERG, op. cit., p. 602).

No que tange à convivência, as comunidades mantidas com o auxílio da Internet diferenciam-se por fazer uso de possibilidades diferenciadas de sociabilidade. Christian Licoppe e Zbigniew Smoreda estudam essas novas possibilidades, especialmente sob o ponto de vista da sociabilidade interpessoal e da amizade. Para os autores, o contato mediado pelas TI constitui um tecido conector importante a coordenar e sincronizar atividades de grupo. Por meio das TI – aqui incluída a comunicação pessoal entre celulares, assim como a Internet – estabelece-se um novo padrão de contato, que pode ser em tempo real (como em uma ligação ou conversa eletrônica) ou no tempo de cada um (como em um *e-mail* ou mensagem de texto). A comunicação intersticial permitida através dessas novas formas de contato soma-se à comunicação pessoal, complementando-a e nem sempre a substituindo. A distinção entre copresença e coexistência fica esfumaçada. Assim, surge "um tecido firmemente entrelaçado e homogêneo de interação – uma verdadeira presença 'sempre conectada'".[98]

Do ponto de vista do interesse comum na manutenção de uma comunidade, é possível perceber que há uma vantagem proporcionalmente alta para todos os participantes, potencializada por meio das facilidades do tipo de comunicação instantânea, barata, de amplo alcance e de dupla via que caracteriza a sociedade-rede e, especialmente, a Internet. Há uma comunhão de conhecimentos específicos, pessoais e especializados dos membros da comunidade. Rheingold destaca a grande virtude das comunidades no papel de auxílio de filtragem ou busca de determinadas informações que o indivíduo precisa encontrar. Uma comunidade não raro é composta por pessoas com conhecimentos gerais, mas, mais importante, especializados em determinada área. Por outro lado, cada um serve como motor de busca – altamente confiável e eficiente, para os demais. Estabelece-se uma dinâmica sem precedentes se comparanda com comunidades que não contam com a base da Rede mundial.

É claro que, em se tratando de uma comunidade, que na maior parte das vezes significa também um elo individual amistoso ou afetivo, gerando um verdadeiro sentimento de união de grupo, o auxílio mútuo prestado não é realizado por interesse direto ou econômico.[99] Para Rheingold, esse é o poder e a virtude das comunidades:

---

[98] "A tightly knit and seamless tissue of interaction – a real 'always connected' presence" (LICOPPE, Christian; SMOREDA, Zbigniew. Rhythms and ties. Toward a pragmatics of technologically mediated sociability. In: KRAUT, Robert; BRYNIN, Malcolm; KIESLER, Sara (orgs.). *Computers, phones, and the internet*: domesticating information technology. Oxford: Oxford Univ. Press, 2006, p. 309). Mas esse tecido de interação de presença sempre conectada não é exclusivo de relações íntimas entre pessoas que residem juntas ou próximas umas das outras: "If the 'always connected' presence is most prominent in intimate ties, it is not found only where people live close to each other or see each other frequently".

[99] "The arrangement I'm describing feels to me more like a kind of gift economy in which people do things for one another out of a spirit of building something between them, rather than a spreadsheet-calculated quid pro quo. When that spirit exists, everybody gets a little extra something, a little sparkle, from their more practical transactions" (RHEINGOLD, Howard. *The virtual community*: homesteading on the electronic frontier. Cambridge (MA): MIT Press, 2000, p. 49).

> O poder formador de comunidades advém de bases de dados vivas que os participantes criam e usam em conjunto, informalmente, enquanto auxiliam uns aos outros a solucionar problemas, de um para um e de muitos para muitos. [...] A rede de relacionamentos humanos que pode germinar com a base de dados é onde pode ser encontrado o potencial para mudança cultural e política.[100]

A formação e manutenção de comunidades, seja com um propósito específico político ou não, são a base da sociedade-rede. Mas estamos tratando de comunidades virtuais? Se entendermos que comunidades virtuais são aquelas formadas na Internet e cujos efeitos se operam nos limites desta, certamente não. Nesse sentido estrito, comunidades virtuais são uma parcela muito pequena do universo de comunidades existentes. O fato de uma comunidade ser mantida, ou mesmo ter sido inaugurada, com o auxílio da Internet – por meio de troca de *e-mails*, em *sites* que administram fóruns, entre outras formas – não significa que ela existe em função da Rede. Na vasta maioria dos casos, os propósitos dos indivíduos extrapolam o ambiente virtual.

Por vezes essas comunidades reúnem pessoas que, de outra forma, não se encontrariam, perdidas que permaneceriam na multidão, ou separadas pela distância. Mas essa, embora tenha sido uma das virtudes apontadas com maior entusiasmo nos primórdios da popularização da Internet, é apenas uma parte da história. O potencial de operação de mudanças qualitativas reside sim na capacidade de reunião, aproximação e interação coordenada de pessoas que já pertencem a comunidades independentemente da Internet. Trata-se da comunidade virtual formada por um determinado partido político, por exemplo. Outra situação na qual o uso de subsídios virtuais para avanço de finalidades comunitárias resulta quase sempre em grande proveito para os participantes é aquela das comunidades formadas por, e em prol de, cidades.

Já podemos concluir com alguma segurança que uma das possibilidades de mediação social viabilizadas pela Internet é a capacidade, adquirida por cada um, de encontrar outras pessoas que compartilham aspectos importantes da sua identidade.[101] Mas isso não significa apenas iniciar novos relacionamentos com pessoas até antes desconhecidas. Há também grande relevância no estreitamento e na organização de laços já existentes, especialmente entre pessoas de uma determinada região ou localidade. O poder agregador da parcela virtual de comunidades geográficas adiciona-se às relações já existentes, reforçando-as e permitindo novas formas de interação e realização de objetivos do grupo. Um exemplo disso é a fiscalização coletiva de determinados bens importantes para a comunidade,

---

[100] "The community-building power comes from the living database that the participants create and use together informally as they help each other solve problems, one to one and many to many. [...] The web of human relationships that can grow along with the database is where the potential for cultural and political change can be found" (RHEINGOLD, op. cit., p. 263).

[101] McKENNA, Katelyn Y. A.; SEIDMAN, Gwendolyn. Considering the interactions. The effects of the Internet on self and society. In: KRAUT, Robert; BRYNIN, Malcolm; KIESLER, Sara (orgs.). *Computers, phones, and the internet*: domesticating information technology. Oxford: Oxford Univ. Press, 2006, p. 284.

como uma floresta ou rio local. Ou ainda a comunicação mais estreita entre os moradores e a administração pública local, permitindo até tomadas de decisão semiparticipativas. O uso da Internet para o fortalecimento de comunidades locais ou regionais é um dos importantes aspectos da sociedade-rede, descrito por Pierre Lévy.[102]

A sociedade-rede é distinguida pela relação entre as comunidades globais e as locais, entre o distante e o próximo, entre a lógica da Internet – mundial – e a afirmação de uma pluralidade de identidades locais,[103] formando precisamente comunidades geográficas que se estendem para a Rede, apoiando-se em, e fazendo uso de novas possibilidades de sociabilidade. A Internet não é, portanto, uma ágora. É uma coleção desorganizada e descentralizada de milhares de pequenas ágoras interconectadas, formando uma rede. As relações socialmente essenciais se desenvolvem nesses pequenos e médios espaços das comunidades.

2.2.2. Aspectos problemáticos da comunicação na rede

Essa rede de comunicação certamente não está imune a desvios ou problemas. Após um período inicial de ligeira euforia com o potencial comunicativo representado pela Internet, diversos analistas passaram a diagnosticar e estudar certos aspectos que trazem prejuízo para o fluxo salutar de informação. Trata-se da quantidade incalculável de informação disponível, da fragmentação, do déficit de um discurso politicamente útil e da mercantilização ou "commodificação" da Rede.

Mesmo que não adotemos o aumento da quantidade de informação produzida pela sociedade como critério para caracterização da sociedade da informação, é inegável a constatação desse aumento. Uma tendência que já havia iniciado uma curva exponencial após a década de 1950 ganhou contornos diferentes a partir do uso da Internet. A partir daí, uma parte cada vez maior da informação produzida passou a ser acessível a qualquer um que esteja *online*. Por outro lado, o fato de que agora cada indivíduo não apenas recebe como também produz e transmite informação significa que a quantidade de informação disponível fica ainda maior.

Em vez de algumas centenas de milhares de jornais ou cronistas, temos milhões de blogs, que podem ser atualizados não diariamente, mas minuto a minuto. O próprio órgão tradicional de imprensa é obrigado a veicular mais notícias, pois tem de alimentar um *site* cujos visitantes anseiam por atualizações no mínimo de hora em hora. No campo da informação científica, um periódico *online* é, ainda que não tenha por enquanto a mesma credibilidade que os tradicionais impressos, de muito mais fácil organização e manutenção. Multiplicando-se os periódicos, multiplicam-se as pesquisas tornadas públicas. Mas um cientista sequer necessita

---

[102] LÉVY, Pierre. *Cyberdémocratie*: essai de philosophie politique. Paris: Odile Jacob, 2002, p. 75 e ss.
[103] CASTELLS, op. cit., p. 39.

de um livro ou revista para mostrar seu trabalho: basta colocar em seu próprio blog ou *site*, mantido gratuitamente ou a baixíssimo custo. A versão inglesa da enciclopédia colaborativa *Wikipédia* tem alguns milhões de verbetes e as versões de outras línguas somadas alcançam muitos outros milhões. Muito mais informação junta e gratuitamente acessível do que nas clássicas enciclopédias impressas. Qualquer um hoje envia *e-mails* com uma frequência infinitamente superior àquela que se enviavam cartas. O marketing indesejado de massa, denominado *spam* na sociedade-rede, é responsável por grande fatia da circulação de emails e a diminuição dos custos da prática resulta no seu incremento quantitativo.

Até aqui nada inferimos sobre a utilidade ou qualidade da informação. Mesmo porque são critérios altamente subjetivos, utilizemos então o critério do desejo pessoal do indivíduo. É fácil constatar que um internauta tem acesso instantâneo a uma quantidade de informação muito maior que aquela que utilizará na vida inteira. Mecanismos de busca como o Google auxiliam em parte a combater o problema, mas mesmo assim estamos, no mais das vezes, nadando em um mar infinito de dados. Aqui se faz sentir um dos já mencionados benefícios das comunidades, conforme Rheingold: a filtragem e busca de informação como uma atividade de um grupo em constante comunicação. A pluralidade de origens, culturas e campos de atuação dos membros da comunidade é essencial para a alta qualidade dessa filtragem e busca.

A possibilidade de encontrar pessoas com características muito similares às suas garante ao indivíduo a inserção em comunidades seguidamente homogêneas, no âmbito das quais circulam sempre as mesmas ideias, os mesmos argumentos, os mesmos medos e, pior de tudo, os mesmos preconceitos. O indivíduo pode confortavelmente optar por relacionar-se com pessoas que são contra os mesmos ideais políticos que ele, pessoas que pensam como ele e que odeiam como ele. Um lado perverso da formação das comunidades com o auxílio da Internet é a tendência natural ao isolamento e entrincheiramento de grupos sociais e políticos. É o problema representado pela fragmentação ou balcanização.[104]

O bom desenvolvimento e funcionamento de uma sociedade democrática reporta reconhecimento do pluralismo e à tolerância, valores que somente subsistem mediante o convívio com aquele que é diferente de nós. A fragmentação das comunidades que já se percebe hoje na Internet tem o agravante de estimular o extremismo das ideias ou posições.[105] Pensemos em uma comunidade internacional que conseguiu, por meio da Internet, agrupar apenas pessoas que não apreciam os Estados Unidos e os norte-americanos. Ou então imaginemos uma comunidade com a mesma linha de afinidade, porém formada por pessoas que já se conheciam anteriormente, quiçá moradoras de uma mesma região, mas que encontraram na Rede as ferramentas de comunicação para garantir a próspera

---

[104] PÉREZ LUÑO, Antonio Enrique. *¿Ciberciudadaní@ o ciudadaní@.com?* Barcelona: Gedisa, 2004, p. 66.
[105] LEVINE, Peter. *Can the Internet rescue democracy? Toward an on-line commons.* Disponível em: http://www.peterlevine.ws/internetdemocracy.htm. Acesso em: 18 jan. 2007.

manutenção e expansão do grupo. Em comunidades como essas, aqueles que terão mais influência e se sobressairão são os que nutrem maior ódio pelos norte-americanos, e não aqueles que meramente não têm simpatia pelos mesmos. O discurso tenderá a seguir não uma linha ponderada ou equilibrada, mas sim apontando para o reforço do preconceito e do ódio.

Por outro lado, a crítica aos perigos da fragmentação não é uma crítica à formação de comunidades autônomas. O problema está em como essas comunidades se formam, quem se associa e se há efetiva comunicação entre comunidades e não apenas internamente. Ainda, para Castells, a fragmentação representa em parte a independência do local em face do global, total e totalizante, padronizador. A fragmentação, assim, opõe-se a uma convergência niveladora de diferenças. Mas, reiteramos, é essencial a comunicação entre essas comunidades.[106]

Uma alteração qualitativa representada pelo advento de novas formas de comunicação certamente não está fadada a trazer apenas resultados socialmente positivos. Trata-se de meios, de ferramentas, que, no entanto, podem ser usadas de uma forma ou de outra. O que se constata é a capacidade de subsídio para formação e profícua manutenção de comunidades. O intuito dos membros quando formam ou associam-se à comunidade, é evidente, varia tanto quanto varia a natureza humana. Por esse motivo não se pode ingenuamente acreditar, na linha de um determinismo tecnológico, que a existência da Internet e os potenciais decorrentes do seu uso gerarem, necessariamente, bons resultados: para um Estado democrático a fragmentação viabilizada pela Rede é altamente prejudicial. A formação de comunidades saudáveis para a democracia e o convívio social não é, frise-se, espontânea. Muito pelo contrário. Alguma força ou poder deve tomar medidas que estimulem a comunicação entre os desiguais e o sucesso de comunidades que cumpram uma função social de valor, como a discussão de temas políticos. Esse papel cabe ao Estado, conforme será defendido mais adiante.

Contrariando expectativas otimistas um tanto surreais, a comunicação para a qual é usada a Internet não é uma discussão de alto nível sobre temas relevantes. Há, de fato, diversas comunidades com esse desiderato, mas a esmagadora maioria das pessoas usa a Internet para fins profissionais ou lúdicos. É ingênuo acreditar que o simples aparecimento da Rede iria reverter a tendência já antiga de desinteresse crescente dos indivíduos com a política. Quem determina a forma de uso da tecnologia é a própria pessoa: sem qualquer incentivo ou estímulo, o cidadão comum vai seguir procurando notícias corriqueiras, música, informações para seu trabalho, e assim por diante, e não dados sobre a plataforma de governo de determinado partido ou os argumentos que apoiam uma posição contrária à sua própria em relação a um tema como o aborto. Ou seja, a Internet de fato possui as características necessárias para viabilizar um verdadeiro salto de qualidade

---

[106] "Fragmentation rather than convergence [...] protocols of communication between different cultures are the cornerstone of the network society, as, without them, there is no society, just dominant networks and resisting communes" (CASTELLS, op. cit., p. 39).

em termos de discussão política e participação popular em decisões relevantes. Mas isso não ocorrerá espontaneamente ou em pouco tempo, e certamente não se realizará a imagem romântica da ágora onde todos discutem juntos assuntos públicos decisivos. Sobre o tema da popularmente denominada "democracia eletrônica", "e-democracia" ou "ciberdemocracia", discorreremos no terceiro capítulo.

Um dos motivos pelos quais o debate político não predomina na *web* é que não há resultado econômico disso para ninguém. O tempo em que não havia interesse comercial no uso da Internet e, mesmo antes, no dos BBSs (as comunidades descritas por Rheingold), foi curtíssimo. Grandes empresas logo passaram a atuar também nesse plano, dado o grande potencial para a propaganda e conquista de clientes, em um primeiro momento; o comércio de bens materiais mediado pela Internet, em um segundo momento; e o comércio de bens imateriais e serviços, em um terceiro. O valor movimentado pelo comércio eletrônico cresce vertiginosamente, na cifra das dezenas de bilhões de dólares,[107] o que significa que o espaço virtual é de grande valia para as empresas.

Graham Murdock e Peter Golding identificam a mercantilização ou *commodificação* da Internet por meio de alguns elementos essenciais. Primeiro, o apoderamento, pelo mercado, da produção e fornecimento de serviços de comunicação, que antes estavam sob a égide do setor público. Trata-se de algo diferente da privatização dos serviços telefônicos ou da concessão controlada de canais de televisão, pois não há o reconhecimento da importância do papel do Estado e da sociedade civil na condução do desenvolvimento das TI. Durante a administração do presidente norte-americano Bill Clinton a política para a área de telecomunicações, em particular, com relação à Internet, foi de desestatização total, incentivando a autorregulação e o autocontrole pelo próprio mercado, livremente. As principais estruturas nas quais estão apoiadas a Rede passaram logo para o comando do setor privado, mas não da sociedade civil. Mas o segundo aspecto, talvez ainda mais perigoso, é fazer com que o critério de avaliação da qualidade ou potencial de determinada TI seja não a sua utilidade social para comunidades ou para a comunicação política, mas sim sua capacidade de uso econômico.[108]

Antes da popularização da Internet, Howard Rheingold, entre outros, já chamava a atenção para o proveito que as grandes empresas pretendiam fazer desse novo meio de comunicação. A ideia era garantir um canal mais sofisticado

---

[107] Em 2008, apenas no Brasil, o movimento do comércio eletrônico foi de mais de R$ 8 bilhões, cf. http://idgnow.uol.com.br/internet/2009/01/08/comercio-eletronico-no-brasil-movimento-8-2-bilhoes-de-reais-em-2008/. Acessado em: 17 out. 2009. Nos Estados Unidos, de US$ 130 bilhões, cf. http://pindebit.blogspot.com/2009/05/us-ecommerce-climbs-07-in-q1-2009-to.html. Acessado em: 17 out. 2009.

[108] "Economicaly it involves moving the production and provision of communications and information services from the public sector to the market, both by transferring ownership of key facilities to private investors and by making success in the marketplace the major criterion for judging the performance of all communications and information organizations" (MURDOCK, Graham; GOLDING, Peter. Information poverty and political inequality. In: MANSELL, Robin (org.). *The information society*. New York: Routledge, 2009, p. 15, v. III)

para a transmissão unilateral de conteúdo pago. O mesmo entretenimento produzido para o rádio, mídia impressa e televisão, porém agora por uma via que permitia maior complexidade e com capacidade de atrair mais consumidores. Para Rheingold, como para muitos, a concepção dominante em uma tecnologia com capacidade, principalmente, de comunicação de dupla via, era uma libertação de cidadãos, e não uma fidelização de clientes.[109]

Atualmente já há *lobby* de grandes empresas telefônicas para que a quantidade de banda de transmissão de informação seja alocada de forma a privilegiar o seus próprios conteúdos, beneficiando-as com maior capacidade de comunicação que a um indivíduo comum.[110] Uma das características essenciais da Rede foi sempre a igualdade no sentido de que os pacotes de dados enviados por qualquer pessoa pela Internet têm a mesma prioridade de transmissão que aqueles de uma grande companhia. As redes sociais virtuais, cujo valor de mercado é imenso, teriam em sua base uma função, ao menos em princípio, estritamente social. Mas profissionais de marketing e propaganda já desenvolvem diversas estratégias diferentes para fazer "bom uso" também dessas redes, de forma a extrair o máximo possível daquilo que é considerada "uma ótima oportunidade para negócios".[111]

Parece-nos claro que também aqui a lógica da total e livre autorregulação serve apenas a interesses econômicos de grandes jogadores do mercado, mas não aos interesses da sociedade civil. O Estado tem um papel muito diferente do de expectador passivo nessa seara, conforme veremos. A importância e centralidade desse papel é um dos motivos pelos quais o capítulo está centrado no Estado-Rede e não na sociedade-rede, mesmo que os temas abordados posteriormente, relativos ao Estado, pressuponham a adequada descrição de fatores da sociedade-rede.

2.2.3. Aspectos sociais e econômicos da sociedade-rede

A sociedade-rede é caracterizada por transformações que não se limitam à seara estrita das comunicações e da Internet. Conforme se viu, adotar o critério da predominância de atividades ligadas à informação como determinante do advento da sociedade da informação não é possível. Mas isso não significa que não existem alterações nesse campo. Há, de fato, transformações na atividade econômica em geral e nas atividades profissionais. Verifica-se uma tendência – que obviamente não é novidade da sociedade-rede, porém é um de seus elementos

---

[109] "The great power of the idea of electronic democracy is that technical trends in communications technologies can help citizens break the monopoly on their attention that has been enjoyed by the powers behind the broadcast paradigm – the owners of television networks, newspaper syndicates, and publishing conglomerates" (RHEINGOLD, op. cit., p. 308).

[110] Disponível em: http://computerworld.uol.com.br/telecom/2007/01/10/idgnoticia.2007-01-10.0634012660/IDGNoticia_view e http://news.bbc.co.uk/2/hi/technology/4552138.stm. Acessado em: 17 out. 2009.

[111] Disponível em: http://www.ifd.com.br/blog/2008/08/04/rede-sociais-nova-oportunidade-de-negocios/ e http://g1.globo.com/Noticias/Tecnologia/0,,MUL728893-6174,00.html. Acessado em: 17 out. 2009.

secundários e toma dimensões ligeiramente diferentes: a especialização da mão de obra para lidar com informação. A pequena diferença é que nessa fase trata-se de habilidades de interação e manipulação de TI que passam a ser exigidas para o exercício da profissão.

No panorama geral mundial, o uso das novas TI significa, ao menos a longo prazo, um estímulo para o crescimento econômico e, portanto, maior geração de riquezas. Mas, no contexto mais específico daquele grupo social (de delimitação altamente delicada) denominado de "classe trabalhadora", a adoção de TI pelas empresas significa duas coisas: a elevação das exigências para o exercício da profissão, resultando em menor acessibilidade ao trabalho para pessoas com nível básico de instrução; e aprimoramento da produtividade, que resulta na manutenção de uma tendência, iniciada ainda na primeira revolução industrial, de diminuição do uso de mão de obra.[112] O problema é que a simples existência e uso das TI não significa que as riquezas geradas trarão redução de desigualdades. O uso e desenvolvimento dessas tecnologias é direcionado primordialmente por grandes corporações que, mesmo preferindo maior número de consumidores com poder de compra, não têm por objetivo uma redução da desigualdade social.[113] Não queremos com isso dizer que TI como a Internet não podem ser agentes de transformação social, mas sim que isso não ocorrerá sem a participação enérgica do Estado e da sociedade civil.

Isso é tornado ainda mais evidente por Chris Freeman. Ele aponta um padrão histórico de recessões sistêmicas e generalizadas que sucedem o surgimento de novas tecnologias.[114] Para o autor, essas recessões resultam da erosão do lucro

---

[112] "More extensive use of ICT in service industries may result in labour saving productivity gains and severe reductions in employment, as they have in manufacturing", p. 204 e "It seems likely that ICT-based innovations will require workers to have broader and higher levels of skill than in the past across a wide range of service industries in developed countries, and increasingly formal service quality standards are being articulated. [...] such trends raise questions about the accessibility of such work to less qualified people" (SENKER, Peter. A dynamic perspective on technology, economic inequality and development. In: Sally Wyatt; HENWOOD, Flis; MILLER, Nod; SENKER, Peter (orgs.). *Technology and in/equality*: questioning the information society. Londres: Routledge, 2000, p. 205). Todavia, para KRINGS, Bettina-Johanna. Hen or egg? The relationship between IC-technologies and social exclusion. In: BECHMANN, Gotthard (org.). *Across the divide*: work, organization and social exclusion in the European Information Society. Berlim: Sigma, 2003, p. 127, a relação entre aumento de taxas de desemprego e massificação do uso de TI é apenas indireto. A razão direta está na diminuição da quantidade de pessoas necessárias para desenvolver as mesmas atividades, especialmente no ramo corporativo, causada por "processes of acceleration and globalization [...] which already exert strong influence on the organization of work, and on the change of occupational structures". Conforme a autora, tais processos são, aí sim em uma relação direta, *parcialmente* causados pelo uso de tecnologias modernas de informação e comunicação. Outros fatores, porém, contribuem em igual peso, mormente a aceleração, de maneira geral, dos processos de manufatura e o fato de que a mão de obra utilizada pode ser distribuída em qualquer lugar do mundo.

[113] "Technology has not succeeded in eliminating poverty mainly because the alleviation of poverty is not a major goal of those who direct multinational corporations which play such a large role in directing the world's technological efforts" (SENKER, op. cit., p. 215).

[114] Por exemplo, após a Revolução Industrial, durante a qual foi introduzida a mecanização, novas técnicas têxteis para o algodão e o aproveitamento em larga escala do ferro, veio a recessão das décadas de 1820, 1830 e 1840. Em outro exemplo, após o ciclo de desenvolvimento e crescimento garantido pelas novas tecnologias para uso do aço, da eletrificação e de químicos pesados, durante as décadas de 1890 a meados do século XX, veio a recessão das décadas de 1920 e 1930. A última recessão, das décadas de 1970 e 1980 e início da década de 1990,

decorrente do uso generalizado da tecnologia anterior, associada à necessidade de uma nova infraestrutura e uma reformulação das empresas para permitir o aproveitamento da nova tecnologia.[115] A solução para evitar uma recessão tão forte, ou para ao menos mitigar seus efeitos, é a atuação do Estado, especialmente por meio de políticas públicas no ramo da economia, exercendo influência maior sobre as bases do fenômeno recessivo.[116]

No campo das relações sociais, em particular as de cunho pessoal, há alguns resultados de pesquisas da psicologia e da sociologia acerca de determinados aspectos da sociedade-rede. Há determinados aspectos que são únicos à sociabilidade por meio da Internet.[117] Um deles, já mencionado, é a possibilidade que cada internauta tem de encontrar pessoas que partilham características importantes de sua identidade.

Mas o anonimato é outro aspecto. Diferentemente de qualquer outra esfera de relacionamento pessoal, na Internet o indivíduo pode optar por ocultar não apenas seu nome, sua origem, mas seu sexo e sua idade. Essa ocultação não é infalível, todavia, pois o próprio diálogo pode revelar algumas características que o internauta tenta mascarar. Uma das grandes vantagens apontadas no anonimato é que isso permitiria transpor a barreira de preconceitos por sexo, etnia, opção sexual, idade, etc. Uma comunidade poderia reunir brancos e negros discutindo temas relacionados à crise econômica, sem que nenhum deles soubesse a etnia a qual pertence seu interlocutor. Mas o problema é que quando, por qualquer motivo (como, por exemplo, a partir do reconhecimento de características do modo de dialogar ou das posições defendidas), a identidade de determinado membro de minoria é descoberta, o preconceito poderá ser maior que em um círculo social meramente presencial. Isso porque agora se conhece uma ou duas características acerca da pessoa, entre elas sua pertença a uma minoria, porém nenhuma outra, o que permite a percepção de toda sua identidade exclusivamente a partir dessa condição, muitas vezes reduzindo alguém simplesmente a condição de "um negro" ou "um homossexual".

Outro aspecto da sociabilidade por meio da Rede é que, muito mais que em relacionamentos exclusivamente presenciais, o anonimato e um certo nível de "descolamento da realidade" que muitos associam à interação no âmbito de uma comunidade virtual resultam na adoção, pela pessoa, do seu verdadeiro "eu". Trata-se do comportamento com elementos que a própria pessoa atribui a si, sem a pressão dos estereótipos e expectativas sociais. Isso pode ser positivo, para

---

seguiu-se ao período de evolução tecnológica que trouxe a popularização dos automóveis, dos produtos de consumo duráveis, refinarias, materiais sintéticos e a automação (FREEMAN, Chris. Social inequality, technology and economic growth. In: WYATT, Sally; HENWOOD, Flis; MILLER, Nod; SENKER, Peter (orgs.). *Technology and in/equality*: questioning the information society. Londres: Routledge, 2000, p. 157).

[115] "These recessions were the result of the erosion of profits from the previous wave of technology and the necessity for a new infrastructure and new industries to unleash the next wave" (FREEMAN, op. cit., p. 158).

[116] FREEMAN, op. cit., p. 170-171.

[117] Conforme apresentados por McKENNA, SEIDMAN, op. cit., p. 283-284.

pessoas tímidas ou com outro impedimento para relacionamentos sociais, mas pode ser também prejudicial. A pressão social para comportamentos conforme determinado padrão é um dos inibidores de incursões ou reiterações de pedofilia e, principalmente, de racismo e outras formas de preconceito.

O mais importante é a constatação – que por óbvio não poderia partir de um cientista jurídico – de que a Internet não aumenta o nível de sociabilidade. Mesmo o potencial positivo que ela confere à formação e manutenção de comunidades não é um agente independente. A Internet apenas complementa a sociabilidade. Ela sustenta laços de comunidade complementando outros canais de interação.[118] Reitera-se algo já apontado: afastando-se de um determinismo tecnológico, é imprescindível reconhecer que a Internet ou o conjunto das TI da sociedade-rede não ocasionam, por sua mera existência, maior sociabilidade, maior debate político de qualidade ou o surgimento espontâneo de comunidades socialmente saudáveis. O uso que se faz da tecnologia é o que determinará os resultados.[119] O desenvolvimento da Internet, assim como de outras tecnologias, será pautado de acordo com as finalidades de atores sociais com poder. Como o poder em uma rede está disperso, mesmo que alguns retículos concentrem maior poder, há uma influência maior a ser exercida por grupos que em um passado não tão distante eram meros expectadores. Por outro lado, a Internet é extremamente maleável, pois permite aos usuários diversas opções de apropriação que coexistem a todo tempo – cada comunidade pode fazer o uso que deseja da Rede. Isso significa que o que está em jogo em termos da forma como a sociedade-rede se desenvolverá ao longo dos anos é muito maior.[120]

2.2.4. Aspectos centrais da sociedade-rede

Podemos enumerar basicamente três aspectos nevrálgicos da sociedade-rede, sob o ponto de vista da sua relevância social e intrínseca conexão com os elementos essenciais dessa sociedade, bem como da influência que exercerão sobre a evolução da mesma. Trata-se da liberdade de acesso à informação, a proteção da privacidade e a inclusão digital. Não é nosso intuito tecer grandes considerações de forma a explicar essa seleção ou argumentar em seu favor. Há um forte consenso quanto à escolha desses elementos entre juristas e sociólogos.[121]

---

[118] DIMAGGIO, Paul; HARGITTAI, Eszter; NEUMAN, W. Russell; ROBINSON, John P. Social implications of the internet. In: MANSELL, Robin (org.). *The information society*. New York: Routledge, 2009, p. 52-54, v. IV.

[119] "There appears to be few 'one size fits all' effects of Internet use. People are not passively affected by technology but, rather, actively shape its use and influence" (McKENNA, SEIDMAN, op. cit., p. 291).

[120] "... because it affords users choices among multiple modes of appropriation that coexist at any given time – the Internet is unprecedentedly malleable. This malleability raises the stakes for actors who wish to shape its evolution" (DIMAGGIO, Paul et al, op. cit., p. 65).

[121] Quanto à ao acesso à informação e à privacidade como pilares da sociedade-rede, reportamo-nos, por todos, a KLOEPFER, Michael. Informationszugangsfreiheit und Datenschutz: Zwei Säulen des Rechts der Informationsgesellschaft. *DöV*. v. 6, p. 225, 2003, para quem ambos são condições funcionais do Estado e da democracia. O

Ademais, o acesso à informação e seus desdobramentos será abordado mais a fundo no terceiro e no quarto capítulo. Sobre a privacidade, a produção científica é possivelmente a mais extensa e significativa no ramo do direito da informática, pelo que não nos parece produtivo atacar o tema aqui.[122]

A inclusão digital também é objeto de diversas pesquisas e será, além do mais, abordada no quarto capítulo como principal elemento da perspectiva objetiva da eficácia, em face do Estado, do direito fundamental ao acesso à Internet. Mas fazem-se necessários alguns esclarecimentos sobre a conexão entre a inclusão digital e o aspecto das comunidades na sociedade-rede. A inclusão digital não se confunde com acesso universal. Fornecer os dispositivos e a conexão à Internet para pessoas que ainda não possuem o acesso não as torna membros da sociedade-rede. A educação e instrução para o uso da Rede é requisito essencial, porém tampouco suficiente. Fornecer o acesso e instruir para o manuseio não os torna cidadãos aptos à participação na sociedade-rede. O foco é, conforme estudos mais recentes da sociologia e psicologia, a capacidade dos indivíduos: esses sim são o centro, não o acesso ou a tecnologia.[123]

O essencial é um processo de inserção que garanta que as pessoas terão a capacidade para, por conta própria, decidir qual é a importância do uso da Internet para suas vidas e, a partir daí, utilizar as noções técnicas aprendidas para tirar o maior potencial possível da comunicação por meio da Rede. É por esse motivo que as iniciativas de inclusão digital devem ser orientadas pela colaboração e liderança das próprias comunidades onde se inserem.[124] É somente com o engajamento da comunidade que há sucesso em uma verdadeira inclusão à sociedade-rede. Essa vontade de integração deve partir dos próprios membros da comunidade, que determinará, independentemente dos agentes que trazem os equipamentos e a instrução de uso, de que forma a Rede será aproveitada para a manutenção e estreitamento dos laços comunitários. Essa é a única maneira de garantir que não serão alinhavados novos expectadores, mas sim novos recepto-

---

autor cita na verdade cinco pilares (além dos desses dois, os direitos fundamentais clássicos de comunicação, a proteção do segredo – segredo de justiça, segredos de empresas, deveres de sigilo de profissionais liberais – e os direitos de exclusão do direito civil – propriedade intelectual, direito de imagem, direitos comerciais de uso), porém faz do acesso à informação e proteção da privacidade o foco de seu artigo. O fato de que o jurista alemão utiliza a expressão sociedade da informação não deve influir na relevância ou pertinência de suas considerações para este estudo, conforme parece-nos ter sido já deixado claro.

[122] Sobre a privacidade e a proteção de dados pessoais na sociedade-rede, reportamo-nos, entre outros estudos de qualidade, a LIMBERGER, Têmis. A informática e a proteção à intimidade. *Revista da AJURIS*. Porto Alegre, n. 80, p. 319-333, dez. 2000; MAÑAS, José Luis Piñar. El derecho fundamental a la protección de datos personales. In: MAÑAS, José Luis Piñar (org.). *Protección de datos de carácter personal en Iberoamérica*. Valencia: Tirant lo Blanch, 2005; LANGHEINRICH, Marc. *Privacy invasions in ubiquitous computing*. Disponível em: http://www.vs.inf.ethz.ch/publ/papers/uc2002-pws.pdf. Acessado em: 9 mar. 2007.

[123] MAIER-RABLER, Ursula. Reconceptualizing e-policy: From bridging the digital divide to closing the knowledge gap. In: SARIKAKIS, Katharine; THUSSU, Daya Kishan (orgs.). *Ideologies of the Internet*. Cresskill, NJ: Hampton Press, 2006, p. 196-197. A autora trabalha com a noção de Amartya Sen, do direito a adquirir capacidades, e compreende, portanto, a inclusão digital como um direito humano.

[124] SRINIVASAN, Ramesh. Where information society and community voice intersect. In: MANSELL, Robin (org.). *The information society*. New York: Routledge, 2009, p. 170-171, v. IV.

res, produtores e transmissores de informação: mais retículos da rede. A inclusão digital é, assim, um processo por meio do qual as comunidades podem desenvolver suas próprias autorias e classificações.[125]

Procuramos, ao abordar os temas relacionados à sociedade-rede que nos parecem essenciais, resistir à tentação das conclusões fáceis e panfletárias mencionadas no início do capítulo. Há alguma base científica para determinadas assertivas, porém poucas delas cabem aos juristas. Acima de tudo, tratando-se da sociedade-rede, a "ciência social permanece a melhor esperança para substituir mito por conhecimento e informar o debate público acerca das condições atuais e das alternativas de políticas".[126]

Apresentamos elementos definidores de uma sociedade-rede, indicando já alguns dos espaços que devem ser preenchidos pela atuação do Estado. O Estado da sociedade-rede deve ser substancial e estruturalmente diferente, o que não significa que deixará de existir, muito pelo contrário. Se a característica da sociedade-rede é a comunicação em rede, por intermédio da Internet em especial, então as regras atinentes ao funcionamento desta, ou a regulação da Internet, é um ponto-chave da sociedade-rede. E justamente em se tratando dessa regulação, há funções fundamentais relativas à comunicação social no ciberespaço que somente podem ser cumpridas pelo Estado, de forma que esses são os temas que enfrentaremos a seguir.

2.3. A REGULAÇÃO DA INTERNET, A INTERNET NA REGULAÇÃO E O ESTADO-REDE

2.3.1. A regulação da Internet

2.3.1.1. A impossibilidade da regulação da Internet

Assim como as primeiras constatações acerca da sociedade-rede foram mais arrojadas, beirando a euforia, o mesmo caminho trilharam as conclusões iniciais sobre a regulação da Internet pelo Estado. A manifestação mais emblemática dessa fase inicial continua sendo a *Declaração da Independência do Cyberespaço*, de John Perry Barlow. Publicada em 1996, o valor simbólico da Declaração está na tenacidade com que afirma a impossibilidade de controle da Internet por Estados, bem como na sua forma de prosa (o autor era compositor da famosa banda Grateful Dead), que reflete o romantismo da ideia do ciberanarquismo. Escrita em 16 versos, a Declaração inicia na seguinte forma:

> Governos do Mundo Industrial, vocês gigantes esgotados de carne e aço, eu venho do cyberespaço, o novo lar da Mente. Em nome do futuro, eu peço a vocês do passado que

---

[125] SRINIVASAN, op. cit., p. 181.

[126] "Social science remains the best hope for substituting knowledge for myth and informing public discourse about current conditions and policy alternatives" (DIMAGGIO *et al.*, op. cit., p. 67).

nos deixem em paz. Vocês não são bem-vindos entre nós. Vocês não têm soberania onde nós nos reunimos.[127]

A Declaração, assim como a concepção, certamente não inaugurada pelo seu autor, de que os Estados não possuem os meios fáticos para exercer controle, sua soberania mesmo, sobre o que o ocorre na Internet, diminuiu em adesão e popularidade nos anos seguintes. Hoje, os pesquisadores observam a Declaração como uma alegoria e não como um argumento. Todavia ocorre que naquela época surgiram muitos autores defendendo aspectos variados da noção de impossibilidade de regulação da Internet. Alguns alinhavaram argumentos no mínimo razoáveis, pela forma como foram elaborados mas também porque se concentraram em apontar insuficiências pontuais do poder regulador em vez de uma total inépcia do exercício desse poder-dever estatal.

Abordaremos a questão da relação entre Estado e Internet sob três linhas diferentes: aquela da impossibilidade da regulação da Internet pelo Estado, a da inconveniência dessa regulação e uma última, mais ampla, do reconhecimento da relação simbiôntica entre Estado e Internet, para além da questão da sua regulação, tratando do Estado-rede propriamente dito e de aspectos da Administração rede, comumente designada de governo eletrônico.

A aversão à regulação da Internet nutrida por alguns teóricos é centrada em algumas premissas básicas, quais sejam: a Internet constitui um novo espaço, um território autônomo em relação ao mundo real; não há como controlar a transmissão da informação por meio da Internet; não há como saber a origem das pessoas recebendo e transmitindo a informação; regular ações no plano desse território autônomo significa que um país irá impor sua lei sobre indivíduos de outro país. Analisaremos as premissas uma a uma, seguidas da devida crítica.

David Johnson e David Post foram os responsáveis por um dos primeiros e mais influentes textos defendendo esses argumentos.[128] O valor do artigo dos autores está tanto em seu pioneirismo quanto na solidez da construção de suas teses. Embora não concordemos com as posições dos autores, e a despeito de o texto merecer hoje uma leitura cuidadosa, dado que data de 1995, é sintomático que a maioria dos autores que, na segunda metade da década de 1990, se dedicaram a criticar essas concepções o fizeram tendo por base principalmente o texto de Johnson e Post. Os autores sistematizaram sua defesa da impropriedade da regulação estatal do ciberespaço em quatro pontos, no sentido de que:

> A ascensão da rede global de computadores está destruindo a ligação entre a localização geográfica e: (1) o *poder* dos governos locais de controlar o comportamento *online*; (2) os

---

[127] "Governments of the Industrial World, you weary giants of flesh and steel, I come from Cyberspace, the new home of Mind. On behalf of the future, I ask you of the past to leave us alone. You are not welcome among us. You have no sovereignty where we gather". BARLOW, John Perry. *Declaration of Independence of Cyberspace*. Disponível em: http://homes.eff.org/~barlow/Declaration-Final.html. Acessado em: 19 out. 2009.

[128] JOHNSON, David R.; POST, David. Law and borders – the rise of law in cyberspace. *Stanford Law Review*, n. 48, 1995.

efeitos do comportamento *online* sobre indivíduos ou coisas; (3) a *legitimidade* dos esforços de um soberano local para regular fenômenos globais; e (4) a habilidade da localização física de notificar quais grupos de regras são aplicáveis.[129]

Embora a sistematização do tratamento dado à matéria nas páginas que seguem não siga fielmente a divisão feita pelos autores, é importante ressaltar que o conteúdo dos argumentos aqui apresentados em prol da impossibilidade de regulação é, em grande parte, aquele apresentado por Johnson e Post.

O termo ciberespaço surgiu a partir da formação de comunidades com suporte na Internet, quando a comunicação entre os indivíduos adquiriu tal nível de frequência e complexidade que incutiu nas relações iniciadas ou mantidas com base nessa comunicação um sentimento de realidade e intimidade. Se há uma interação caracterizadora de verdadeiros relacionamentos humanos, deve haver uma base, um meio que ampara essa conexão humana. Daí a concepção da Internet como um lugar. As palavras de Lawrence Lessig em um artigo publicado na mesma época da Declaração de Barlow são já clássicas entre a doutrina que trata do assunto, motivo pelo qual optamos pela sua reprodução na íntegra:

> *Cyberspace is a place. People live there. They experience all the sorts of things that they experience in real space, there. For some, they experience more. They experience this not as isolated individuals, playing some high tech computer game; they experience it in groups, in communities, among strangers, among people they come to know, and sometimes like.*[130]

É fácil constatar que há uma grande dose de precisão nessa assertiva, e isso se sustenta com base em algumas das conclusões sobre a vida na sociedade-rede. Há, sim, algo qualitativamente diferente em relação à interação existente com base, por exemplo, no sistema de telefonia ou no de televisão. A complexidade, a qualidade e a instantaneidade do contato humano no meio virtual é especial. A metáfora do ciberespaço merece alguma concessão.

Mas o fato de configurar algo similar a um lugar não implica logicamente a total independência entre esse novo lugar – que resistimos em chamar de virtual no sentido de falso, inexistente – e o mundo físico. As pessoas que habitam o mundo dos *bytes* são, por óbvio, as mesmas que habitam o mundo dos átomos, mesmo que se comportem de maneiras diversas aqui e lá. Acontecimentos ocorridos no ciberespaço ocasionam desdobramentos no mundo paralelo, e vice-versa. Não são

---

[129] "The rise of the global computer network is destroying the link between geographical location and: (1) the *power* of local governments to assert control over online behavior; (2) the *effects* of online behavior on individuals or things; (3) the *legitimacy* of a local sovereign's efforts to regulate global phenomena; and (4) the ability of physical location to give *notice* of which sets of rules apply" (JOHNSON, POST, op. cit., p. 1370).

[130] "O ciberespaço é um lugar. Pessoas vivem lá. Elas experienciam todo o tipo de coisas que experienciam no espaço real, lá. Para algumas, experienciam mais. Elas experienciam isso não como indivíduos isolados, jogando um jogo de computador de alta tecnologia; elas experienciam isso em grupos, em comunidades, entre estranhos, entre pessoas que elas vêm a conhecer, a às vezes gostar" (LESSIG, Lawrence. The zones of cyberspace. *Stanford Law Review*, n. 48, p. 1403, 1996.

mundos estanques e jamais o serão.[131] E, o que é mais, mesmo pessoas que jamais "pisaram o mouse" no ciberespaço podem ser afetadas pela ação de cibernautas: alguém pode invadir ilegalmente um banco de dados *online* e obter dados médicos sobre essa pessoa colhidos por seu hospital, ou fraudar sua conta bancária. Dessa forma, afirmar que os Estados não têm interesse legítimo em controlar o que as pessoas fazem no ciberespaço caracteriza certo autismo retórico.

O segundo argumento suscitado contra a regulação, sob essa perspectiva, é o da impossibilidade fática de conhecer o conteúdo das informações transmitidas por meio da Internet. A complexidade da tarefa resulta de algumas características técnicas da Internet.[132] Em primeiro lugar, não há uma conexão direta entre duas pessoas que conversam em tempo real, ao contrário do que ocorre em uma ligação telefônica. A informação é separada em "pacotes" de dados percorrendo caminhos que podem ser diferentes, passando pelo provedor de acesso, depois pela espinha dorsal de transmissão de dados *online*, possivelmente por algum servidor de uma empresa em um país estrangeiro, e assim por diante, até chegarem ao destinatário.

A colossal quantidade da informação que circula é também um fator complicador, pois é quase impossível singularizar uma conversa específica entre dois indivíduos, como se faz facilmente no caso das ligações telefônicas, a não ser que se intercepte todo o fluxo de dados de um indivíduo a partir de sua conexão com o provedor de acesso. E isso implica uma violação tal da esfera mais crítica da privacidade individual que se torna extremamente difícil argumentar pela sua autorização.

Mas essa situação, embora tenha perdurado por algum tempo a partir dos primórdios da popularização da Internet, não subsiste hoje. O que Deus dá, Deus tira, e assim também a tecnologia: novos *softwares*, operados por máquinas super-poderosas, têm já a capacidade de, estabelecidos na Rede, vasculharem todo o tráfico de *e-mail*, filtrando por determinado critério, como a busca da palavra "bomba". Devido à complexidade técnica do feito, trata-se de tarefa que exige uma capacidade gigantesca de processamento, limitando o número de entidades capazes de fazê-lo. Avanços no desenvolvimento do *software*, entretanto, podem diminuir os requisitos de sistema necessários.

Mediante avanços similares na tecnologia, os provedores de acesso podem detectar já a maneira com o usuário está usando sua conexão de Internet de modo

---

[131] Embora não afirmem que a relação entre o espaço e o ciberespaço é totalmente estanque, é justamente na possibilidade de demarcação da fronteira que separa os dois que reside a base dos argumentos de Johnson e Post: "Many of the jurisdictional and substantive quandaries raised by bordercrossing electronic communications could be resolved by one simple principle: conceiving of Cyberspace as a distinct 'place' for purposes of legal analysis by recognizing a legally significant border between Cyberspace and the 'real world'" (JOHNSON, POST, op. cit., p. 1378).

[132] Durante os primeiros anos da Internet a perspectiva doutrinária de ceticismo quanto à possibilidade técnica de regulação era dominante. Com esse ponto de vista ver, entre tantos, MAYER, Franz C. Recht und Cyberspace. *NJW*, Heft 28, 1996.

a desestimular determinados usos. O provedor de banda larga norte-americano Comcast colocou-se no centro de uma grande controvérsia quando passou a diminuir, sistematica e pontualmente, a velocidade de conexão de usuários de redes de compartilhamento de arquivos,[133] as chamadas P2P, ou *peer-to-peer*, trocas de dados entre usuários e não entre um usuário e um provedor de conteúdo. A prática da Comcast, chamada de *throttling*, ou controle de velocidade, legal ou não, demonstra que é possível sim o filtro de conteúdo e, portanto, a identificação do conteúdo transmitido pelos internautas.

O argumento da incontrolabilidade fática da *web* cai por terra diante da prática institucionalizada do Estado chinês de censura brutal de *sites* e correspondências eletrônicas. Um cidadão chinês tem bloqueado seu acesso a um *site* sobre a luta de independência do Tibete, mesmo que este esteja armazenado em um servidor estrangeiro. Se passar a trocar mensagens sobre o assunto, este cidadão entrará na mira de sistemas públicos de detecção de mensagens com conteúdo político.[134] A questão do mérito da atuação do governo chinês nessa seara não é pertinente aqui, pois estamos tratando, por enquanto, simplesmente da possibilidade fática e não jurídica. Sobre essa última manifestar-nos-emos mais adiante.

Um dos argumentos mais frequentes apostos contra a regulação era o da impossibilidade de determinar a origem do internauta acessando um *site*. Isso inviabilizaria a aplicação da lei pois não haveria como determinar quais leis a aplicar. No caso da proibição da publicização de terminados conteúdos em um país do Oriente Médio, caso o internauta entrasse em um *site* administrado por uma pessoa ou empresa norte-americana, não haveria como conhecer sua identidade e impedi-lo de visualizar tal conteúdo. Por outro lado, especialmente na seara da identificação para responsabilização, crimes cometidos pela Internet estariam sempre ocultados pelo anonimato, vez que o Estado não teria como descobrir sequer o país de origem do autor. Embora realmente fosse, do ponto de vista técnico, muito difícil ou impossível de rastrear a localização de um internauta, isso já mudou. Esforços na alteração da infraestrutura programacional da Internet garantem a identificação simples da localização geográfica da pessoa. Há, inclusive, vários *sites* dedicados a fornecer essas informações gratuitamente ao visitante.[135]

É evidente que isso não significa que qualquer operador de um *site* visitado obtém diretamente o nome e o CPF do visitante, porém, para efeitos da obediência a normas de restrição de conteúdos, os dados disponíveis são mais

---

[133] A empresa sofreu fortes críticas e foi obrigada a reformular suas práticas após uma decisão do órgão regulador norte-americano (*Federal Communications Commission*). O provedor, no entanto, segue discriminando usuários de redes de compartilhamento de arquivos. Disponível em: http://bits.blogs.nytimes.com/2008/06/04/comcast-tests-a-new-bandwidth-black-list/. Acessado em: 19 out. 2009.

[134] Disponível em: http://www.nytimes.com/2008/10/02/technology/02iht-skype.4.16647572.html. Acessado em: 19 out. 2009. É altamente provável que o governo chinês já policie mensagens de *e-mail*.

[135] Dentre tantos, ver: http://whatismyipaddress.com/, que já na página inicial mostra um mapa com a cidade onde está o visitante. Acessado em: 19 out. 2009.

que suficientes. Por outro lado, qualquer autoridade policial tem seu trabalho grandemente facilitado ao saber de antemão o provedor de acesso e a localidade geográfica do possível autor de um crime, ao contrário de uma situação na qual sequer se conhecia sua nacionalidade.

No caso de um *site* que veicula conteúdo proibido em alguns países, mesmo que não houvesse como determinar a origem do visitante, seria simples adotar a legislação do país origem do *site*. Mas essa possibilidade suscita o quarto argumento contra a regulação da Internet no sentido de uma impossibilidade operacional: se os Estados passassem a impor sua legislação sobre condutas praticadas no ciberespaço, necessariamente forçariam cidadãos de outros países a cumprir regras que não lhes dizem respeito. Haveria a imposição do direito de um país sobre pessoas do outro. Isso é perfeitamente corriqueiro no direito privado internacional, porém há uma diferença essencial: o brasileiro que visita um *site* norte-americano que, cumprindo a lei de seu país, não veicula determinado conteúdo, está sendo submetido ao direito norte-americano sem ter ido para os Estados Unidos, comprado propriedade ou ter filhos nascidos lá.

A doutrina norte-americana cita o caso clássico do ramo alemão da empresa Compuserve, que na metade dos anos 1990 foi forçado pelo governo do estado da Baviera a retirar do ar comunidades que continham discursos nazistas e apologia ao movimento. Mesmo que isso configure crime na Alemanha, nos Estados Unidos é atividade protegida pela liberdade de expressão. Mediante a ação do poder público na Alemanha, internautas norte-americanos foram privados de acessar tais comunidades. O evento é comumente citado como exemplo de situação na qual um país impõe suas regras injustamente sobre cidadãos do outro, em razão da tentativa de regular o ciberespaço.

O relatado avanço da tecnologia já permite o enfrentamento do problema de forma diferenciada. Enquanto antes não era possível restringir o acesso daquelas comunidades apenas aos alemães, isso agora já não é mais assim. Quando, em 2006, uma modelo famosa demandou junto à justiça do estado de São Paulo a retirada de vídeo embaraçoso seu (mostrando ela e seu namorado em uma praia) de determinados *sites*, um deles o Youtube, a empresa responsável pelo último, a Google, não cumpriu a ordem.[136] A medida tomada foi a retirada do ar, durante alguns dias, em todo o Brasil, do *site* Youtube. É claro que isso gerou grande polêmica, e a proporcionalidade da escolha é altamente questionável, mas o importante, no contexto da presente discussão é que não foi necessário restringir o acesso de usuários de outros países.

Com o auxílio de reformas técnicas que permitem certo controle sobre o fluxo, como bloquear acesso de visitantes de determinado país ou de qualquer es-

---

[136] Na verdade, a empresa removeu o vídeo. O problema é que, sendo um *site* caracterizado justamente pela possibilidade de que qualquer um pode colocar um vídeo à disposição de todos os visitantes, diversas pessoas seguiram colocando o vídeo no *site*, com nomes diferentes, o que dificultou o cumprimento da ordem judicial pela Google.

trangeiro, o problema da invasão de jurisdição é atenuado. Ainda assim, surgem determinados conflitos, como no caso da proteção do consumidor brasileiro que compra algo no *site* de empresa estrangeira. Para Jack Goldsmith, os conflitos que surgem no âmbito da Internet representam problemas não muito diferentes daqueles com os quais o direito internacional privado lida tradicionalmente.[137] Embora seja de se reconhecer que seguem existindo complicadores adicionais, mesmo agora que a estrutura permite melhor filtragem e controle, concordamos que a particularidade desses tipos de conflitos não implicam em uma impossibilidade operacional de regulação dos mesmos pelos Estados, sem que com isso ocorram necessariamente casos com o da Compuserve na Alemanha, anteriormente mencionado.

A doutrina e a jurisprudência já desenvolveram alguns critérios diferenciados para a atração de competência em litígios originados na Internet. Terrence Berg estudou a jurisprudência norte-americana sobre as regras de competência que determinam o estado da federação que deve julgar situações como aquelas que envolvem um internauta de um estado e um *site* de outro. O autor averiguou que não se exige que a empresa responsável por um determinado *site* responda em determinado estado apenas porque o mesmo está disponível para acesso por residentes daquele lugar. Esse é um dos pontos nevrálgicos do problema da regulação e definição de competências, pois, ao admitirmos a tese contrária, de que alguém pode responder nos locais onde seu *site* é acessível, estaríamos sustentando que o simples fato de criar uma página na Internet implica a possibilidade jurídica – mesmo que não fática – de ser processado em qualquer lugar do mundo.[138]

Um dos critérios é avaliar a forma como se apresenta a página. Determinar, por exemplo, se há conteúdo ou ofertas direcionadas especificamente para visitantes do local cuja justiça pretende a responsabilização ou se o *site* é direcionado para cidadãos de outro estado ou outro país. Ainda, se há um meio de contato

---

[137] "They also are no more complex or challenging than similar issues presented by increasingly prevalent real-space events such as airplane crashes, mass torts, multistate insurance coverage, or multinational commercial transactions, all of which form the bread and butter of modern conflict of laws" (GOLDSMITH, Jack L. Against Cyberanarchy. *University of Chicago Law Review*, n. 65, p. 1234, 1998).

[138] Dan Burk realizou estudo acerca da regulação da Internet entre os estados norte-americanos sob o aspecto do problema gerado pela possibilidade de um estado impor normas ao outro. Aqui a questão é diferente, pois trata-se de respeitar normas de prerrogativas de competência estatal presentes na Constituição, no contexto do federalismo. Para o autor, garantir que um estado não possa impor a aplicação do seu direito sobre condutas de habitantes de outro estado apenas com base em contatos superficiais com a jurisdição, do tipo frequente na Internet, significa proteger o federalismo e os próprios indivíduos. Permitir que um comerciante estivesse sob a ameaça de normas de responsabilidade civil de todos os estados do país apenas porque veiculou conteúdo na Internet seria nefasto. Para Burk, "The average user simply cannot afford the cost of defending multiple suits in multiple jurisdictions, or of complying with the regulatory requirements of every jurisdiction they might electronically touch. Thus, the need for dormant commerce nullification of state overreaching is greater on the Internet than any previous scenario" (BURK, Dan L. Federalism in Cyberspace. *Connecticut Law Review*, n. 28, p. 1126, 1996). Para Burk, garantir razoável segurança em relação ao regime jurídico estadual ao qual está submetido permite que o indivíduo "vá às compras" para achar o melhor regime jurídico, causando uma sadia competição entre os estados. E se alguma matéria de regulação da Internet requer normatização nacionalmente uniforme, como o autor defende que ocorre em alguns casos, então a prerrogativa para tanto é do governo federal e não estadual (p. 1133).

entre os visitantes e os mantenedores do *site*, como um fórum, por exemplo, a existência de grande número de contatos com residentes daquele local sinaliza que os responsáveis estão abertos a relacionarem-se ou a negociarem com essas pessoas e, portanto, devem ser também submetidos à sua jurisdição.[139] Isso são critérios que a jurisprudência norte-americana utiliza para solução de conflitos de competência entre estados e não entre os Estados Unidos e outros países. Mas o problema é muito similar nos dois casos, e, de qualquer forma, nossa intenção aqui não é analisar a fundo o direito processual, mas sim desmistificar, com alguns exemplos breves, a concepção de que é operacionalmente impossível regular a Internet sem gerar conflitos de aplicação de direito entre países.

2.3.1.2. A inconveniência da regulação da Internet

Os argumentos contra a regulação até aqui investigados têm uma lógica de fundo centrada na impossibilidade dessa regulação. Mas há uma série de argumentos cuja lógica é a inconveniência ou prejudicialidade da imposição de regras às condutas *online* pelo Estado. Essas linhas de raciocínio baseiam-se igualmente na noção da Internet como um espaço que, mesmo que não perfeitamente estanque e independente, deve ter sua relativa autonomia reconhecida. Neil Netanel divide em três as concepções que se enquadram nessa linha: ciberpopulismo, cibersindicalismo e ciberanarquismo.[140] A estruturação das críticas a essas ideias segue, em linhas gerais, também aquelas do autor.

O ciberpopulismo é consubstanciado pela noção de democracia direta. Segundo essa concepção, o ciberespaço agrupa indivíduos determinados – cidadãos da Internet, ou *netizens*[141] – que contam com a possibilidade tecnológica de determinar diretamente as regras que devem reger suas relações: o voto direto. Não são necessários, nessa linha, Estados, governos e, especialmente, um órgão representativo, pois todos podem participar diretamente no debate acerca das regras e manifestar sua preferência sem parlamentares intermediários. O ciberespaço não necessita regulação externa, portanto, pois o direito será determinado pelos próprios cidadãos do ciberespaço.[142] A questão da democracia direta por

---

[139] Segundo Berg, "Courts have almost universally required some additional proof of either traditional commercial contacts or intentional direction of the activity toward the forum – a form of purposeful availment. Because some courts have allowed plaintiffs to conduct 'jurisdictional discovery' and have also occasionally found the web site's records of forum visitors to be relevant, it would seem prudent for states seeking to enforce their laws against outlaw websites to seek discovery of the web server logs in order to attempt to make a sufficient record as to the number of forum contacts" (BERG, Terrence. www.wildwest.gov: The impact of the Internet on state power to enforce the law. *Brigham Young University Law Review*, 2000, p. 1338).

[140] NETANEL, Neil Weinstock. Cyberspace self-governance: a skeptical view from liberal democratic theory. *California Law Review*, n. 88, p. 412 e ss, 2000.

[141] Expressão resultante da junção entre as palavras net, sintético para *network* (rede) e *citizen* (cidadão).

[142] David Post acredita que uma teoria liberal de soberania estatal implica não necessariamente um Estado liberal, mas sim que as pessoas têm poder incontestável de constituir diferentes agentes de poder, conforme sua escolha, para diferentes propósitos e em diferentes circunstâncias. Dessa forma, é possível compatibilizar essa teoria liberal com a a-territorialidade peculiar de um mundo a-territorial e em rede: o alcance de uma norma é

meio da Internet será objeto da quarta parte deste capítulo, que trata da relação entre Internet e política. Os problemas da tão festejada democracia *online* direta são muito similares, quer se trate de uma democracia direta exclusiva dos *netizens*, quer estejamos falando da adoção de tal sistema por um Estado. Em razão disso, não aprofundaremos a questão neste momento, bastando aqui apontar que há uma superestimativa da capacidade da democracia direta plebiscitária de espelhar a vontade das pessoas e que o governo representativo habilita elementos essenciais da democracia.[143] Ou seja, não nos filiamos à teoria ciberpopulista.

O cibersindicalismo ancora-se na concepção dos internautas como uma comunidade culturalmente autônoma. Dado que o Estado constitucional moderno tem motivos nobres para respeitar e estimular a manutenção de comunidades dessa forma, como requisito da pluralidade democrática e cultural, da proteção de minorias e da tolerância da diferença, deve conceder a devida independência aos internautas para que, como comunidade que constituem, determinem suas próprias regras de convivência. É uma prerrogativa que se reconhece, no Brasil, por exemplo, aos índios e aos quilombolas. A diferença em relação ao ciberpopulismo é que aqui os *netizens* não determinam suas regras por meio de voto, mas sim manifestam seu consentimento engajando-se na comunicação e comportamento reiterado que geram e perpetuam normas sociais. Se qualquer um deles estiver insatisfeito com determinada norma, não será obrigado a respeitá-la, pois tem a opção de trocar de comunidade virtual. Essa hipótese de saída seria real, ao contrário da ficção clássica de que o consentimento dos governados em um Estado baseia-se, entre outras coisas, no direito que qualquer um tem de, insatisfeito, mudar-se de país.

Joel Reidenberg fala de uma *lex informatica*, semelhante à clássica antiga *lex mercatoria*, no sentido de que é desenvolvida em nível supranacional e independentemente dos Estados. A *lex informatica* tem como fonte principal de normatização o desenvolvedor da tecnologia, o engenheiro, e o processo social por meio do qual os costumes reiterados se desenvolvem.[144] A diferença em relação a outras concepções que poderiam também ser enquadradas no cibersindicalismo

---

confinado e ligado, em última instância, à rede daqueles que participaram em sua adoção e consentiram com sua aplicação. A lei da Internet surge então, conforme Post, não da decisão de um autoridade superior, mas das escolhas agregadas realizadas por operadores de sistema individuais – coordenadores de comunidades – sobre quais regras impor, e por internautas individuais sobre quais comunidades participar (POST, David G. "The Unsettled Paradox": The Internet, The State, and the consent of the Governed. *Indiana Journal of Global Legal Studies*, n. 5, p. 535-539 e 542, 1998).

[143] "First, cyberpopulists overestimate the extent to which the plebiscite, whether territorial or virtual, can truly reflect the voice of the people. Second, they ignore significant democracy-enhancing benefits of representative government" (NETANEL, op. cit., p. 417).

[144] "The source of default rules for a legal regime is typically the state. The political-governance process ordinarily establishes the substantive law of the land. For Lex Informatica, however, the primary source of default rule-making is the technology developer and the social process by which customary uses evolve" (REIDENBERG, Joel R. Lex Informatica: The Formulation of Information Policy Rules Through Technology. *Texas Law Review*, n. 76, p. 571, 1998). E complementa: "Lex Informatica has very different avenues for rule formation. Lex Informatica's action takes place in standards organizations and in the market place" (p. 586).

está o reconhecimento da relevância e "força normativa" do código, na linha do que sustenta Lawrence Lessig.[145]

A concepção de *lex informatica* pode ser caracterizada como cibersindicalista porque atribui a regulação do ciberespaço primariamente a outros processos que não a ação do Estado. Mas isso não significa que o autor nega o desempenho de um papel pelo poder público, apenas resulta da noção de que esse é secundário. Para Reidenberg, a *lex informatica* é preferível para a governança da Internet na sociedade da informação por três razões: regras técnicas, ou o código, são independentes de fronteiras nacionais; a *lex informatica* permite adaptar facilmente as regras a partir de uma multiplicidade de mecanismos técnicos; o código como forma de regulação se beneficia de uma garantia de aplicação *ex ante* da lei e de possibilidades de fiscalização do cumprimento das normas.[146]

O cibersindicalismo é provavelmente a concepção mais razoável dentre as três. Seu principal mérito está possivelmente na maior sofisticação, em relação ao ciberpopulismo, com que lida com a questão da configuração das normas de convivência. O elemento do discurso democrático presente aqui, ainda que de forma insipiente, é similar àquele que será desenvolvido posteriormente ao tratarmos da questão política. Não obstante, há diversas críticas a fazer ao cibersindicalismo, enfatizando que não nos filiamos a essa corrente.

Primeiro, há diferenças de cunho cultural, histórico e de identidade suficientemente intensas entre comunidades como a indígena e a dos habitantes do ciberespaço, de forma a desacreditar a importância de uma deferência, por parte do Estado, à autorregulação dos *netizens*.

Segundo, reservar autonomia a determinados grupos é sempre perigoso do ponto de vista do isolamento, à medida que a ideia é de respeito às diferenças, porém de convivência dessas diferenças – mútuo contato. Um Estado no qual comunidades de culturas diferentes subsistem de forma isolada e sem contato não é um Estado pluralista. Reconhecer a autonomia dos internautas é desobstruir o caminho para o recrudescimento da fragmentação e isolamento, efeitos que já se manifestam no ciberespaço de forma natural, conforme descrito anteriormente.

---

[145] Essa noção de equiparação entre o código – a configuração técnica programacional do sistema – e a lei, conforme a construção de Lessig, será explicada com mais profundidade no quarto capítulo (ponto 4.3.1), em razão de sua pertinência (ainda que não se concorde com todas as consequências que os autores afirmam implicar) e do fato de que não está inserida exclusivamente em uma concepção cibersindicalista de inconveniência de regulação da Internet. No momento, basta referir que Lessig tem por "código" o conjunto dos aspectos relacionados ao desenho da rede, sua arquitetura virtual, as regras de computação que determinam como flui a comunicação no ciberespaço. Tais regras são concebidas e aplicadas por engenheiros da computação e não por legisladores e juízes.

[146] "Lex Informatica has three sets of characteristics that are particularly valuable for establishing information policy and rule-making in an Information Society. First, technological rules do not rely on national borders. Second, Lex Informatica allows easy customization of rules with a variety of technical mechanisms. Finally, technological rules may also benefit from built-in self-enforcement and compliance-monitoring capabilities" (REIDENBERG, op. cit., p. 577).

Terceiro, e possivelmente mais importante, a possibilidade de saída que garante a democraticidade do sistema, partindo do pressuposto que dessa maneira ninguém será obrigado a respeitar regras com as quais não concorda, não é tão mais viável que no mundo físico. A afeição e o sentimento de pertença manifestam-se em comunidades virtuais de forma suficientemente forte para que a opção de "retirar-se quando insatisfeito" configure crueldade. Por outro lado, partindo do pressuposto que seria muito fácil para os internautas mudar-se para outra comunidade quando não concordam com as normas reiteradamente praticadas em sua comunidade virtual original, o sistema não funciona. Os membros da comunidade somente empreenderão esforços para determinar normas razoáveis de comportamento e tomar medidas indutivas de cooperação se houver um motivo forte o bastante que justifique seu esforço. Além disso, quanto maior o movimento entre as comunidades, devido à saída de membros que conhecem as normas, e a entrada de novatos ignorantes a esse respeito, maior o custo de reiterar normas sociais.[147]

A terceira concepção é o ciberanarquismo. A ideia é uma de um mercado de alternativas de regras. Aqui a liberdade e o consentimento individual com relação à aplicação de um sistema normativo não são garantidos por um plebiscito, tampouco pelo diálogo e as práticas reiteradas em uma comunidade coesa, como nas concepções anteriores. O ciberanarquismo entende que a garantia é a possibilidade de escolher o regime de regras que se deseja. Em alguns poucos casos, isso significa que alguns indivíduos criarão suas próprias comunidades e redes com regulação de acordo com suas vontades e necessidades. Na grande maioria dos casos, no entanto, a iniciativa individual de escolha das melhores regras dentre as alternativas consistirá no desempenho do papel de consumidor. Ou seja, não se trata de cidadãos escolhendo comunidades, mas sim de consumidores barganhando pelo melhor regime jurídico. Nada mais que um sistema de regulação livre pelo mercado.[148]

Essa concepção foi particularmente popular na segunda metade da década de 1990 nos Estados Unidos, quando um sistema de livre mercado era igualado ao que se denomina de autorregulação. Essa noção de ciberanarquismo de fato é similar a uma governança participativa ou corregulação em relação à inexistência

---

[147] É dessa forma que se apresenta o problema, conforme Netanel: "when individuals have a substantial stake in a particular virtual community, exit is not a tenable option to protect them against majority oppression. But when individuals lack that investment, the result is a flame-ridden cacophony rather than a cohesive community capable of government by the "bottom-up" generation of social norms" (NETANEL, op. cit., p. 432).

[148] Frank Easterbrook é um dos defensores dessa concepção. Baseando-se na premissa de que os atores públicos não têm suficiente conhecimento sobre as dinâmicas do ciberespaço de modo a terem capacidade de exercer uma boa regulação – o texto é de 1996, época na qual essa assertiva fazia muito mais sentido que hoje – Easterbrook afirma que é "essential to permit the participants in this evolving world to make their own decisions. That means three things: make rules clear; create property rights where now there are none; and facilitate de formation of bargaining institutions. Then let the world of cyberspace evolve as it will, and enjoy the benefits" (EASTERBROOK, Frank H. Cyberspace and the law of the horse. *University of Chicago Legal Forum*, 1996, p. 216).

de um Estado forte e onipresente que determina e aplica as regras, sem qualquer contribuição significativa da sociedade civil. Mas a semelhança termina aí: o sistema que sugeriremos na continuação, algo na linha de uma governança participativa, tem um Estado com papel diferenciado e talvez reduzido – sendo inclusive essa assertiva questionável – porém certamente não ausente. Daí porque, entre outros motivos, discordamos da tese ciberanarquista.

Conforme Netanel, as principais fraquezas do ciberanarquismo estão na presunção de uma soberania exagerada do consumidor no regime de mercado no ciberespaço e na vulnerabilidade aos tradicionais argumentos contrários ao uso do mercado como mecanismo de verificação da manifestação de vontade individual e da coletividade.[149] Não cabe aqui a enumeração e desenvolvimento dessas críticas, mas explicar por que mesmo no ciberespaço elas se sustentam. A soberania da escolha do consumidor baseia-se no entendimento de que suas escolhas refletem sua verdadeira preferência em relação às regras, pois pratica uma escolha informada e pode livremente selecionar dentre uma grande variedade de opções. Mesmo na Internet, a despeito de realmente existir um pouco mais de informação disponível quanto às regras e de ser de fato mais fácil mudar de comunidade ou fornecedor, os consumidores não praticarão o hábito de pesquisar detalhadamente todas as condições que resultarão da escolha de determinado regime normativo. Por outro lado, a relevância econômica do mercado do comércio eletrônico está transformando o ciberespaço, que já foi (e ainda é romanticamente visto por alguns como) um meio democrático por excelência, no qual o poder econômico não se traduzia em poder político e poder de fato. A chegada de megacompanhias trará os tradicionais problemas dos oligopólios, monopólios, cartéis, e grandes investimentos que dificultam a competição pela atenção por parte de entes privados menores. A Internet que conhecemos nos anos 1990 tem grandes chances de tornar-se um campo controlado por conglomerados do ramo da mídia e das telecomunicações.

Esse alerta é aquele feito por Rheingold, já mencionado. É interessante o diagnóstico de que, enquanto o cibersindicalismo favorece a fragmentação ou balkanização, o ciberanarquismo favorece a mercantilização ou commodificação. Parece-nos, em suma, que não só o Estado tem condições de regular o que acontece na Rede, como também essa regulação deve ser feita, sob a perspectiva da garantia do bem-estar dos internautas. Mas o Estado-Rede não pressupõe apenas a governança da Internet: pressupõe, de forma igualmente relevante, o ancoramento da governança no uso da Internet. A seguir, apontaremos alguns elementos que delineiam a configuração do Estado-Rede sob essa perspectiva.

---

[149] "The cyberanarchist claim falls apart at a number of key points, which I group into two categories. First, the cyberanarchist claim depends upon a greatly exaggerated view of consumer sovereignty in the cyberrule regime marketplace. Second, the claim is vulnerable to many of the standard criticisms from liberal democratic theory regarding the use of the market as a mechanism for individual and collective choice" (NETANEL, op. cit., p. 435).

2.3.2. A Internet e o Estado: Estado-Rede

Há uma falha de origem nas concepções apresentadas, todas negando qualquer intervenção do Estado no ciberespaço. Não há porque perceber Estado e Internet como entes independentes, no sentido de conflitantes e autoexcludentes. Em nosso sentir, trata-se de uma interdependência, uma relação simbiôntica, pois traz benefícios que auxiliam o alcance dos objetivos tidos como principais para ambos os institutos.

Já há um consenso razoavelmente sedimentado entre doutrinadores de direito público no sentido de que o Estado contemporâneo colhe muitos benefícios do uso do potencial comunicativo da Internet. A complexidade dos problemas enfrentados no contexto daquilo que se tem denominado de "a crise do Estado" encontra sua solução, em diversos casos, no déficit de comunicação entre indivíduo e Estado e, consequentemente, no déficit de participação do cidadão nas escolhas e ações estatais.

Na sociedade-rede a malha comunicativa da Internet caracteriza-se pela ausência de um centro e, portanto, a ausência de hierarquia comunicativa. Isso vale também para a comunicação entre o indivíduo e o poder público, o que resulta na possibilidade – mas não necessidade – de uma relação diferenciada. O contato permanente, direto, de dupla via e praticamente gratuito viabiliza alçar pessoas ou grupos à condição de participantes verdadeiramente ativos, de correguladores. Essa noção de maior participação é defendida há algum tempo, não sendo novidade os argumentos em seu favor. Mas o que acreditamos ser qualitativamente diferente é a verdadeira viabilização disso com as novas TI, especialmente a Internet. O fator que trouxe alterações significativas na dinâmica social que motivassem Castells a pleitear a adjetivação "sociedade-rede" é o mesmo que permite o desenvolvimento de um Estado-Rede.

Salienta-se que a existência da Rede permite, mas não garante necessariamente a caracterização do Estado como Estado-Rede. Afastando-se, como de costume, do determinismo tecnológico, ressaltamos que o potencial da tecnologia verga-se de acordo com o intuito com o qual essa é utilizada pelas pessoas. A Internet pode ser, por outro lado, usada para o desenvolvimento de um Estado totalitário e opressor da privacidade, digno da alcunha de "orwelliano". Há diversos alertas de doutrinadores em relação a essa hipótese que não é nada surreal, bastando para comprovar isso que observemos a forma como a Internet é utilizada pelo governo chinês.

O Estado-Rede é, dessa forma, uma das possibilidades de Estado a serem delineadas a partir da regulação e instrumentalização da Rede. Não é, de forma alguma, um resultado óbvio ou inevitável. Tratamos, portanto, de algo cujos elementos básicos estão começando a ser dilapidados, em alguns locais, mediante intensa participação da sociedade civil, mas ainda de forma primitiva. Não há, atualmente, um Estado que mereça essa adjetivação em um sentido mais estrito.

A implementação, mesmo que de apenas alguns dos diversos elementos, demanda grande esforço e poder político.

Diferentemente do Estado Social, que trata da garantia de condições para a vida em sociedade, ou do Estado Ambiental, orientado por um objetivo de ação, o Estado-Rede é caracterizado por uma forma estrutural, não por uma meta ou finalidade. A ideia central é o uso das TI para a formação de uma malha comunicativa entre entes públicos, privados e da sociedade civil, nivelando hierarquias e viabilizando a realização de tarefas pelo poder público de acordo com frequentes e sistemáticas intervenções e contribuições de grande pluralidade de grupos e atores, bem como a realização de tarefas por entes privados e pela sociedade civil, de acordo com a fiscalização do poder público e dos demais atores particulares.[150]

Assim como a sociedade-rede é um processo, no sentido de que a cultura é uma de constante e intensa comunicação, também o Estado-Rede diz com a estruturação para um processo que, em sede da rede, garanta a participação de todos, a informação de todos, a contribuição de todos, a influência de todos nas tomadas de decisão e a fiscalização de todos do cumprimento das decisões tomadas. Essa conformação não é algo novo, reiteramos, a novidade está em que finalmente a Internet viabilizou a transformação da sociedade em uma rede, o que é essencial para a configuração desse tipo de estrutura estatal. A chave está no potencial da comunicação.

Elementos que surgiram e passaram a ser estudados e incorporados, em determinadas situações, antes da popularização da Internet, e, portanto, precursores à sociedade-rede, são intrínsecos ao Estado-Rede. Para Paul Frissen, trata-se da desregulação e da coprodução de políticas. Esses fenômenos estão associados às configurações contemporâneas de Estado e Administração, e seus valores informadores – maior participação da sociedade civil e maior independência dos entes privados em áreas específicas, de forma a adaptar o Estado às novas dinâmicas da sociedade – permeiam também a estruturação do Estado-Rede. Ao analisar nova configuração do Estado, o autor fala de um *meta-steering*, um metagerenciamento. Trata-se da governança dos arranjos de tomada de decisão no domínio político.[151]

---

[150] A qualidade de rede é assim delineada por Karl-Heinz Ladeur, no contexto do Estado da sociedade-rede: "Als Netzwerk sollten in einer rechts- und sozialwissenschaftlichen Perspektive primär nicht-hierarchische Beziehungen zwischen privaten oder öffentlichen Akteuren, Ressourcen und Entscheidungen verstanden werden, deren Selbstkoordination emergente, nicht unabhängig von Prozess ihrer Hervorbringung denkbare Regeln, Handlungsmuster und Erwartungen erzeugen kann" (LADEUR, Karl-Heinz. Der Staat der "Gesellschaft der Netzwerke". Zur Notwendigkeit der Fortentwicklung des Paradigmas des "Gewährleistungsstaates". *Der Staat*. n. 2, p. 175, 2009). Para o autor, o Estado pode, assim, "durch strategische Intervention, als Moderator oder, *knowledge-broker*' den Varietätspool den Relationierungsmöglichkeiten erweitern und damit die, Kollektive Intelligenz' von Netzwerken steigern – ohne genau zu wissen, was am Ende herauskommen wird" (p. 176).

[151] FRISSEN, Paul. The virtual state. Postmodernisation, informatisation and public administration. In: LOADER, Brian D. (org.). *The governance of cyberspace*: politics, technology and global restructuring. Londres: Routledge, 1997, p. 117.

Para Frissen, as capacidades de autogerenciamento e auto-organização dos atores sociais são o ponto de partida para a estruturação desses arranjos de determinação de políticas. Fatores como a coprodução de políticas, a imprescindibilidade de coalizões e consenso, a institucionalização das redes de comunicação, fazem parte dessa nova tendência de metagerenciamento. O governo passa a desempenhar um papel organizatório e procedimental:

> Porque a política está direcionada não mais primariamente no sentido dos resultados dos arranjos de determinação de políticas, mas crescentemente no sentido das qualidades (democráticas) das estruturas e procedimentos de tomada de decisão social. E porque a tomada de decisão social é crescentemente apoiada e conduzida pelas aplicações e infraestruturas das TI, essas se tornam pontos focais do gerenciamento.[152]

O Estado-Rede é aquele no qual as TI, e especialmente a Internet, permitem ao poder público estabelecer procedimentos de tomada de decisão em relação a temas relevantes ou de menor complexidade, com verdadeira participação da sociedade civil em razão do caráter de rede da relação comunicacional entre atores públicos e privados. É responsabilidade do Estado, portanto, a criação e manutenção das condições que permitam o desenvolvimento desses procedimentos. Nesse contexto, entendemos que duas funções do Estado-Rede podem ser destacadas como centrais, mesmo que não sejam as únicas funções relevantes.

2.3.2.1. As funções essenciais do Estado-Rede

Em primeiro lugar, cabe ao Estado garantir o acesso à rede comunicativa que é o meio para esses procedimentos de tomada de decisão – seja na fase deliberativa, na fase de manifestação das decisões ou na fase da fiscalização do cumprimento. A garantia de acesso à rede (aqui no sentido amplo, não somente a Internet) é pressuposto da formação desses procedimentos, e a existência dessa rede comunicativa baseada nas TI e na Internet é a característica do Estado-Rede, muito mais que os procedimentos de tomada de decisão participativa em si. Essa tarefa estatal tem contornos similares àqueles da garantia do direito à informação em sua perspectiva objetiva. Todavia, o objeto dessa proteção é a informação, enquanto no caso da nova tarefa estatal é o meio de comunicação.

Não obstante, Dieter Kugelmann, entendendo que a informação é um elemento do Estado moderno, encontra na garantia da liberdade de informação presente no art. 5º, inc. 1, 1ª frase, *in fine*, da Lei Fundamental alemã,[153] a garantia

---

[152] "For politics is directed no longer primarily towards the outcomes of policy-making arrangements, but increasingly towards the (democratic) qualities of structures and procedures of societal decision-making. And because societal decision-making increasingly is supported and conducted by ICTs' applications and infrastructures, these become focal points of steering" (FRISSEN, op. cit., p. 119). E acrescenta, esclarecendo a relação com a noção de "rede": "ICT facilitates splitting up of organizations, contracting out of units, creating independent agencies. This results in network-type organizational configurations" (p. 120).

[153] "Jeder hat das Recht, seine Meinung in Wort, Schrift und Bild frei zu äußern und zu verbreiten und *sich aus allgemein zugänglichen Quellen ungehindert zu unterrichten* (Todos têm o direito de externar e difundir sua

das condições para o acesso livre à informação: "A liberdade de informação não é apenas um direito de defesa, senão que possui também uma dimensão jurídico-objetiva. Na sociedade da informação, tomar conhecimento a partir fontes de modo geral acessíveis requer a garantia de suas pré-condições".[154] A tarefa do Estado, para Kugelmann, é a "Garantia de manutenção informacional básica".[155]

Wolfgang Hoffmann-Riem centraliza a tarefa estatal na questão do acesso. Para o publicista alemão, a comunicação eletrônica, que é a base da rede à qual nos referimos, conhece diversos acessos. Tomando em consideração os princípios do Estado de Direito e do Estado Social, a Administração Pública não pode estabelecer novas possibilidades de comunicação quando um obstáculo de acesso – como, por exemplo, a falta de acesso à Internet – torna-se uma barreira na interação com o poder público, especialmente quando essa interação tem com a implementação de direitos e interesses. Hoffmann-Riem caracteriza a tarefa do Estado como *Zugangsvorsorge*, expressão que poderia ser interpretada como uma provisão de cuidados para garantir o acesso. Trata-se de uma proteção – tendo em conta a sociedade da informação – da capacidade de interação de todos os indivíduos.[156]

Quando se observa a exclusão digital, a imprescindibilidade do papel do Estado nessa seara fica clara. É evidente que boa porção da população tem condições de prover por si o acesso à Internet e demais TI. Mas o Estado-Rede pressupõe procedimentos de tomada de decisão que obtêm a mais larga possível participação da sociedade civil, de forma a respeitar a pluralidade cultural e fazer com que essa pluralidade informe o procedimento, especialmente na fase deliberativa.

Neil Netanel enfatiza a impossibilidade de superar o problema sem a ação do Estado. Pressupondo um sistema de autogovernança do ciberespaço, como aqueles já apresentados, o chamado efeito-rede influenciaria em parte entes privados de maneira a oferecer um incentivo para que buscassem aumentar o número de participantes do ciberespaço. O efeito-rede preconiza que o valor de uma rede de comunicação para cada membro está justamente na grande quantidade e pluralidade de participantes, de forma a permitir maior interação, produção e circulação de informação. O efeito-rede teria sua influência grandemente diminuída, entretanto, a partir do momento no qual o número de participantes ultrapassasse

---

opinião por meio da fala, da escrita e de imagens e de *informar-se sem embaraços a partir de fontes de modo geral acessíveis)*" (grifo nosso).

[154] "Die Informationsfreiheit ist nicht nur ein Abwehrrecht, sondern hat auch eine objektivrechtliche Dimension. In der Informationsgesellschaft bedarf die Unterrichtung aus allgemein zugänglichen Quellen der Sicherstellung ihrer Voraussetzungen" (KUGELMANN, Dieter. Informationsfreiheit als Element moderner Staatlichkeit. *DöV*, v. 20, p. 856, 2005).

[155] "Gewährleistung informationeller Grundversorgung" (KUGELMANN, op. cit., p. 856).

[156] HOFFMANN-RIEM, Wolfgang. Verwaltungsrecht in der Informationsgesellschaft. Einleitende Problemskizze. In: HOFFMANN-RIEM, Wolfgang; SCHMIDT-ASSMANN, Eberhard (orgs.). *Verwaltungsrecht in der Informationsgesellschaft*. Baden-Baden: Nomos, 2000, p. 49-50.

uma massa ideal. Desse ponto em diante, adicionar internautas implicaria problemas como o congestionamento da rede e aumento dos custos de manutenção da infraestrutura.[157]

A segunda função essencial do Estado-Rede é o estímulo à comunicação. Isso se dá das mais diferentes formas. A criação de comunidades no ciberespaço e sua manutenção é algo que cabe aos próprios indivíduos, e já ocorre de maneira intensa, conforme discutido anteriormente. Mas a comunicação dentro dessas comunidades e, especialmente, entre as diferentes comunidades, não será naturalmente saudável tendo em vista a pluralidade de opiniões emitidas e consideradas, da ausência de discursos nocivos à convivência, como o racismo, e a inexistência de um isolamento ou fragmentação. Nesse plano de governança das estruturas comunicativas é que se insere a função do Estado.

Em determinadas situações, a garantia de pluralidade no discurso e nas comunicações significa moderar, de forma isenta, a configuração de determinados espaços de convivência virtual. Em casos mais extremos, e excepcionalmente, cabe ao Estado o próprio estabelecimento de espaços, de forma subsidiária, para garantir que determinado grupo não deixe de ter voz apenas porque não se inseriu com sucesso em uma comunidade. Inclui-se aqui a regulação da forma como é administrada a estrutura da Internet, cuja espinha dorsal e estruturas secundárias são mantidas por empresas de telecomunicações.

Mesmo a livre criação de espaços e informação, e especialmente a inovação, dependem de uma estrutura física e virtual que não esteja sob o controle um pequeno número de atores com poder suficiente para fazer escolhas que vinculam a todos. O caráter *end-to-end*, ponta-a-ponta, ou e2e, é um dos fatores peculiares da Internet que permitiu sua evolução em uma rede descentralizada sob o ponto de vista da produção de conteúdo e, portanto, de inovação. Significa que determinadas empresas controlam a espinha dorsal, a camada da infraestrutura, viabilizando o fluxo de dados, porém não controlam quais dados e que tipo de informação flui. Dessa forma, não podem monopolizar a Internet dando preferência de maior banda para transmissão de dados para pessoas ou empresas em particular. A camada do topo, da produção de conteúdo, fica, portanto, livre.

É dizer, a "inteligência" da rede está em suas pontas, nos criadores de informação, e não nas mãos dos intermediários que mantêm a infraestrutura. Mas essa configuração não resulta de escolhas do mercado. Muito pelo contrário, não fosse a regulação estatal vedando a prerrogativa das empresas de infraestrutura de discriminar entre produtores de conteúdo, e, assim, entre diferentes informações que circulam, a Internet transformar-se-ia em um campo de monopólios muito diferente daquele que conhecemos, sem a livre competição entre produtores de

---

[157] "At some point, adding subscribers places burdens on network communication, whether by causing congestion or by increasing infrastructure costs" (NETANEL, op. cit., p. 482).

conteúdo e informação, e, consequentemente, sem o elevado grau de inovação que lhe é característico.[158]

Maureen O'Rourke estuda o controle que pode ser exercido pelo Estado das dinâmicas comunicativas no ciberespaço e, ultimamente, do livre fluxo de informação que deve ser protegido. A autora analisou a questão sob a matriz das regras que permitem ou vedam a *linkagem*. Trata-se de uma das práticas caracterizadoras do ciberespaço, constituída no estabelecimento de um vínculo virtual entre uma ideia, um nome, uma palavra ou qualquer coisa que pode ser manifestada em uma página de Internet e uma outra página. A capacidade inesgotável de associação de dados e ideias, produzindo mais informação, explica o valor e a relevância da lincagem no ciberespaço.

O'Rourke investiga a fundo a jurisprudência norte-americana sobre o tema e sumariza alguns entendimentos como o de que simplesmente colocar um *link* em uma página apontando para outra página não pode ser proibido. Trata-se de conteúdo público e a mera referência não viola direitos do autor da página lincada. Mas a situação é diferente quando se trata de um *link* para uma página de terceiros que, quando acionado, abre a página dentro de uma janela ou moldura do próprio *site* contendo o *link*, muitas vezes confundindo o internauta acerca da proveniência do conteúdo – se produzido pela página contendo o *link* ou pela página ao qual esse direciona. Nessa situação, normas de proteção de marcas – mas não de propriedade intelectual – vedam a prática em razão do potencial que existe de enganar o consumidor acerca do responsável pelo conteúdo acessado.[159]

Essa análise é utilizada para exemplificar as formas como a liberdade de fluxo de informação na Internet se desenvolvem com o tempo. Para O'Rourke, serão gradualmente delimitadas áreas abertas e fechadas no ciberespaço. As áreas abertas de acesso à informação conterão a informação de menor valor e serão protegidas por normas de propriedade intelectual. Qualquer retribuição econômica pela informação oferecida nas áreas abertas será obtida por meio de serviços de valor agregado e não pela cobrança para acesso ao conteúdo em si. Já as áreas fechadas abrigarão a informação de maior valor para os internautas e terão suas fronteiras de acesso protegidas por meio contratual e pelo código. Com a evolução do código, utilizado aqui como técnica para o *fencing*, ou cercamento, dessas áreas fechadas, o custo do cercamento irá diminuir, resultando na proliferação de mais áreas fechadas na Internet. A autora acredita que a determinação de quais áreas de informação serão de acesso restrito e quais serão abertas ficará nas

---

[158] Essa é a opinião, com a qual concordamos, de LEMLEY, Mark A.; LESSIG, Lawrence. The end of end-to-end: Preserving the architecture of the Internet in the broadband era. *UCLA Law Review*, n. 48, 2000.

[159] "The preceding analysis suggests that linking should generally be permissible under copyright law and that trademark law should be narrowly interpreted to limit linking only in cases involving consumer confusion" (O'ROURKE, Maureen A. Fencing Cyberspace: Drawing Borders in a Virtual World. *Minnesota Law Review*, n. 82, p. 701, 1997).

mãos do mercado.[160] Em nosso sentir, essa última conclusão é a única que merece reparo, pois a função do Estado na garantia da comunicação no ciberespaço é justamente providenciar para que não existam barreiras excessivas ao fluxo da informação.

A prática de preconceitos e discriminação não é estranha ao ciberespaço, e a inércia do Estado nessa seara perpetua discursos de ódio e a imposição de barreiras à comunicação entre discriminadores e discriminados, e inclusive entre os próprios discriminados. O isolamento permitido pela capacidade de criar sua própria comunidade ou participar apenas de comunidades cujos membros partilham as mesmas características e preferências é um dos efeitos das relações sociais mediadas pela Internet. Tomar medidas contra essa fragmentação, que apenas faz extremar as opiniões e discursos, em caminho diametralmente oposto ao convívio de opiniões e culturas diferentes em uma sociedade pluralista, é uma tarefa imprescindível do Estado. Trata-se de garantir a comunicação entre as comunidades e estimular a criação de espaços com participação de membros possuindo características diferentes, refletindo a natural diversidade social.

Em um segundo plano, cabe também ao Estado a proteção da infraestrutura da comunicação. Essa tem um componente físico, constituído pelas redes de alta e média velocidade, sistemas de comunicação por satélites, terrestres e sem-fio e computadores e outros aparatos utilizados pelas pessoas para acessar a infraestrutura. Mas o componente imaterial, ou cibercomponente, que por vezes parece muito elusivo, também é objeto da proteção: a informação que flui, o conhecimento gerado e os serviços fornecidos.[161] O diferencial da proteção da infraestrutura, especialmente sua componente imaterial, na sociedade-rede é a ameaça contra a qual o Estado precisa defendê-la. O "inimigo" atualmente consubstancia-se de uma entidade sem face e remota, um ente desconhecido e que é quase impossível de ser rastreado, opondo instituições de segurança e normas que, no mais das vezes, não estão preparadas para combater essa ameaça.[162] A questão do ciberterrorismo é muito interessante do ponto de vista da dificuldade que têm os Estados para adaptar seus mecanismos de segurança aos novos tipos de ataque, algo que tem relação com os novos contornos do Estado-Rede na pro-

---

[160] "Consequently, the Internet is likely to evolve into a "place" characterized by both open and closed areas. The open areas are likely to contain less valuable information and be characterized by reliance on public intellectual property law. Inhabitants of the open areas, if they seek income at all, will probably derive it from value-added services rather than from content itself. The closed areas are likely to contain the most valuable information and be characterized by both contractual and technological restrictions. As fencing technology declines in cost, its use is likely to increase, leading to more partially closed areas of the Internet. However, ultimately, the market will determine which sites are open and which closed" (O'ROURKE, op. cit., p. 703).

[161] CAVELTY, Myriam Dunn. Is anything ever new? Exploring the specificities of security and governance in the information age. In: DUNN CAVELTY, Myriam (org.). *Power and security in the information age*: investigating the role of the state in cyberspace. Aldershot: Ashgate, 2007, p. 22.

[162] "[the] threat against which the referent object must be secured is qualitatively different: "the enemy becomes a faceless and remote entity, a great unknown who is almost impossible to track, and who opposes established security institutions and laws that are ill-suited to counter or retaliate against such a threat" (CAVELTY, op. cit., p. 37).

teção da comunicação. Não obstante a relevância do tema, devido ao espaço do qual dispomos e da linha de investigação adotada, a questão foge do foco deste trabalho e por esse motivo não será aprofundada.

Estabelecidas as duas funções principais do Estado-Rede e seu elemento caracterizador – a governança de procedimentos de tomada de decisão pública sustentados na rede comunicativa da Internet – devemos apontar algumas das características associadas aos novos contornos dos três poderes. A relação entre o processo democrático, a política e o Legislativo na sociedade-rede será abordada no terceiro capítulo. O Judiciário tem como principal nova característica o ancoramento dos procedimentos de solução de conflitos em rede, o que significa o desenvolvimento do processo eletrônico. A despeito de ser tema de grande interesse, não menos por sua relação com a função de acesso à rede de comunicação e garantia de manutenção de espaços públicos para o discurso, entendemos mais apropriado tratar do assunto também no terceiro capítulo, sob o aspecto do acesso à justiça. Nesse momento, nosso foco, em se tratando do Estado-Rede, é a função de governança da comunicação sob o aspecto do gerenciamento dos procedimentos de tomada pública de decisão, e não daqueles de solução de conflitos específicos.

2.3.3. A Administração-Rede

A Administração Pública passa, inegavelmente, por profundas transformações qualitativas.[163] Há muitos estudos sobre seu papel no âmbito do Estado-Rede, empregando-se denominações como "Administração eletrônica", "Teleadministração", "e-government", e similares. O diferencial caracterizador está no uso das TI e da Internet para tornar a Administração verdadeiramente dialógica e participativa, o que significa, entre outras coisas, que essa se concentra, em grande parte, no gerenciamento do cumprimento de tarefas públicas por entes privados. Para Eberhard Schmidt-Assmann o direito administrativo da sociedade da informação deve nortear seu desenvolvimento em dois objetivos: efetuar as grandes modificações da estrutura das comunicações, tanto na seara social (interação indivíduo-Administração), como na administrativa (eficiência da comunicação interna na máquina pública), e não negligenciar as antigas funções da Administração e sua regulamentação jurídica.[164]

Para o administrativista alemão, a Constituição delineia alguns determinantes da Administração eletrônica, quais sejam: a proteção de dados; as exigências de compreensibilidade (sobre o uso de técnicas de informática pela Administra-

---

[163] "[...] durch den Computereinsatz und die Computervernetzung erhebliche Auswirkungen auf die Ablaufstrukturen in der Verwaltung ausgehen, die begleitende Änderungen der Aufbaustrukturen nahelegen können" (HOFFMANN-RIEM, op. cit., p. 31).
[164] SCHMIDT-ASSMANN, Eberhard. Verwaltungsrecht in der Informationsgesellschaft: Perspektiven der Systembildung. In: HOFFMANN-RIEM, Wolfgang; SCHMIDT-ASSMANN, Eberhard (orgs.). *Verwaltungsrecht in der Informationsgesellschaft*. Baden-Baden: Nomos, 2000, p. 432.

ção, ou seja, o contato com o poder público não pode pressupor conhecimentos técnicos pelo cidadão, deve ser simples); uma nova base para o direito da publicidade dos atos administrativos (para o autor, há bons motivos para observar a publicidade dos atos como um princípio geral de direito do direito administrativo, enraizado no princípio da democracia, o que, no entanto, não significa que esse princípio geral de publicidade não possa ser restringido); a garantia de acesso igualitário a informações e anúncios estatais – uma função sobretudo prestacional da Administração, que tem com a qualidade da informação; a garantia de qualidade da estrutura pública de informação; a revisão dos limites do gerenciamento estatal da informação – a problemática é alargada tendo em vista novas tecnologias, como a Internet, que abrem à Administração novas possibilidades de informação e influência (daí decorre que não parece tão distante a necessidade de desenvolver, no âmbito do gerenciamento estatal de informação, determinadas regras de distanciamento e neutralidade do poder público em relação à produção e transmissão de informação).[165]

Tais determinantes exigem, em suma, o cumprimento pela Administração das funções de garantia individual de acesso e manutenção da rede pluralista e democrática de comunidades virtuais, bem como a limitação do poder e das possibilidades de manipulação da informação, consubstanciada essencialmente no direito à privacidade e proteção de dados (um dos pilares da sociedade da informação, segundo Kloepfer), de modo a obstruir o caminho para um Estado informacional totalitário. A rápida e ampla disposição de informações no âmbito interno da Administração altera a unidade organizacional e conduz a novos arranjos organizatórios. O caráter de rede da Administração Pública, para Schmidt-Assmann, está em que a unidade da mesma não significa, como anteriormente, uma unidade das hierarquias diretivas, mas uma unidade programacional de posições até então descentralizadas. A Administração-Rede garante, portanto, o fim de unidades organizatórias que são fechadas no sentido "para dentro" (*input* do cidadão na atividade do poder público) e isoladas no sentido "para fora" (cumprimento de tarefas por órgãos diferentes sem uma coordenação centralizada).[166]

Thomas Vesting localiza a tônica no perfil procedimental. Para Vesting, a nova função da Administração Pública está não tanto em forçar o cumprimento, como no modelo da administração gerenciadora, mas, sim, no modelo de uma administração reguladora, em cobrar a ação dos entes privados para o cumprimento das tarefas públicas, em razão de uma responsabilidade pelas consequências da privatização, em vez de o poder público realizá-las ele mesmo – na forma de uma administração prestacional.[167] Diante da complexidade das tarefas que se impõe

---

[165] SCHMIDT-ASSMANN, op. cit., p. 411-414.

[166] Ibidem, p. 415. O autor afirma categoricamente que "Die öffentliche Verwaltung nimmt *Netzwerkcharakter* an" (grifo no original).

[167] VESTING, Thomas. Zwischen Gewährleistungsstaat und Minimalstaat. Zu den veränderten Bedingungen der Bewältigung öffentlicher Aufgaben in der "Informations- oder Wissensgesellschaft". In: HOFFMANN-RIEM,

no século XXI, como a proteção ambiental, quando um modo de agir preciso é impossível de ser definido exclusivamente pelo Estado, deve-se enfatizar o gerenciamento de procedimentos de tomada de decisão. Conforme Vesting, uma solução adequada à complexidade reside em compensar a imprecisão de conteúdo do agir estatal por meio de medidas organizatórias e delineadoras de procedimentos. A Administração da sociedade da informação, portanto, só pode ser uma Administração da corrente cooperação entre o sistema político e os demais sistemas autônomos da sociedade moderna – as comunidades da sociedade civil mantidas com auxílio da Internet. A tônica deve residir atualmente, portanto, no direito organizatório.[168]

Wolfgang Hoffmann-Riem ressalta que o grande potencial transformador está na interação *online* por meio das TI. Mas aponta o erro – infelizmente ainda comum entre alguns agentes públicos preocupados em implementar a Administração eletrônica – de reduzir a instrumentalização desse potencial à sofisticação da publicidade dos atos administrativos, de maneira a perpetuar ultrapassado sistema de via única de comunicação no sentido poder público-cidadão. Para o autor, a Administração eletrônica significa não apenas o acesso a dados e documentos (*information sharing*) mas também um gerenciamento/processamento comunitário em uma interligação comunicacional em rede. Isso implica a cooperação ou uso de conhecimento técnico externo.[169] O uso desse conhecimento técnico é ainda mais relevante na seara da proteção ambiental, que envolve a aplicação de saberes relacionados a uma pluralidade de ciências diferentes, inviabilizando a manutenção de uma equipe de funcionários públicos capazes de, sozinhos, fornecer os subsídios necessários para que agentes políticos tomem decisões ambientais altamente complexas.

2.3.4. A regulação da Internet pelo Estado-Rede

Agora que alguns pontos dos contornos do Estado-Rede, sustentado pelo uso da Internet, foram apresentados, é possível tomar uma posição acerca da questão da regulação da Rede em si. Trata-se de uma relação de interdependência na medida em que a normatização e aplicação do direito no ciberespaço de maneira adequada requerem um Estado diferenciado sob o ponto de vista das tomadas de decisões políticas e da participação dos atores privados. Seria talvez exagerado defender que apenas um Estado-Rede conforme o descrito está em condições de regular de forma satisfatória a Internet, mas é altamente razoável inferir que um Estado com esses contornos tem chances muito maiores de sucesso que o Estado

---

Wolfgang; SCHMIDT-ASSMANN, Eberhard (orgs.). *Verwaltungsrecht in der Informationsgesellschaft*. Baden-Baden: Nomos, 2000, p. 118.

[168] "Die Verwaltung der ‚Informations- und Wissensgesellschaft' kann nur eine Verwaltung der laufenden Kooperation zwischen Politik und anderen autonomen Systemen der modernen Gesellschaft sein. Darauf muß das Organisationsrecht künftig den Akzent legen" (VESTING, op. cit., p. 129).

[169] HOFFMANN-RIEM, op. cit., p. 24.

autoritário, o Estado liberal e até mesmo o Estado constitucional, conforme o padrão desenvolvido a partir da segunda metade do século XX.

A governança da Rede exige a preponderância da corregulação, levando sempre em consideração elementos daquilo que ainda costumamos denominar de soberania do Estado e a globalidade das redes de TI. É dizer, nenhum modelo pode ser considerado seriamente se não tratar de uma corregulação no panorama mundial, não restrita aos governos nacionais. Wolfgang Kleinwächter sugere um modelo de governança baseado em camadas. Ele se baseia na divisão, não estranha em outros estudos, entre a governança básica da Internet e a governança avançada.

A primeira lida com aspectos técnicos: protocolos da Internet, endereços de IP (o número que identifica cada usuário no ciberespaço), gerenciamento de servidores de nomes de domínios (os sistemas responsáveis pela atribuição de um nome de domínio como "www.domínio.br" a um número de IP, a linguagem dos protocolos da Rede), entre tantos outros. Trata-se de escolhas razoavelmente neutras, do ponto de vista político, e que, segundo o autor, podem ser empreendidas por *united constituencies*, grupos e comunidades da sociedade civil e do mercado.

Já a governança avançada da Internet é consubstanciada por problemas de políticas públicas, no âmbito de serviços básicos tanto quanto serviços avançados, relacionados ao conteúdo: interceptação legal, acesso igualitário, controle de atores dominantes do mercado, propriedade intelectual, proteção de dados, controle de conteúdo, etc. Essa governança claramente não é neutra, muito pelo contrário, tem um caráter político concreto à medida que interesses econômicos e sociais estão diretamente envolvidos. Essa governança caberia às *United Nations* (daí o paralelo terminológico com *united constituencies*), a Organização das Nações Unidas, por meio de um órgão secundário. Aqui, contudo, também será necessário que os governos garantam a participação de *stakeholders* não governamentais, quando se trata de regulações gerais ou elementos específicos que possuem ou um componente técnico ou um componente de política de relevância para o público em geral.[170]

É claro que a divisão não é estanque, mas sim aponta campos necessariamente imbricados, cujos diferentes níveis, ou camadas, como prefere o autor, refletem maior ou menor identificação com a governança básica ou a governança avançada. Em um extremo está uma camada de liderança dominante do setor privado e no extremo oposto uma de liderança governamental dominante. Mesmo os extremos não pressupõem a exclusão ou de entes públicos ou de entes privados – fala-se de uma liderança dominante, e não de uma exclusividade. As camadas, segundo Kleinwächter, tornam-se independentes – uma política pode

---

[170] KLEINWÄCHTER, Wolfgang. Internet cogovernance. Towards a multilayer multiplayer mechanism of consultation, coordination and cooperation (M_3C_3). In: MANSELL, Robin (org.). *The information society*. New York: Routledge, 2009, p. 384, v. III.

ser decisiva em uma delas e não na outra – e constituem em sua totalidade um modelo de governança global da Internet denominado de *"Multiplayer Multilayer Mechanism* (M_3)", ou mecanismo multicamadas de múltiplos atores. Para que o sistema funcione, entretanto, é necessário um alto nível de comunicação, coordenação e cooperação (C_3), entre todos os membros do mecanismo, algo que segue a concepção do Estado-Rede.[171]

Na metade dos anos 1990, quando o aumento das proporções da Rede levou o governo norte-americano a criar uma entidade elaborada e grande o suficiente para cuidar de aspectos da regulação, foi privilegiada uma filosofia de livre regulação pelo mercado, prezando a maior intensidade possível de autorregulação sem intervenção estatal. A ideia era que a sociedade civil seguisse sendo a responsável pela definição dos rumos da Internet, da mesma forma que vinha sendo feito desde os primórdios na década de 1970, quando os responsáveis pelas definições dos aspectos técnicos eram engenheiros ligados a universidades norte-americanas. Foi criado então o ICANN, *Internet Corporation for Assigned Names and Numbers*, ou Corporação da Internet para Nomes e Números Designados.

Essa entidade obteve a atribuição do gerenciamento dos domínios – a coordenação do nome que é associado a cada endereço de IP. O endereço de IP é um número que, por não guardar qualquer relação com a identidade de uma pessoa ou empresa, é fungível. Já o nome de domínio "www.petrobras.com.br" é de grande valor para aquela empresa, sendo quase infungível. Isso torna muito relevante a tarefa pela qual o ICANN foi tornado responsável. Mas a ideia é que, com o tempo, fosse desenvolvida, a partir das bases do ICANN, uma entidade internacional que, sem estar sob a égide de qualquer Estado, receberia tarefas mais importantes de modo a centralizar a regulação de diversos aspectos da Internet. Isso, todavia, não aconteceu e o ICANN recebe hoje muitas críticas por ter progressivamente se desviado de um modelo de forte liderança da sociedade civil para um no qual a participação dessa sequer é permitida, algumas decisões são tomadas a portas fechadas e a dominância política é de grandes entes do mercado.

Em termos de regulação da Internet por parte de um Estado-Rede, na linha do uso do potencial comunicacional da *web* para criar processos abertos – cooperativos e transparentes – de governança, um bom e atual exemplo é, no Brasil, aquele do Marco Civil Regulatório da Internet. O Marco, por enquanto em fase de projeto e elaboração, trará normas sobre a a administração do ciberespaço entre brasileiros, incluindo temas como a privacidade, a liberdade de expressão, o direito de acesso, a responsabilidade dos atores e, inclusive, a não discriminação de conteúdos e o princípio *end-to-end*. A forma visionária adotada pelo Ministério da Justiça para uma elaboração coletiva foi a criação de um *blog* <http://culturadigital.br/marcocivil/> onde está uma primeira versão do projeto do Marco, com todas as suas disposições. Ancorado em uma espécie de fórum, o

---

[171] KLEINWÄCHTER, op. cit., p. 385-386.

blog permite que cada uma dessas disposições possa ser comentada por qualquer um que faça um cadastro gratuito, criando diversas mesas-redondas para o debate de cada trecho isolado. Após 45 dias, será elaborada minuta do anteprojeto de lei, com base nas contribuições dessas discussões, e será aberto novo processo de discussão, durante 45 dias e no mesmo formato, porém então visando a debater as prescrições da minuta. A ideia é que esse processo informe as escolhas do Legislativo quando este avaliar o projeto de lei.[172]

Alguns entendem que há hoje um sistema razoavelmente organizado lembrando as camadas interdependentes sugeridas por Kleinwächter.[173] Se esse sistema é de fato um balanceamento entre a liderança preponderantemente política governamental e aquela de entes privados do mercado, parece que estes últimos estão fazendo a balança pesar para seu lado, com desdobramentos nefastos. Uma tendência identificada por diversos autores é a predominância de um quadro de regulação dirigido ao mercado e orientado pelo lucro, o que beneficia a mercantilização da Internet.[174] Mesmo quando se trata de políticas de inclusão, é para aumentar o tamanho de uma massa alienada de consumidores em uma cibersociedade pré-determinada para maximizar lucros.[175]

Embora o perigo de uma liberdade exagerada da autorregulação, que resultará no recrudescimento da mercantilização, não possa ser subestimado, tampouco pode o controle estatal ser extrapolado. Entre os principais motivos do sucesso e expansão da Rede estão justamente sua heterogeneidade e relativa flexibilidade.[176] Anteriormente, ao tratarmos dos argumentos defendendo a impossibilidade de controle ou regulação da Internet pelo Estado, mostramos que sob diversos

---

[172] Segundo o gerente de Cultura Digital do Ministério da Cultura, envolvido nessa iniciativa, José Murilo Jr., da Secretaria de Políticas Culturais, "Fomentar esta reflexão ampla se valendo dos modelos de debate e colaboração nativos da rede pode viabilizar modelos de coordenação pública descentralizada capazes de criar soluções inovadoras para as questões apresentadas pelo século 21". Disponível em: http://www.cultura.gov.br/site/2009/11/10/marco-civil-da-internet/. Acessado em: 22 nov. 2009.

[173] "The eclectic character of the current system of multijurisdictional Internet governance, noting that a wide array of loosely-connected non-profit corporations, voluntary associations, boards, intergovernmental bodies, etc., have systematically devised 'shared principle, norms, rules, decision-making procedures, and programs that shape the evolution of the use of the Internet'" (DRISSEL, D. Contesting Internet governance: global dissent and disparities in the management of cyberspace resources. In: KONRAD, Morgan; BREBBIA, Carlos A. (orgs.). *The Internet society II*: advances in education, commerce & governance. Southampton: WIT Press, 2007, p. 299).

[174] "If we seek a broad categorization of ideological priorities in Internet and consequently information society policy, we can identify two overarching directions: firstly, a predominantly market-directed and profit-motivated policy framework, which is mainly represented by the United States as the major advocate of American telecommunications and information industries [...] Secondly, compounding that, policing of private behavior introduces an object and direction shift in the development of Internet policy that seeks to provide for the commercial private interests in a public policy framework and at the same time increases the controlling powers of the state over individuals" (SARIKAKIS, Katharine. Mapping the ideologies of Internet policy. In: SARIKAKIS, Katharine; THUSSU, Daya Kishan (orgs.). *Ideologies of the Internet*. Cresskill, NJ: Hampton Press, 2006, p. 175).

[175] SARIKAKIS, op. cit., p. 173.

[176] "Care should be taken, however, not to over-regulate the Net, which has expanded and flourished in part because of its heterogeneity and relative flexibility. But more direct international involvement in Internet governance is necessary for reestablishing global trust and redistributing regulatory power more equitably" (DRISSEL, op. cit., p. 308).

aspectos essa regulação foi viabilizada ao passar do tempo pelas modificações na estrutura física e programática. Lawrence Lessig defende há algum tempo que esse plano técnico, que ele denomina simplesmente de "código", configurado por engenheiros, é exatamente uma forma de regulação tanto quanto a lei.

Por um lado, isso garante um controle *ex ante* do respeito às normas, à medida que a forma como é desenhado o código define o que o indivíduo consegue faticamente fazer, e não o que ele deve ou não fazer juridicamente.[177] Mas o aumento do controle pelo Estado implica um afastamento de formas democráticas de normatização. Lessig alerta, portanto, para a possibilidade de o código ser usado como forma de regulação opressiva pelo Estado, hipótese que sugere uma preocupação ainda maior com uma coparticipação e liderança de atores da sociedade civil, ao menos em algumas das camadas regulatórias.[178]

Tim Wu trata da força do código sob uma perspectiva diferente, reconhecendo a função apontada por Lessig, mas apontando outra, que de certa forma se opõe à garantia de cumprimento da regulação. Para Wu, o código é também uma ferramenta antirregulatória que pode ser usada por determinados grupos para diminuir o custo do cumprimento da lei, gerando a obtenção de uma vantagem.[179] Os grupos que não desejam cumprir a lei têm duas opções: mudá-la ou evitá-la. A primeira opção é política e requer grande capacidade de organização e, principalmente, poder econômico para o *lobby* necessário a obter uma mudança da lei. Já aqueles que não têm o poder econômico ou a capacidade de organização, utilizam mecanismos para evitar o cumprimento da lei.

Wu mostra que a Internet permitiu o surgimento de redes de compartilhamento de arquivos diretamente entre usuários, cuja criação e manutenção demandam conhecimentos técnicos razoavelmente acessíveis e baixo investimento. A adesão a uma rede desse tipo, por outro lado, não requer qualquer esforço ou custo, e quanto maior o número de participantes, em razão do efeito-rede, *network effect*, maior o proveito que cada um tira desse ambiente, pois multiplicam-se os arquivos compartilhados. Como as redes de compartilhamento são usadas quase exclusivamente para a troca de conteúdo protegido pela propriedade intelectual, os usuários encontraram uma forma de desrespeitar essas normas. Formou-se assim um mecanismo de evitar a lei, com base no código, que prescinde do potencial de mobilização e ação organizada requeridos por um mecanismo de mudança da lei.[180]

---

[177] "Regulation in cyberspace is, or can be, different. If the regulator wants to induce a certain behavior, she need not threaten, or cajole, to inspire the change. She need only change the code-the software that defines the terms upon which the individual gains access to the system, or uses assets on the system" (LESSIG, op. cit., p. 1407).

[178] "If cyberspace were to become this perfect technology of technology *and* democracy, then there would be little reason to worry. But a perfect technology of control does not entail a perfect technology of justice, and it is this that commendas a continued check" (Ibidem, p. 1411).

[179] WU, Tim. When code isn't law. *Virginia Law Review*, n. 89, p. 682, 2003.

[180] Os motivos do sucesso das redes de compartilhamento como mecanismo de código para evitar o cumprimento da lei são dois: a dependência histórica do direito da propriedade intelectual em regimes *gatekeeper*, ou seja,

A manipulação do código mostra-se, portanto, uma fonte de poder para o Estado e para particulares na sociedade-rede. Permite ao Estado tanto garantir *ex ante* a aplicação ao não deixar possibilidades fáticas para o descumprimento, quanto desenvolver regras mais específicas e restritivas para cada caso. Por outro lado, o código se consubstancia em uma ferramenta que permite aos indivíduos burlar a regulação.

2.4. CONCLUSÃO INTERMEDIÁRIA

Apresentamos primeiramente um discurso sobre impossibilidade e inconveniência da regulação da Rede que, ao que tudo indica, parece ultrapassado na doutrina mais arejada. Discorrer sobre esse debate aqui não nos parece, todavia, sem utilidade. Mesmo que alguns dos argumentos e aspectos apontados pelos antigos céticos da regulação não atinjam os mesmos desdobramentos que, segundo acreditavam, tornariam a regulação impossível ou errada, isso não significa que não têm qualquer peso na forma como se delineia a regulação hoje e no futuro. Reconhecer que o aspecto internacional e suprafronteiriço da Rede existe, mesmo que não como óbice absoluto à regulação, implica buscar regras para determinar o papel de cada Estado na normatização de relações envolvendo *sites* e/ou internautas de países diferentes. Da mesma forma o fato de que o ciberespaço não é um lugar alheio e totalmente independente da realidade dos átomos não importa relevar seu decisivo aspecto de "lugar" diferente, de realidade alternativa. O reconhecimento da existência de relações qualitativamente diferentes na circunscrição virtual exige formas diferentes de regulação.

O Estado-Rede não tem por objeto central uma finalidade, mas uma malha informativa, um tipo substancialmente novo de comunicação social. Ao passo que o Estado Ambiental, mesmo se realizando na forma de um processo, está focado na finalidade da proteção ambiente, o Estado-Rede é em si um processo. A regulação da Internet de forma coparticipativa, dinâmica e aberta, é um dos objetivos secundários a serem alcançados no âmbito desse processo, utilizando a própria rede comunicacional do ciberespaço. Esse processo que é o Estado-Rede serve, outrossim, como base para a articulação da proteção ambiental que é o objetivo

---

bastava controlar os intermediários responsáveis pela pirataria, que desenvolviam sempre um sistema necessariamente grande para a eficiente distribuição de seu material e por essa razão eram fáceis de identificar e punir (o que não ocorre no caso do compartilhamento de arquivos pela Internet) (WU, op. cit., p. 712); a exploração da ambiguidade relativa quanto à troca e uso de material protegido pelo direito da propriedade intelectual para uso doméstico, além do sentimento de "comunidade" e "reciprocidade" que se instaura entre usuários de redes de compartilhamento de arquivos (p. 724). Wu ressalta que a exclusão digital é um fator igualmente importante: se todo o público tivesse acesso a essas redes, não haveria ninguém pagando pelo material e, assim, a indústria simplesmente não teria o incentivo financeiro para produzi-lo. Enquanto houver os digitalmente excluídos que seguem pagando pelo conteúdo, um grupo de pessoas com acesso à Internet pode burlar as regras (direito da propriedade intelectual) e obter vantagem exatamente em razão do cumprimento dessas regras pelos demais (p. 747).

do Estado Ambiental. Assim como a regulação da Internet, também a definição dos parâmetros da proteção ambiental deve ser feita de maneira participativa, dinâmica e aberta, vide transparente, conforme afirmamos no capítulo anterior. O objetivo desses dois primeiros capítulos era apresentar o caráter diferenciado do Estado Ambiental e do Estado-Rede, mormente sob o aspecto procedimental que é comum a ambos, de maneira a fornecer as bases sobre as quais nos apoiaremos para apresentar, no capítulo seguinte, a maneira como se dá a proteção procedimental ambiental articulada no uso das TI e, especialmente, da Internet.

— *Parte II* —

3. A Proteção Ambiental Procedimental na Perspectiva de um Estado Ambiental Articulado em um Estado-Rede

3.1. A PROTEÇÃO PROCEDIMENTAL DO MEIO AMBIENTE

Ao abordarmos o Estado Ambiental ressaltamos seu caráter procedimental resultante da impossibilidade de definição de parâmetros materiais de proteção ambiental exclusivamente por parte do Estado. O caminho mais adequado mostra-se o cuidado com a delimitação de normas de processos que viabilizem decisões baseadas na ampla cooperação entre o Estado e os indivíduos, em sede de um diálogo pluralista. É dizer, não há soluções corretas para os problemas ambientais: há métodos para que se chegue a consensos através do diálogo. Essa constatação torna altamente palpável a relação entre o Estado Ambiental e o Estado-Rede: enquanto o primeiro aponta um objetivo e processos de participação e diálogo como formas de avançar em direção a este objetivo, o segundo caracteriza-se por uma estrutura altamente flexível e pluralista de comunicação. Ou seja, é possível e – queremos demonstrar – necessário articular o Estado Ambiental em sede de um Estado-Rede.

Karl-Heinz Ladeur desenvolve uma perspectiva nessa linha, naquilo que denomina de "direito ambiental da sociedade do conhecimento".[181] O autor tedesco aborda a proteção ambiental em sede de uma sociedade que, conforme já foi mostrado, é marcada por tendências e características que lhe renderam a adjetivação de "sociedade da informação" por alguns autores e, conforme a linha com a qual nos associamos, pode ser denominada também de "sociedade-rede". Ladeur enfatiza (e certamente não está sozinho nisso, conforme já mostramos) a impossibilidade de buscar certezas no conhecimento sobre o ambiente e se-

---

[181] A obra do autor é, de maneira geral, no mínimo arrojada e, não raro, de vanguarda. O trabalho sobre o qual nos ancoramos aqui para tomar algumas conclusões importantes não foge à regra, o que impõe cautela na interpretação das proposições de Ladeur. Isso não significa, entretanto, que não existam contribuições especialmente relevantes a serem identificadas.

gurança em relação a soluções para os problemas ambientais. A ciência sequer permite conhecer a fundo as causas e efeitos do impacto ambiental do homem, o que torna fatalisticamente inviável produzir soluções infalíveis e segurança. O direito ambiental é, portanto, marcado pela necessidade do homem de lidar com, ou enfrentar a, incerteza, naquilo que Ladeur conceituou de *Umgang mit Unsicherheit*.

Nessa perspectiva, a capacidade de coordenação e administração do Estado fica sempre aquém, pois este precisa decidir sob condições de complexidade e sempre na incerteza. Não é possível alcançar segurança ou certeza, apenas tornar a incerteza aceitável ou tolerável por meio do aumento de flexibilidade dos sistemas decisórios.[182] O Estado deve objetivar não a certeza, mas a confiança dos indivíduos nas decisões tomadas no âmbito desse *Umgang mit Unsicherheit*. São necessárias, portanto, instituições sociais e estatais que permitam decisões em sede de incerteza por meio do suporte na confiança.[183] Essas instituições são instituições procedimentais, pois a construção da confiança é um problema que sói ser enfrentado progressivamente por meio de uma procedimentalização e superação institucional da compartimentação de competências (entre Estado e cidadãos, por exemplo), de forma gradual e interativa, e por meio de uma, possivelmente daí resultante, formação de consenso.[184]

Ladeur indica o necessário reconhecimento de que surgem questões de natureza obrigatoriamente metacientífica quando o conhecimento científico precisa ser "recepcionado" para a tomada de decisões sob condições de incerteza. Para tanto, uma forma institucional, propugna o autor, deve ser alcançada, sobretudo, por meio de procedimentos regulados pelo direito, que deveriam estruturar a porosidade entre a ciência e as decisões e fornecer a contemplação interativa de ambas.[185] Para o autor,

> a racionalidade procedimental do agir com, e sob uma base de, condições de incerteza resta no desenvolvimento de uma "construção interativa de modelos" – nivelada e estruturada

---

[182] "Unter Komplexitätsbedingungen kann Ungewissheit nicht vermieden, aber durch Steigerung der Flexibilität von Entscheidungssystemen "haltbar" gemacht werden (LADEUR, Karl-Heinz. *Das Umweltrecht der Wissensgesellschaft*. Von der Gefahrenabwehr zum Risikomanagement. Berlin: Duncker & Humblot, 1995, p. 161).

[183] "Deshalb sind – wie mehrfach gezeigt – Stopp-Regeln und Institutionen erforderlich, die Entscheiden unter unvollständigem Wissen durch Abstützung von Vertrauen ermöglichen. Dieses Vertrauen ist aber eben nicht mehr durch die traditionellen Formen der Risikostreuung zu gewährleisten, sondern verlangt nach systematischen Mechanismen der Generierung neuen Wissens, der Erhaltung der Flexibilität der Entscheidungen und der Offenhaltung von Erwartungsstrukturen" (Ibidem, p. 203).

[184] "Das Problem der Bildung von Vertrauen kann durch interaktive schrittweise Prozeduralisierung und institutionelle Grenzüberschreitungen und die daraus möglicherweise resultierende Konventionsbildung schrittweise abgespannt werden" (Ibidem, p. 151).

[185] "An dieser Stelle genügt es festzuhalten, dass ‚meta-wissenschaftliche' grenzüberschreitende Fragen zwangsläufig aufgeworfen werden, wenn wissenschaftliches Wissen für Entscheidungen unter Ungewissheitsbedingungen ‚rezipiert' werden soll, und dass dafür eine institutionelle Form auch und vor allem durch rechtliche Verfahren geschaffen werden muss. Diese Verfahren hätten die Grenzüberschreitung zwischen Wissenschaft und Entscheiden zu strukturieren und ihre wechselperspektive Beobachtung zu gewährleisten" (Ibidem, p. 165).

por meio do processo, cuja estabilidade se dá em razão da publicização das deliberações acerca do risco e do programa de sua futura contemplação (*Monitoring*).[186]

Essa publicização e interatividade enfatizam o caráter cooperativo "Estado-indivíduos" dos processos, pois a formação de consenso e a obtenção da confiança dos indivíduos por parte do Estado passa pela produção de conhecimento pelo setor privado e sociedade civil: "Isso significa que a perspectiva regulatória ambiental do Estado deve ser ajustada a uma procedimentalização de segunda ordem, nomeadamente um processo, que por sua vez pressupõe e permite um processo de procura e aprendizado ao nível do empreendimento social".[187]

A geração de conhecimento, essencial nesse contexto, pressupõe, conforme Ladeur, direitos de acesso à informação para aqueles diretamente envolvidos nas questões ambientais, bem como para os cidadãos de maneira geral.[188]

O jurista alemão define sua concepção do direito ambiental na sociedade do conhecimento como uma teoria jurídica da procedimentalização da complexidade.[189] Seu argumento pode ser avaliado no âmbito da aplicação do princípio da precaução. Este, elemento de uma tríade de princípios estruturantes do direito ambiental contemporâneo, está intrinsecamente ligado ao *Umgang mit Unsicherheit* à medida que busca racionalizar o caminho a tomar diante da incerteza. Em sua origem na regulação das atividades poluidoras na Alemanha,[190] o princípio da precaução propugnava que a incerteza não deve servir de óbice à tomada de medidas protetivas do ambiente, especialmente medidas proibitórias de determinadas ações humanas.[191] Quanto à espécie de riscos abrangidos, o princípio é aplicado quando se visa à proteção de uma universalidade de difícil

---

[186] "Liegt die prozedurale Rationalität des Operierens mit und auf der Grundlage von Ungewissheitsbedingungen in der Entwicklung einer durch Verfahren gestuften und strukturierten interaktiven Modellbildung, deren Haltbarkeit sich aus der Offenlegung der Risikoerwägungen und dem Programm seiner künftigen Beobachtung ('Monitoring') ergibt" (LADEUR, op. cit., p. 192).

[187] "Das bedeutet, dass die umweltrechtliche Regulierungsperspektive des Staates auf eine Prozeduralisierung zweiter Ordnung eingestellt werden muss, nämlich ein Verfahren, das seinerseits ein Such- und Lernverfahren auf der Ebene der Unternehmung voraussetzt und ermöglicht" (Ibidem, p. 264).

[188] Ibidem, p. 265.

[189] Ibidem, p. 269.

[190] JORDAN, Andrew; O'RIORDAN, Timothy. *The Precautionary Principle in Contemporary Environmental Policy and Politics*. Disponível em: http://www.ingentaconnect.com/content/whp/ev/1995/00000004/00000003/art00001. Acessado em: 2 maio 2008. Ademais, é na Alemanha que encontramos a mais profunda discussão política e doutrinária do princípio da precaução, cf. REHBINDER, Eckard. Precaution and Sustainability: Two Sides of the same coin? In: KISS, Alexander Charles. *A law for the environment: essays in honour of Wolfgang E. Burhenne*. Genebra: IUCN, 1994, p. 94.

[191] Tendo em vista nosso objetivo neste momento, de brevemente ligar o princípio da precaução à noção da incerteza e procedimentalização, entendemos desnecessário e inconveniente uma análise mais detalhada do (extenso e amplo) processo de positivação do princípio no direito internacional ambiental. Assim, para tal desiderato, reportamo-nos à contribuição de Paulo Affonso Leme Machado, que elaborou completa lista – que inclusive suspeitamos exaustiva – de tratados e convenções a consagrar o princípio. Ver, para tanto MACHADO, Paulo Affonso Leme. O princípio da precaução e a avaliação de riscos. *Revista dos Tribunais*. São Paulo, v. 96, n. 856, p. 35-50, fev. 2007.

precisão – biomas e ecossistemas, o que leva Michael Kloepfer a apontar dois vieses do objeto da precaução: o largo âmbito temporal e espacial de zelo em relação ao perigo.[192]

Mas lidar com a incerteza científica em relação às condições do ambiente e os efeitos da ação humana sobre este é tarefa por demais complexa e um simples postulado jurídico, por mais bem articulado que seja, jamais pode trazer respostas. Infelizmente, a ânsia por certeza e segurança no direito ambiental estimulou uma deformação ideológica do núcleo da precaução. A despeito de, em seu desenvolvimento, a ideia de receber e abraçar a incerteza ambiental permitir que mesmo sob essas condições medidas protetivas poderiam ser tomadas, uma versão extremista pretende que somente a certeza científica – de segurança e ausência de impacto ambiental – pode permitir a ação humana. Trata-se da concepção largamente adotada de precaução como princípio *in dubio pro natura* e fundamentador de uma inversão de ônus da prova: cabe à parte interessada na atividade ou projeto com possível impacto ambiental demonstrar a segurança de seus desdobramentos.[193] Essa noção opõe-se ao *Umgang mit Unsicherheit*, visando a certeza (científica) onde esta jamais pode ser encontrada.

Em sede de aplicação do princípio da precaução vislumbram-se riscos ambientais que a ciência não consegue compreender de todo, não tendo condições de confirmar sua existência ou inexistência.[194] Isso não significa, a nosso ver, que a complexidade da incerteza torne a precaução necessariamente em uma regra de abstenção fortalecida pela histeria causada por medos coletivos e irracionais, conforme posição mais pessimista.[195] Significa, isso sim, que devemos necessariamente reconhecer e aceitar a complexidade, inclusive no que tange à existência permanente de uma vasta gama de riscos, em diferentes níveis de probabilidade, resultantes de ação humana. A função da precaução não é fornecer ou requerer garantia de ausência de riscos, mas sim trabalhar para

---

[192] Âmbitos esses originalmente descritos como *weiträumige* e *langfristige Vorsorgeperspektive* ou *Risikosteuerung* (KLOEPFER, Michael, *Umweltrecht*. 3. ed. Munique: Beck Juristischer Verlag, 2004, p. 178).

[193] Para uma discurso primando pela necessidade de certeza científica prévia a permissão de determinada prática, ver MIRRA, Álvaro Luiz Valery. Direito ambiental: o princípio da precaução e sua aplicação judicial. *Revista de Direito Ambiental*, v. 6, n. 21, p. 92-102, jan./mar. 2001, especialmente p. 99-101. No sentido contrário e igualmente extremado, sugerindo justamente que valores mais palpáveis (como o direito à vida, por via do direito à alimentação) preponderam sempre sobre a cautela da precaução, e inclusive alegando que a precaução impede o desenvolvimento científico, ver ALLEMAR, Aguinaldo. A Sustentabilidade do desenvolvimento econômico e os princípios da precaução e da prevenção. *Revista do Curso de Direito da Universidade Federal de Uberlândia*. v. 33, n. 1/2, p. 171-189, 2004/2005, especialmente p. 184-186. Não é demais ressaltar que não nos filiamos às posições desses autores. Alertando para os malefícios de uma versão dita "forte" da precaução, ver FREITAS, Juarez. Princípio da precaução: vedação de excesso e de inoperância. *Interesse Público*. v. 7, n. 35, p. 33-48, jan./fev., 2006.

[194] EWALD, François. Philosophie politique du principe de précaution. In: EWALD, François; GOLLIER, Christian; SADELEER, Nicolas de. *Le principe de précaution*. Paris: Presses Universitaires de France, 2001, p. 10.

[195] Manifestada por SUNSTEIN, Cass R. *Beyond the precautionary principle*. Disponível em: http://www.law.uchicago.edu/Lawecon/index.html. Acessado em: 2 maio 2008.

diminuí-los,[196] não no sentido de uma supressão, mas da produção de confiança por meio da transparência desses riscos.[197]

Trata-se de estabelecer os processos cooperativos comunicativos mencionados por Ladeur, garantindo a maior participação possível na avaliação, pela sociedade civil, do conhecimento produzido pela ciência acerca dos riscos. Dessa forma, pode-se destacar como elementos principais do princípio da precaução a informação e o debate democrático,[198] associando-se então a aplicação do princípio à procedimentalização da complexidade. Olivier Godard ressalta que "Se o princípio da precaução pode procurar uma fonte de legitimidade ao lado da ética, é então em uma ética de reciprocidade ligada à deliberação coletiva sobre os riscos que ele logrará encontrá-la".[199]

A procedimentalização da complexidade envolve a flexibilização da regulação e a cooperação da sociedade civil no estabelecimento das decisões que fundam o direito ambiental material. Para Rainer Wolf, o Estado Ambiental caracteriza-se pelo objetivo de desligar o desenvolvimento econômico da degradação ambiental. A fim de obter êxito nessa tarefa, são necessários critérios, *standards* e processos de administração de um uso ecologicamente eficiente de recursos naturais e matérias-primas poluentes. Mas o poder público não tem capacidade para desenvolver tais processos. A função do Estado reside então em fomentar a cooperação e mobilizar os potenciais endógenos da sociedade.[200]

---

[196] KOURILSKY, Philippe; VINEY, Geneviève. *Le principe de précaution*. Rapport au Premier ministre. Paris: Ed. Odile Jacob et la Documentation française, 2000, p. 21.

[197] É dizer, trata-se de identificar certos riscos como aceitáveis (GODARD, Olivier. Le principe de précaution, une nouvelle logique de l'action entre science et démocratie. *Philosophie politique*. maio 2000. Disponível em: http://ceco.polytechnique.fr/CAHIERS/pdf/526.pdf. Acessado em: 2 maio 2008).

[198] Cf. entre tantos, LEITE, José Rubens Morato; AYALA, Patryck de Araújo. *Direito ambiental na sociedade de risco*. Rio de Janeiro: Forense Universitária, 2004. Para os autores, uma das medidas a serem tomadas em sede de precaução, pelas autoridades públicas, é a promoção do direito à informação (p. 82). E adicionam que a precaução deve ser exercida "a partir de sólidas bases democráticas de gestão da informação" (p. 86). Salientando a importância do debate e afirmando que é a mediação política que cria a confiança, EWALD, François, op. cit., p. 42. No mesmo sentido, afirmando que são os cidadãos que endossam as decisões de correr ou não determinado risco, KOURILSKY e VINEY, op. cit., p. 25.

[199] "Si le principe de précaution peut rechercher une source de légitimité du côté de l'éthique, c'est d'abord dans une éthique de la réciprocité citoyenne liée à la délibération collective sur les risques qu'il gagnera à trouver" (GODARD, Olivier, op. cit., p. 19). E o mesmo autor coloca logo em seguida o problema: "Naturellement, l'organisation de ces procédures ne peut pas contourner le double problème de la représentation et de la participation des citoyens: dans les sociétés modernes, on n'imagine pas de formes de démocratie délibérative directe impliquant la totalité des citoyens" (p. 27). A perspectiva que adotamos aqui em relação ao princípio da precaução foi desenvolvida, com mais espaço, em trabalho anterior: HARTMANN, Ivar Alberto Martins. O princípio da precaução e sua aplicação no direito do consumidor: dever de informação. *Revista de Direito do Consumidor*, v. 18, n. 70, p. 172-235, abr./jun. 2009.

[200] "Die ökologisch effiziente Nutzung von Energie und stofflichen Ressourcen macht Kriterien, Standards und Verfahren erforderlich, für deren Entwicklung Parlament, Regierung und Verwaltung wenig kompetent sind. Der Umweltstaat kann zwar rechtliche Vorkehrungen zum Schutz ökologischer Kollektivgüter treffen, seine aktive Gestaltungsfunktion ist jedoch darauf beschränkt, die Gesellschaft zu motivieren, ihre Nutzungsmuster durch eine ökologische Effizienzrevolution zu optimieren. [...] Der ökologische Rechtsstaat basiert auf der Fähigkeit zur Kooperation und zur Mobilisierung der endogenen Potentiale der Gesellschaft" (WOLF, Rainer. Der ökologische Rechtsstaat als prozedurales Programm. In: ROßNAGEL, Alexander; NEUSER,

O autor sistematiza três aspectos procedimentais fundamentais do Estado Ambiental, a partir de três desafios. O primeiro é a proteção dos direitos fundamentais dos indivíduos contra uma restrição excessiva resultante do surgimento de diversas obrigações ambientais, especialmente em sede de uma aplicação ubiquitária e superavitária do princípio da precaução, problema esse que já foi abordado no primeiro capítulo. O segundo desafio é desassociar o crescimento econômico da degradação ambiental. O terceiro é justamente a tomada de decisões em sede de incerteza, o *Umgang mit Unsicherheit*, que constantemente ameaça as ferramentas das quais dispõe o Estado para a proteção ambiental. Os três desafios são caracterizados por Wolf, respectivamente, como um desafio de direitos individuais, um desafio ecológico e um desafio político.[201]

Enfrentar tais desafios implica o reconhecimento de aspectos procedimentais do Estado Ambiental. No caso da proteção dos direitos individuais em face de restrições excessivas fundadas na proteção ambiental, há que se compensar o problema mediante um aumento da participação pública nas tomadas de decisão do Estado. Quanto ao desafio ecológico, a proteção estatal contra perigos implica paradigmas diretores que podem fundar medidas ecológicas de necessidade, mas não conseguem estabelecer mecanismos de disassociação. Isso somente pode ser realizado por meio da mobilização dos potenciais inovativos endógenos da sociedade, da economia e da tecnologia. O terceiro aspecto procedimental, resultante do desafio político, pressupõe o reconhecimento de que a tomada de decisão sob incerteza deve buscar a confiança de que o aprendizado resultante da incidência de problemas menores pode diminuir a probabilidade da incidência de problemas maiores. A necessidade do aprender a partir de erros inevitáveis leva obrigatoriamente, ao estabelecimento de mecanismos de contemplação interna e externa dos desenvolvimentos tecnológicos. Podemos alinhar esses três elementos procedimentais sob a ordem da participação dos cidadãos nas decisões públicas, na cooperação e da produção e acesso à informação. Nos dizeres de Wolf:

> Onde as bases das decisões não mais podem ser organizadas a partir dos meios tradicionalmente à disposição da Administração, a transferência de conhecimento de terceiros ao Estado, o envolvimento de terceiros nas decisões estatais e o estabelecimento controlado de instâncias decisórias descentralizadas tornam-se pré-condição para a proteção de bens coletivos ecológicos. [...] O direito ambiental com isso é, em uma medida altamente decisiva, *direito da organização e da transferência de informação*.[202]

Uwe. *Reformperspektiven im Umweltrecht:* Dokumentation der "Haydauer Hochschul-Gespräche 1995". Baden-Baden, Nomos, 1996, p. 71).

[201] WOLF, op. cit., p. 74-76.

[202] "Wo die Entscheidungsgrundlagen nicht mehr mit den Bordmitteln der Verwaltung zusammengestellt werden können, wird der Transfer von Wissen von Dritten an den Staat, die Mitwirkung Dritter an staatlichen Entscheidungen und die kontrollierte Einrichtung dezentraler Entscheidungsinstanzen zur Voraussetzung für den Schutz ökologischer Kollektivgüter. [...] Umweltrecht ist damit in einem ganz entscheidenden Maße *Informationsorganisations-* und *Informationstransferrecht*" (grifo no original) (WOLF, op. cit., p. 84). E afirma ainda que "Die sozialstaatlichen Postulate nach Verteilungs- und Belastungsgerechtigkeit reproduzieren sich daher in

As perspectivas de cooperação, participação pública e amplo acesso à informação estão associadas à institucionalização de uma flexibilização: flexibilização dos processos decisórios – a partir do enriquecimento dos processos por meio da inserção, assimilação e manipulação de informações e preferências; flexibilização das decisões em si – mediante a possibilidade de correção de decisões já tomadas; e da flexibilização das consequências das decisões – é dizer, reconhecer que essas consequências nunca são completamente reversíveis, e a incerteza daí decorrente, acerca dos problemas ambientais, não é superada pelo conhecimento, mas sim é objeto de contemplação e reflexão nos processos decisórios.[203]

Enfrentar a complexidade intrínseca à compreensão do ambiente com o intuito de adequadamente protegê-lo é tarefa que escapa a possibilidade jurídica e fática do Estado tradicional. Cabe ao poder público, então, viabilizar e administrar o acesso à informação, o diálogo e a participação nas decisões. Salvo melhor juízo, essa tarefa é a mesma propugnada para a regulação da Internet. Ao Estado-Rede não cabe a definição de normas materiais, mas sim a garantia dos espaços comunicativos ou comunidades. A comunicação está no bojo da procedimentalização da proteção do ambiente tanto quanto da regulação da *web*.

Há como argumentar que a similaridade das soluções – necessariamente procedimentais – resulta da similaridade dos meios em si: ambiente e Internet. Lendo o ambiente como informação,[204] no que não está sozinho, Jim Chen sustenta que é possível identificar, assim como Lawrence Lessig fez em relação ao mundo virtual, três camadas da biosfera. A superfície do planeta, a água e a atmosfera são a camada física. Os organismos que habitam a camada física representam a camada do conteúdo, que por sua vez é dividida em uma subcamada física (as espécies em geral e espécimes individuais) e uma subcamada lógica (a informação genética que esses indivíduos carregam na forma de DNA). A terceira camada reside em meio às duas primeiras e consiste em uma camada lógica que pode ser descrita como as dinâmicas que ditam o funcionamento e a estabilidade do ecossistema. Para Chen, identificar essa semelhança significa intentar a proteção jurídica do ambiente como uma plataforma de informação.

ökologischen Kontexten auf die Forderung nach gleicher Mitwirkung durch Informationen und gleichen Zugang zu Informationen" (p. 85).

[203] "Will man sich nicht der Aporie ubiquitärer Unsicherheit hingeben oder sie ignorieren, so bietet sich als Ansatzpunkt die Institutionalisierung von Flexibilität. [...] Flexibilisierung der *Entscheidungsprozesse*, zweitens die Flexibilisierung der *Entscheidungen* selbst und drittens die Flexibilisierung der *Entscheidungsfolgen*" (grifo no original) (HAGENAH, Evelyn. *Prozeduraler Umweltschutz*: zur Leistungsfähigkeit eines rechtlichen Regelungsinstruments. Baden-Baden, Nomos, 1996, p. 59).

[204] "Code is code, whether expressed in binary digits or in the ATCG alphabet of molecular biology" (CHEN, Jim. Webs of life: Biodiversity conservation as a species of information policy. *Iowa Law Review*, 89, p. 497, 2004). O autor trabalha a semelhança dos dois "ambientes" também sob o ponto de vista da inovação: "In many respects, the Internet and the environment qualify as 'limited [public] commons' whose shared resources are open only to participants who have agreed collectively to 'encourage one another internally' and make creative contributions back to the community even while 'preserv[ing] a domain of their own, separate from the rest of the world'. It suffices for now to stress that electronic and ecological wellsprings of creativity are communal. In this sense the Internet and the biosphere are both 'innovation commons' (CHEN, op. cit., p. 505).

Infelizmente, segundo o autor, o direito falha em efetivar essa proteção em cada uma das camadas.[205]

O ponto nevrálgico da articulação de um Estado Ambiental em sede de um Estado-Rede está na configuração da comunicação no seio da sociedade e entre os indivíduos e o Estado. É o formato de rede, sem um centro, sem hierarquias, com uma quase supressão de capacidades assimétricas de poder de receber e enviar informação, que viabiliza a procedimentalização da proteção ambiental, mais especificamente do amplo acesso à informação ambiental e da participação pública nos processos decisórios. E sob este aspecto, a Internet pode ser considerada fundamental para a proteção ambiental procedimental – não como *conditio sine qua non*, pois a noção de procedimentalização surgiu algumas décadas antes da *web* – mas sim como possibilitadora da realização do potencial da procedimentalização. Parece-nos que antes do estabelecimento de uma sociedade-rede não há como garantir, na medida adequada, o compartilhamento e produção da informação ambiental ou a participação ampla e relevante dos cidadãos nas decisões com repercussão ambiental direta.[206]

Isso não significa, é claro, que a relação entre a massificação do uso das TI e da Internet e a preservação ambiental andem sempre juntas. Muito pelo contrário. Há uma série de problemas ambientais relacionados à popularização da informática e da Rede. Um deles é o denominado *e-waste*. O termo refere-se ao lixo formado pelo descarte de equipamentos eletrônicos como televisores, computadores, câmeras, telefones celulares, etc. Em 2007, nos Estados Unidos, foram descartadas 205 milhões de unidades de computadores e de periféricos associados, sendo recicladas apenas 48 milhões de unidades, ou 18% da massa total descartada.[207] A toxicidade do *e-waste*, decorrente da inserção de metais pesados como mercúrio, cádmio e chumbo diretamente no ambiente, traz sérios

---

[205] CHEN, op. cit., p. 530 e 565. A analogia é elaborada pelo autor norte-americano para sugerir um caminho para a proteção ambiental semelhante aquele utilizado para garantia do princípio end-to-end da Internet (abordado no capítulo anterior): "Although it is impossible to efface humanity's footprint from nature, the electronic analogy does suggest two operating principles for maximizing the biosphere's innovative potential. First, human intervention into the environment should strive for competitive neutrality. Second, the law should grant no entitlements to specific portions of the biosphere except as needed to resolve rivalrous uses. Both competitive neutrality and rivalrousness are central to the end-to-end principle of electronic network design" (p. 526).

[206] Daniel Esty sustenta igualmente que a proteção ambiental na era da informação é diferente, porém com conclusões diferentes. Para o autor norte-americano, a possibilidade de, por meio das novas tecnologias de informação, obter-se já alguma precisão na medição dos danos ambientais causados pelos indivíduos (como quantidade de poluição emitida por determinada fábrica, a concentração de poluição existente em determinado local, etc.), implica na possibilidade de optar por sistemas com interferência regulatória cada vez menor, sendo um deles um sistema "rights-based" de proteção ambiental. Ou seja, a facilidade de obter informações ambientais graças à Internet e outras TI permite menor intervenção da Administração (na produção de informação e na regulação de situações onde há déficit dessa informação) e maior proteção dos afetados pela degradação ambiental por meio de um sistema de responsabilidade extracontratual (*torts*) e de dinâmica de mercado (ESTY, Daniel C. *Environmental Protection in the Information Age*. New York University Law Review, v. 79, 2004).

[207] *Facts and Figures on E Waste and Recycling*. Electronics Take Back Coalition. *Facts and Figures on e-Waste and Recycling*. Disponível em: http://www.computertakeback.com/Tools/Facts_and_Figures.pdf. Acessado em: 22 nov. 2009.

problemas de contaminação de solo e rios.[208] Mesmo nos países em desenvolvimento da América Latina o problema já demanda ação enérgica e organizada dos governos nacionais.[209] A informação que "está na Internet" é armazenada em servidores cujo número, tamanho, produção de calor e gasto elétrico aumentam vertiginosamente. Em um relatório encomendado pelo Legislativo norte-americano, a *Environmental Protection Agency* aponta que a energia consumida por servidores naquele país acumulou 61 bilhões de kilowatts-hora (KWh) em 2006, o equivalente a 1,5% de todo o consumo nacional de eletricidade, sendo que a evolução averiguada é de duplicação do consumo nessa seara a cada cinco anos.[210] O lixo eletrônico virtual, ou *spam*, praga típica da sociedade-rede, também é responsável por danos ambientais na forma de gasto desnecessário de energia, resultando em emissões de gás carbônico. No mundo inteiro, o uso de energia elétrica relacionada ao *spam* (especialmente o tempo gasto para o usuário final determinar que mensagens de sua caixa de correio eletrônico constituem ou não *spam*) foi calculado em 33 bilhões de kilowatts-hora (KWh). Isso é o equivalente à eletricidade consumida por 2,4 milhões de lares norte-americanos (onde a média de consumo de energia é das mais altas), emitindo gases do efeito estufa o equivalente a 3,1 milhões de carros de passeio utilizando 7,5 bilhões de litros de gasolina.[211]

Entretanto, também nesse campo as TI têm papel importante a desempenhar. O uso de TI para a prestação de serviços representa cerca de 1,75% das emissões de gás carbônico europeias, enquanto a produção de equipamentos de TI e equipamentos eletrônicos de consumo é responsável por 0,25%.[212] Se, por

---

[208] NAKAGAWA, Layne. *Toxic Trade*: The Real Cost of Electronics Waste Exports from the United States. Disponível em: http://earthtrends.wri.org/features/view_feature.php?theme=5&fid=66. Acessado em: 22 nov. 2009.

[209] "Official statistics on the situation in the region are lacking; however, it is known that Mexico generates 257,021 tonnes of e-waste per year and Argentina produces 40,184. By 2010, CONAMA estimates that Chile will have more than 10,500 tonnes of tossed computers". Comisión Económica para América Latina y el Caribe (CEPAL). *Newsletter no 7, Policy Instruments and Strategies, eLac 2010*. 05/03/09. Disponível em: http://ec.europa.eu/europeaid/where/latin-america/regional-cooperation/alis/documents/news7eng.pdf. Acessado em: 22 nov. 2009.

[210] *Report to Congress on Server and Data Center Energy Efficiency Public Law 109-431*. U.S. Environmental Protection Agency; ENERGY STAR Program. 2.8.2007. Disponível em: http://www.energystar.gov/ia/partners/prod_development/downloads/EPA_Datacenter_Report_Congress_Final1.pdf. Acessado em: 22 nov 2009. Há boas perspectivas de mudança, entretanto, caso sejam adotadas medidas de aumento de eficiência: "The best practice scenario shows that electricity use in servers and data centers can be reduced below its 2006 level during the next five years rather than almost doubling, which would be the result if current efficiency trends continue" (p. 11). E o relatório pinta um quadro geral otimista: "The outlook for efficiency gains is encouraging, though, because industry is very engaged with these issues and is working with customers who are demanding solutions to the growing energy use in data centers. Federal initiatives should build on these efforts and partner in ways that develop objective, credible information, benchmarks, metrics, and industry standards" (p. 16).

[211] McAfee, ICF International. *The Carbon Footprint of Email Spam Report*. Disponível em: http://resources.mcafee.com/content/NACarbonFootprintSpam. Acessado em: 22 nov. 2009.

[212] Commission of the European Communities. *Communication from the Commission to the European Parliament, the Council, the European Economic and Social Committee and the Committee of the Regions* (on mobilising Information and Communication Technologies to facilitate the transition to an energy-efficient, low-carbon economy). COM(2009) 111 final. Bruxelas, 12.3.2009. Disponível em: http://ec.europa.eu/information_society/activities/sustainable_growth/docs/com_2009_111/com2009-111-en.pdf. Acessado em: 22 nov. 2009.

um lado, é certo que o impacto ambiental do *spam* dos servidores deve ser diminuído mediante ganhos de eficiência, por outro a diminuição desses 2% de emissões não é o aspecto mais importante no panorama geral. O uso de TI em outros ramos da economia, como os transportes, a construção civil e o fornecimento de energia, permite identificar os aspectos deficientes sob o ponto de vista da produtividade e consumo de energia, fornecendo soluções para sua otimização.[213] A aplicação de TI no sentido de diminuir as emissões de gás carbônico em outros setores pode garantir uma economia de emissões de cerca de 15% do total que seria emitido em 2020 em um modelo *business-as-usual* (ou seja, aquilo que seria emitido caso não fossem tomadas medidas para redução das emissões).[214] O maior potencial para diminuição de emissões reside naquilo que é chamado de *smart metering*.[215] Trata-se de avanços tecnológicos que permitem o fluxo de dupla via de informação entre operadores de redes, fornecedores e consumidores de energia, permitindo que todos os envolvidos possam eficazmente administrar o seu consumo de energia. A partir daí é possível adaptar a produção e transmissão de energia em centrais de modo a garantir uma aproximação entre o que é lançado na rede elétrica e o que é efetivamente consumido, evitando gastos desnecessários. Adicione-se a isso a possibilidade de que consumidores produzam sua própria energia elétrica (por meio de painéis solares, por exemplo) e a revendam para a rede quando houver um *surplus*. Em suma, a sociedade-rede gera um impacto ambiental adicional que não pode ser ignorado. Mas, ao que tudo indica, o potencial para apresentar soluções para outros problemas, ocasionando diminuições da degradação no quadro geral, faz a balança pesar em prol das TI e da Rede.

3.2. A CONVENÇÃO DE AARHUS E SEUS TRÊS PILARES

A Convenção de Aarhus, assinada em 25 de junho de 1998 na cidade que lhe deu nome, na Dinamarca, confirma e sedimenta a proteção procedimental ambiental. O nome completo da Convenção é: "Convenção sobre acesso à informação, participação pública nas tomadas de decisão e acesso à justiça em matéria ambiental".[216] De fato, o acesso à informação ambiental (arts. 4º e 5º), a

---

[213] "Consumers and businesses can't manage what they can't measure. ICT provides the solutions that enable us to 'see' our energy and emissions in real time and could provide the means for optimising systems and processes to make them more efficient". *SMART 2020*: Enabling the low carbon economy in the information age. The Climate Group; GeSI – Global e-Sustainability Initiative. *SMART 2020*: Enabling the low carbon economy in the information age. Disponível em: http://www.theclimategroup.org/assets/resources/publications/Smart2020ReportSummary.pdf. Acessado em: 22 nov. 2009.

[214] Idem.

[215] *Communication from the Commission to the European Parliament, the Council, the European Economic and Social Committee and the Committee of the Regions.*

[216] A Convenção entrou em vigor em 30 de outubro de 2001. Até 2 de novembro de 2009, a Convenção contava com 44 Estados-parte. Entre eles estão a maioria dos países do oeste e leste europeu (individualmente), a União

participação pública em decisões sobre questões ambientais (arts. 6º, 7º e 8º) e o acesso à justiça para garantir esses dois direitos (art. 9º) formam aquilo que foi denominado de "o coração da Convenção".

De fato, a Convenção marca o desenvolvimento do direito ambiental no sentido de um aprimoramento da participação pública na proteção ambiental. O objetivo primordial da Convenção, em sede de procedimentalização, é garantir o livre acesso a informações ambientais. A transparência demandada nessa seara está além daquela tradicional publicidade dos atos administrativos. A Convenção reconhece a informação como meio para a formação da opinião e conformação política em uma democracia.[217] A maior transparência da atuação da Administração Pública na proteção do ambiente pode incorrer em maior eficiência dos processos e maior aceitação das decisões das autoridades.[218] Essa transparência garantida pelo livre e amplo acesso à informação ambiental serve à participação de forma geral e à sensibilização do público para com os interesses ambientais, sendo, portanto, um instrumento do controle descentralizado da ação da Administração.[219] Assim como o acesso à informação ambiental, também a participação pública incrementa a transparência, a aceitação dos cidadãos em relação às decisões tomadas e o controle externo da aplicação do direito pelo poder público.[220]

Europeia e alguns países do oeste da Ásia. O Brasil não é signatário. Para uma lista completa dos signatários, bem como outras informações sobre a Convenção, ver http://www.unece.org/env/pp/. Acessado em: 8 jan. 2010.

[217] Nesse sentido também Carla Amado Gomes, para quem "O acesso à informação ambiental assume, por si só, uma dimensão de *participação política*, que se traduz num simples desejo de estar informado sobre as intervenções, públicas e privadas, em bens de fruição colectiva. Depois, poderá revelar uma feição *pedagógica*, dotando o indivíduo do conhecimento essencial à determinação da sua interacção, nos planos pessoal e profissional, com o ambiente. Finalmente, descortina-se ainda uma vertente *instrumental* do direito à informação ambiental, no seu entrelaçamento com o direito à participação na tomada de decisões com incidência ambiental" (GOMES, Carla Amado. *Textos dispersos de direito do ambiente* (e matérias relacionadas). Lisboa: Aafdl, 2008, p. 84, v. II).

[218] "Durch die verstärkte Einbeziehung der Öffentlichkeit in Umweltangelegenheiten soll die Qualität der zu treffenden Entscheidungen besser, die Entscheidungsverfahren nachvollziehbarer und transparenter, das Bewusstsein der Öffentlichkeit für Umweltbelange geschärft sowie die Akzeptanz der getroffenen Entscheidungen gefördert werden" (GUCKELBERGER, Annette. Die EG-Verordnung zur Umsetzung der Aarhus-Konvention auf der Gemeinschaftsebene. *Natur und Recht*. n. 30, p. 79, 2008).

[219] "Werden dem Bürger nunmehr Informationen über den Zustand der Umweltmedien und der umweltrelevanten Verhaltensweisen der Verwaltung zugänglich, wird dies Defizite der Gesetzgebung und des Gesetzesvollzugs im Umweltrecht sowie im Informationshaushalt der Verwaltung offenlegen und eine vermehrte Mobilisierung der öffentlichen Meinung und ihrer Medien für Angelegenheiten des Umweltschutzes auslösen können" (ERICHSEN, Hans-Uwe. Das Recht auf freien Zugang zu Informationen über die Umwelt – Gemeinschaftsrechtliche Vorgaben und nationales Recht. *NvwZ*, p. 149, Heft 5, 1992). No mesmo sentido, ainda na época da primeira diretiva europeia sobre informação ambiental, ZELLER, Friedrich. Staatliche Umweltberatung und gesellschaftliche Umweltbewußtsein. Im Kontext der aktuellen EG-Richtlinie über den freien Zugang zu Umweltinformationen. In: HEGELE, Dorothea; RÖGER, Ralf (eds.). *Umweltschutz durch Umweltinformation*. Chancen und Grenzen des neuen Informationsanspruchs. Berlin: Berlin Verlag, 1993, p. 96: "Die EG-Richtlinie über den freien Zugang zu Umweltinformationen ist ein Schritt in die Richtung "partizipativ-kooperative Politikmodelle" herauszubilden, die geeignet sind, den Sachproblemen und dem gewachsenen Demokratieverständnis der Bürgerschaft besser gerecht zu werden".

[220] "Diese Zielsetzung soll vorrangig durch die Gewährung des freien Zugangs zu Umweltinformationen erreicht werden. [...] Dem liegt der Gedanke zu Grunde, dass Informationen als Mittel zur Meinungsbildung und politischen Mitgestaltung in einer Demokratie von elementarer Bedeutung sind. Die mit diesem Anliegen

A noção de transparência, participação (vide cooperação) e controle descentralizado da atuação do Estado, mormente do Poder Executivo, são elementos-chave da Administração necessariamente dialógica que se conforma no Estado-Rede. Referimo-nos aqui à Administração-Rede ou Administração eletrônica, cujos contornos foram apresentados no capítulo anterior. Esse modelo de Administração está articulado, conforme havíamos inferido, sobre a Internet e o uso de seus potenciais de comunicação descentralizada. Há ao menos uma menção direta a realização dos objetivos da Convenção de Aarhus por um Estado-Rede. O § 3º do art. 5º ("Coleta e disseminação de informação ambiental") determina que:

> Cada (Estado-)Parte deverá garantir que a informação ambiental seja progressivamente colocada à disposição em bases de dados eletrônicas que sejam facilmente acessíveis ao público por meio de redes de telecomunicações. A informação acessível dessa forma deve incluir
>
> (a) Relatórios sobre a situação do ambiente, conforme referido no parágrafo 4 abaixo;
>
> (b) Textos de legislação sobre o, ou relacionada ao, ambiente;
>
> (c) Conforme apropriado, políticas, planos e programas sobre o, ou relacionados ao, ambiente, e acordos ambientais;
>
> (d) Outras informações, na medida em que a disponibilidade de tais informações dessa forma facilitaria a aplicação do direito nacional implementador dessa Convenção, desde que tal informação já esteja disponível em formato eletrônico.

O acesso à informação ambiental e a participação pública nas tomadas de decisão serão abordadas em maior profundidade, especialmente no contexto de um Estado-Rede, sob a perspectiva do ancoramento da realização de ambas no ciberespaço, visto se tratarem dos aspectos intrínsecos à procedimentalização. O acesso à justiça funciona nessa tríade como uma garantia de efetivação desses dois elementos, tendo um característica instrumental em relação a eles. Algumas colocações são devidas, relacionando o acesso à justiça ao Estado-Rede.

3.2.1. O acesso à justiça como auxiliar e como garantia da efetividade dos outros dois direitos e o processo eletrônico nesse contexto

Ao acesso à justiça formal associa-se à ideia de igualdade formal, dominante em sede de Estado liberal. Essa a clássica formulação de Mauro Cappelletti.[221] A concepção de acesso à justiça evoluiu, entretanto, não sendo mais possível compreender o instituto como simples direito de ação ou apenas a garantia de

---

einhergehende Steigerung der Transparenz des Verwaltungshandelns kann jedenfalls auf Dauer zu einer verbesserten Verfahrenseffizienz und zu einer größeren Akzeptanz behördlicher Entscheidungen führen. Sie dient der individuellen Rechts- und Interessenverfolgung, der allgemeinen Partizipation sowie der Sensibilisierung der Öffentlichkeit für Umweltbelange und ist damit zugleich ein Instrument der indirekten bzw. dezentralen Vollzugskontrolle" (DANWITZ, Thomas von. Aarhus-Konvention: Umweltinformation, Öffentlichkeitsbeteiligung, Zugang zu den Gerichten. *NvwZ*, p. 273, Heft 3, 2004).

[221] CAPPELLETTI, Mauro. *Acesso à justiça*. Porto Alegre: Fabris, 1988, p. 9.

inafastabilidade da jurisdição.[222] Atualmente, o acesso à justiça pode ser compreendido como inafastável, sob o ponto de vista do ingresso, privilegiando-se o direito de ação; justo, sob o ponto de vista do respeito ao devido processo legal – ou constitucional; e efetivo, sob o ponto de vista da verdadeira realização dos comandos das decisões, de modo a alcançar faticamente ao indivíduo o bem que este pretende e merece por direito.

Nesse contexto, é basilar compreender que "a jurisdição e o tema do acesso à justiça devem ser focalizados com base nas linhas do Estado Democrático de Direito. A jurisdição visando à realização dos fins do Estado".[223] O acesso à justiça pode ser considerado direito fundamental primordial, pois, como bem ensina Cappelletti, "O acesso à justiça pode, portanto, ser encarado com o requisito fundamental – o mais básico dos direitos humanos – de um sistema jurídico moderno e igualitário que pretende garantir, e não apenas proclamar os direitos de todos".[224] Apesar de a problemática colocar-se com maior frequência e complexidade no terceiro aspecto, da efetividade, o mero ingresso já é difícil de realizar-se de maneira democrática,[225] conforme foi demonstrado por Cappelletti em seus diversos estudos.

A igualdade material é o princípio que garante o acesso paritário das pessoas ao Judiciário.[226] É imprescindível a constatação de que não basta a inafastabilidade, visto que esta, por si só, diferencia profundamente aqueles com condições técnicas e financeiras para litigar e aqueles cuja exclusão social decretou a insuficiência dos subsídios mínimos necessários para posicionar-se e manter-se em um dos polos de uma lide.[227] A condução do processo diz com o acesso à justiça justa,[228] pois deve respeitar o devido processo legal. A manutenção das garantias processuais é segurança contra desigualdade no âmbito do desenrolar da lide. Historicamente, após assegurar-se a ação judicial, como independente do direito material e assim que foram sacramentadas as formas, como mecanismo contra os abusos, fala-se de resultados, de efetividade. Esta última deriva da noção acertada de que o processo não é fim em si mesmo, mas mero instrumento, daí porque se passou de um formalismo para um

---

[222] Uma análise detalhada do desenvolvimento da noção de acesso à justiça pode ser encontrada em GALDINO, Flavio. A evolução das idéias de acesso à Justiça. *Revista Autônoma de Processo*. n.3, p. 61-94, abr./jun. 2007.

[223] MARINONI, Luiz Guilherme. *Novas linhas do processo civil*. 4. ed. São Paulo: Malheiros, 2000, p. 23.

[224] CAPPELLETTI, op. cit., p. 12. Assim também ORIONE, Marcus. *Direito processual constitucional*. São Paulo: Saraiva, 1998, p. 81, para quem "a ação (deve ser vista) como garantia indispensável à sobrevivência no Estado de Direito, já que constitui a última esperança daquele que se sente injustiçado e que não detém nenhum outro meio para fazer valer suas pretensões".

[225] TORRES, Silvestre Jasson Ayres. *O acesso à justiça e soluções alternativas*. Porto Alegre: Livraria do Advogado, 2005, p. 38, afirma que "a idéia de acesso à Justiça passa não só pela preocupação com a morosidade da prestação jurisdicional e a exigência de maior agilidade do processo, mas também pela democratização do Judiciário".

[226] Essa paridade é exatamente o foco central da primeira onda de acesso à justiça, cf. MORALLES, Luciana Camponez Pereira. *Acesso à justiça e princípio da igualdade*. Porto Alegre: Fabris, 2006, p. 55.

[227] Sobre estes aspectos, ver ASSIS, Araken de. Garantia de acesso à justiça: benefício da gratuidade. In: TUCCI, Rogério Cruz e (coord.). *Garantias constitucionais do processo civil*. São Paulo: Rev. dos Tribunais, 1999.

[228] Esse o enfoque outorgado por GALDINO, op. cit., p. 77.

instrumentalismo.[229] Esse instrumentalismo nada mais é que a atribuição da garantia de acesso à justiça justa como princípio central do processo.[230]

O sucesso em fornecer o acesso à justiça justa depende da solução de diversos óbices que contra ela se postam, como a facilidade de ingresso no Judiciário, o custo do processo, a morosidade, a ineficiência da execução, o formalismo exacerbado, entre outros. Para diversos problemas existem, é claro, diversas soluções. A principal lição de Cappelletti é aquela da imprescindibilidade da consideração sistemática dessas soluções e da sua implementação interdependente.[231] Nesse contexto insere-se o processo eletrônico como formato possível e desejável do acesso à justiça garantido pelo Estado-Rede.

A doutrina processualista, bem como os órgãos judicantes, tem se manifestado no sentido de reconhecer o amplo potencial de aprimoramento da estrutura do processo através de sua informatização,[232] concedendo-lhe a tão benfazeja e insistentemente procurada efetividade.[233] É dada quase como decorrência lógica da adoção de um processo eletrônico a substancial aceleração do processo e a geral redução de seus custos. Muito embora entendamos que esse será, após a adequada implantação dos novos procedimentos, o resultado percebido no panorama geral, não se pode acreditar que a informatização trará sempre e somente benesses. Não reside aqui, certamente, a panaceia de todos os problemas do Judiciário.[234] Dessa forma, parece-nos conveniente recepcionar a noção de acesso à justiça, mormente das tradicionais "ondas" de Mauro Cappelletti, por parte de um Estado-Rede, em sede do processo eletrônico.

Nessa linha, concebe-se a primeira onda tradicionalmente como aquela associada à gratuidade do acesso à justiça para os necessitados. Essa ideia é ampliada, contudo, para abranger inclusive a facilitação do contato entre essas pessoas e

---

[229] DINAMARCO, Cândido Rangel. *A instrumentalidade do processo*. 12. ed. rev. atual. São Paulo: Malheiros, 2005, p. 375. "Falar da efetividade do processo, ou da sua instrumentalidade em sentido positivo, é falar da sua aptidão, mediante a observância racional desses princípios e garantias, a pacificar segundo critérios de justiça".

[230] Idem: "Nem a garantia do contraditório tem valor próprio [...] Ela e mais as garantias do ingresso em juízo, do devido processo legal, do juiz natural, da igualdade entre as partes – todas elas somadas visam a um único fim, que é a síntese de todas e dos propósitos integrados no direito processual constitucional: o *acesso à justiça*".

[231] CAPPELLETTI, op. cit., p. 164-165.

[232] Sobre o desenvolvimento do processo eletrônico no Brasil, ver FILHO, Demócrito Ramos Reinaldo. A Informatização do Processo Judicial – Da "Lei do Fax" à Lei 11.419/06: uma breve retrospectiva legislativa. *Revista de Derecho Informático*, n. 102, jan. 2007. Disponível em: http://www.alfa-redi.org/rdi-articulo.shtml?x=8409. Acessado em: 9 jun. 2008.

[233] Em sede de processo penal, afirma-se que "Na era da informática, não é mais aceitável que se façam assentamentos de audiência manuscritamente ou com obsoletas máquinas de escrever manuais, que se ignore a existência da possibilidade de gravação em fitas magnéticas de depoimentos, do uso de gravação em vídeo, da comunicação por fax, da Internet, entre outros avanços tecnológicos que podem tornar o Poder Judiciário mais ágil, rápido e, como via de consequência, mais acessível à população" (SILVA, Marco Antonio Marques da. *Acesso à justiça penal e estado democrático de direito*. São Paulo: Juarez de Oliveira, 2001, p. 83). Já MORALLES, op. cit., p. 78, afirma que um dos óbices ao acesso à justiça é exatamente "falta de adoção de tecnologia da informação".

[234] ALMEIDA FILHO, José Carlos de Araújo. *Processo eletrônico e teoria geral do processo eletrônico*: a informatização judicial no Brasil. Rio de Janeiro: Forense, 2007, p. 62.

o Poder Judiciário, no sentido de superar os problemas, até de ordem psicológica, aferidos no aspecto da concepção que têm os mais pobres da instituição judiciária e da imensa dificuldade que eles têm de reconhecer seus próprios direitos e perceber, finalmente, o que significa o seu direito de acesso à justiça individualmente considerado. Esse é assunto que será abordado com maior profundidade em seguida, pois está necessariamente ligado à questão da inclusão digital, mas é pertinente registrar que esse aspecto da primeira onda de acesso à justiça tem sim relação com a informatização dos órgãos julgadores. O aspecto dos custos do processo, que também guarda relação com essa primeira onda, é dos mais afetados pela adoção do processo eletrônico.

A segunda onda é descrita como o aparelhamento jurídico-normativo do processo para o adequado tratamento das demandas fundadas em interesses difusos e direitos coletivos. Dado que essa segunda fase foi caracterizada principalmente pelas modificações na legislação processual, que até então era centrada no atendimento de ações individuais, não parece que o processo eletrônico guarde relação próxima com essas alterações. Este último é pertinente aos procedimentos, à estruturação do aparelho judiciário, e não tanto às normas de direito processual estrito senso. Mas ocorre que essa evolução do sistema judicial para atender às demandas difusas e coletivas implica, ao menos em âmbito secundário, modificações na estrutura da máquina, com o intuito de assegurar efetividade de acesso e de resultados. A intimação de um grande número de sujeitos, sejam eles do polo ativo ou passivo, será sempre muito mais facilmente realizada em meio eletrônico. Da mesma forma, tratando-se de produzir prova testemunhal de diversas pessoas residentes em locais diferentes, a teleaudiência traz impacto tanto maior aos princípios da celeridade e imediatidade quanto maior for o número de testemunhas ou depoentes. A segunda onda é possivelmente a mais relevante para a proteção ambiental procedimental. A participação pública se dá em larga escala pelo intermédio da ação de associações e ONGs ambientais, cujo acesso à justiça sempre foi restringido pela falta de legitimidade ativa reservada pelos ordenamentos processuais. Ao dispor no sentido de superação desse problema, a Convenção de Aarhus contempla fator imprescindível para assegurar meios aos grupos ambientais para cumprirem seu papel na relação com uma Administração rede devotada à proteção ambiental.

A despeito da relação existente entre as duas primeiras ondas e o processo eletrônico, o liame é realmente mais evidente quando se trata da terceira. Posto que essa diz respeito à conjunção das conquistas das ondas anteriores, associada à verdadeira reestruturação do processo e do Judiciário e ao reconhecimento de formas alternativas de solução de conflitos como contributos do acesso à justiça, visando, acima de tudo, à efetividade, há grande espaço para melhoras introduzidas pela informatização. Essa última traz consequências benéficas especialmente no que tange à economia processual, à oralidade, à celeridade[235] e

---

[235] Nesse contexto, a informatização do processo é citada sempre como razão de um aprimoramento do processo sob o aspecto celeridade. Ver, sobre o assunto, LUCON, Paulo Henrique dos Santos. Duração razoável e

à garantia de realização das decisões, ou efetividade em sentido estrito. Há que reconhecer que a terceira onda de acesso à justiça beneficia-se grandemente da virtualização do processo, da eletronicalização do procedimento, da mecanização dos atos não decisórios, inclusive aqueles que são já comumente realizados pelos escrivões ou estagiários. Trata-se de absorver todas as evoluções anteriores e realizar a reestruturação judiciária propugnada por Cappelletti através da informatização. Não seria de todo leviano afirmar, inclusive, que essa informatização constitui uma espécie de quarta onda, diante da profundidade e amplitude das modificações e da abrangência dos resultados. Mas preferimos sustentar que a ela constitui de fato a mola propulsora da terceira onda, seu coroamento mesmo, a verdadeira viabilizadora da efetividade do processo garantido pelo Estado-Rede.

A informatização do processo e do Judiciário serviria justamente para encurtar distâncias entre o indivíduo e o foro. Mas a exclusão digital é o maior óbice a essa aproximação. Não há como negar o problema. A resposta, obviamente, não é tornar obrigatório o processo eletrônico. Essa é uma transição de reverberação profunda que deve ser feita com cuidado a passos parcimoniosos. A plena obrigatoriedade, na ausência de um processo gradual de adoção dos novos mecanismos, tende exatamente a restringir o acesso à justiça, pura e simplesmente.[236] A informatização seria, então, ao contrário do que propugnamos aqui, motivo de restrição do acesso à justiça.[237]

Mas contrariar de plano a possibilidade de bons resultados é por demais pessimista. É evidente que há um longo caminho há percorrer em termos de inclusão digital. A própria lei brasileira do processo eletrônico, a Lei nº 11.419/06, já contém dispositivos que obrigam o Judiciário a fornecer subsídios para a inclusão digital, sob o aspecto do processo eletrônico. Estabelece o art. 10, § 3º, que "os órgãos do Poder Judiciário deverão manter equipamentos de digitalização e de acesso à rede mundial de computadores à disposição dos interessados para distribuição de peças processuais".

Não há que negar os problemas que a exclusão digital traz para o acesso à justiça informatizada. Muito pelo contrário. Há uma relação de dependência, pois, como bem ressalta Edilberto Barbosa Clementino, "o êxito na implantação do Processo Judicial Eletrônico está diretamente associado a políticas públicas

---

informatização do processo judicial. *Panóptica*. Vitória, a. 1, n. 8, p. 368-384, maio/jun. 2007. Disponível em: http://www.panoptica.org. Acessado em: 9 jun. 2008, p. 9: "São importantes as alterações promovidas na legislação brasileira visando a um processo mais célere, com razoável duração, por meio de sua inclusão do processo civil na sociedade da informação". Ver ainda LAZZARI, João Batista. O processo eletrônico como solução para a morosidade do Judiciário. *Revista de previdência social*. v. 30, n. 304, p. 173-174, mar. 2006, e, sobre a celeridade processual de forma geral, ARRUDA, Samuel Miranda. *O direito fundamental à razoável duração do processo*. Brasília: Brasília Jurídica, 2006.

[236] ALMEIDA FILHO, op. cit., p. 134-135.

[237] Essa a posição de FERREIRA, Ana Amelia Castro. Sistemas Tecnológicos e o Poder Judiciário. Racionalização ou Democratização da Justiça? *Revista de Derecho Informático*. n. 85, ago. 2005. Disponível em: http://www.alfa-redi.org/rdi-articulo.shtml?x=1604. Acessado em: 9 jun. 2008.

de inclusão social/digital".[238] No mesmo sentido manifesta-se José Carlos de Araújo Almeida Filho: "Com a inserção digital, teríamos a implantação do Processo Eletrônico de forma mais eficaz e, com isto, a concretização de um ideal, que é o da Justiça célere".[239] Embora existam dificuldades a superar, queremos crer que o caminho não é outro senão a ampla informatização do processo, sustentada pela inclusão digital, como forma de verdadeira realização do acesso à justiça pelo Estado-Rede.

3.3. ACESSO À INFORMAÇÃO AMBIENTAL NO ESTADO-REDE

3.3.1. Contornos tradicionais do instituto do direito de acesso à informação ambiental

A concepção de acesso à informação detida pelo poder público como garantia de transparência, no formato de um direito individual de petição, tem sua origem contemporânea no estatuto norte-americano denominado *Freedom of Information Act*, ou FOIA, de 1966. O movimento que originou essa lei e a fortaleceu nos anos seguintes carregava em seu bojo a ideia de controle da Administração pelos indivíduos de modo a combater a corrupção e o autoritarismo. Muito embora sua concepção não tivesse por base a garantia de acesso à informação especificamente ambiental, o movimento norte-americano da justiça ambiental, associado à proteção de minorias em face de impactos desproporcionais da degradação ambiental, conforme já visto, utilizou-se largamente das bases estabelecidas pelo FOIA. A concepção que alavancou a primeira diretiva da União Europeia sobre o acesso à informação ambiental, décadas mais tarde, apoiou-se nos contornos gerais e na experiência do uso do FOIA.

O procedimento de petição previsto pelo FOIA, muito embora já contivesse mecanismos para garantia de sua efetividade, como a previsão de prazo para a autoridade responder ao pedido do cidadão, ainda era acometido de certas insuficiências, como a limitação do pedido de informação apenas para autoridades da Administração federal. Não obstante, sua inovação inspirou a configuração de contornos arrojados para a diretiva 90/313/CEE. A diretiva marcou a caracterização do acesso à informação ambiental com dois importantes elementos. O

---

[238] E prossegue: "para que esta não se torne uma via de uso exclusivo das classes economicamente mais favorecidas da população, criando-se uma duplicidade de Justiça: a dos ricos (informatizada e, conseqüentemente, mais rápida) e a dos pobres (tradicionalmente mais lenta), maculando de vez o princípio em discussão" (CLEMENTINO, Edilberto Barbosa. *Processo judicial eletrônico*: o uso da via eletrônica na comunicação de atos e tramitação de documentos processuais sob o enfoque histórico e principiológico, em conformidade com a Lei 11.419, de 19.12.2006. Curitiba: Juruá, 2007, p. 138). Essa é uma das soluções preconizadas também por TORRES, Silvestre Jasson Ayres, op. cit., p. 23, que afirma: "a participação do Poder Judiciário junto às comunidades de uma forma mais direta, no sentido de levar a Justiça a cada parte interessada, precisa contar com o apoio da mesma sociedade, através dos mais diferentes órgãos e áreas de influência, para encontrar novas vias de acesso à Justiça".
[239] ALMEIDA FILHO, op. cit., p. 57.

primeiro deles é a descontinuação da noção de direito à informação em face do Estado somente no âmbito de processos administrativos. O acesso à informação ambiental passa então a ser um direito subjetivo público, que pode ser exercido a qualquer tempo e independentemente da existência de um procedimento administrativo em andamento.[240] O segundo elemento é a abolição do requisito de demonstração de interesse. O indivíduo que deseja obter acesso à determinada informação ambiental não está obrigado a provar sua relação direta com o assunto específico. Esse elemento salvaguarda amplas possibilidades de pedidos de informação pelos cidadãos e, especialmente, por associações ambientais e ONGs, que anteriormente ficavam barradas de buscar a transparência de dados ambientais visto não poderem demonstrar um interesse individual em jogo.[241]

É claro que um avanço dessa magnitude no sentido da sacramentação do direito de acesso à informação catalisou opiniões desfavoráveis. Nos Estados Unidos, por exemplo, o FOIA foi objeto de críticas tendo por base sua suposta ineficácia, já que os grandes casos de corrupção governamental não eram desacobertados pelo uso dos mecanismos de controle público garantidos pela lei, mas sim pelo trabalho de órgãos de fiscalização internos à estrutura governamental. Outra insuficiência estaria manifestada na necessidade de algum conhecimento prévio sobre determinado problema para dar entrada com um pedido de informação. É dizer, como solicitar ao governo dados acerca de uma atividade poluidora cuja existência se desconhece? Por outro lado, a garantia de um direito à informação ambiental foi rechaçada por alguns como o estímulo a, e paternalização de, necessidades fúteis e exageradas por parte dos indivíduos, típicas da chamada sociedade de risco, de obter mais e mais informações ambientais, com o objetivo de lograr uma sensação inalcançável de segurança.[242]

Os aportes da garantia legal de um procedimento para o acesso à informação não podem ser aferidos a partir dos resultados diretos dos pedidos de forma isolada. Há que se contemplar o panorama geral social no qual se inserem esses pedidos. A obtenção de verdadeira transparência dos dados dos quais

---

[240] Como é o caso na Alemanha, a partir da Umweltinformationsgesetz, que resultou da internalização naquele país das normas da diretiva 90/313/CEE (TURIAUX, André. *Umweltinformationsgesetz*. Kommentar. Munique: C.H. Beck, 1995, p. 88).

[241] Aquele que solicita informação de cunho ambiental ao poder público não precisa demonstrar legitimidade através de interesse pessoal. Nesse sentido, no âmbito nacional, a Lei 9.051/95 corrigiu a errônea exigência do Decreto 99.274/90, regulamentador da Política Nacional do Meio Ambiente, que fazia tal descabida exigência (MACHADO, Paulo Affonso Leme. *Direito à informação e meio ambiente*. São Paulo: Malheiros, 2006, p. 95).

[242] KINDLER, Kilian. Umweltinformation im gesellschaftlichen Spannungsfeld. Chancen und Grenzen einer Umweltinformationsrichtlinie als Instrument zielgerichteter Umweltpolitik. In: HEGELE, Dorothea; RÖGER, Ralf (eds.). *Umweltschutz durch Umweltinformation*. Chancen und Grenzen des neuen Informationsanspruchs. Berlin: Berlin Verlag, 1993, p. 65. Na época da elaboração da primeira diretiva europeia sobre informação ambiental, afirmou o autor que "Die Umweltinformationsrichtlinie – und dies sei abschließend als These formuliert – führt zu einer Harmonisierung zunächst konfligierender gesellschaftlicher Interessen, steht jedoch aus Gründen der Dezentralisierung von Verantwortung und Verantwortlichkeit und aus Gründen der Verzögerung zwingend erforderlicher Maßnahmen einer Harmonisierung von Ökonomie und Ökologie eher im Wege, als dass sie zur Erreichung dieses für die Menschheit als Spezies überlebensnotwendigen Megaziels beiträgt" (p. 81).

dispõe a Administração somente se dá mediante a soma de outros fatores, como os vazamentos de informação por parte de funcionários públicos – em geral de carreira e possivelmente imunes aos interesses políticos "abafadores" da "situação", a atuação vigilante de instituições governamentais de controle interno, o trabalho investigativo da imprensa, as campanhas por transparência organizadas por ONGs e as batalhas judiciais pela efetivação da transparência. Não se pode observar o direito ao acesso à informação ambiental como um elemento autossuficiente, mas sim como parte de um contexto complexo daquilo que pode ser chamada de uma "ecologia da transparência".[243]

A informação ambiental como meio para alcançar maior efetividade da proteção do ambiente está associada à *Umweltbewusstsein*, ou consciência ambiental. Além de servir como ferramenta para o controle do poder público e como base para a tomada de decisões em processos participativos, a informação ambiental fomenta a *Umweltbewusstsein*. Essa perspectiva holística e ampla da percepção humana em relação ao ambiente, os seres vivos e a complexidade aí inerente, pode ser dividida em *apercepção, posicionamento* e *prontidão para o agir*. A apercepção é o elemento cognitivo da consciência ambiental, relacionado a uma sensação emocionalmente-acentuada de pertença ao ambiente. Isso implica, em um primeiro passo, a reconhecimento dos pontos frágeis do equilíbrio natural, da inter-relação que permeia os elementos dos ecossistemas e de uma reação sensibilizada em face da degradação ambiental. Em um segundo passo, traz a compatibilização dos eventos ambientais com os valores individuais. O posicionamento traduz uma formação de opinião ambiental o mais positiva possível, resultante da apercepção, e no âmbito da qual também novos valores são reconhecidos. A prontidão para o agir advém do posicionamento e traduz a vontade de proteger o ambiente.[244]

Diante da importância da *Umweltbewusstsein* para a participação em processos decisórios envolvendo o ambiente, cabe ao Estado viabilizá-la, por exem-

---

[243] Esse o argumento de KREIMER, Seth F. The freedom of information act and the ecology of transparency. *University of Pennsylvania Journal of Constitutional Law*, n. 10, 2008. O autor sustenta que "to the extent that FOIA has functioned as an effective check, it has been a part of an ecology of transparency that includes the permanent infrastructure of federal civil servants with integrity, internal watchdogs, reasonably open opportunities to publish and share information, and a set of civil society actors capable of pursuing prolonged campaigns for disclosure" (p. 1017). E prossegue: "It has been predominantly the availability of well-financed NGOs, combined with the possibility of assistance from the private bar, that has made FOIA a force to be reckoned with in this arena" (p. 1024).

[244] Essa é a conceituação de Norbert Kohlheb a partir da análise de diversas concepções de *Umweltbewusstsein* encontradas na literatura. A consciência ambiental em si pode ser vista como um processo, conforme o autor: "Zusammengefasst kann man den Schluss ziehen, dass Umweltbewusstsein einen Prozesscharakter hat, ein Prozess, der zunächst Wahrnehmungen und Einstellungen betrifft, dem dann die Ausbildung der Bereitschaft zur Handlung folgt. Der Wahrnehmungsprozess vollzieht sich auf zwei oder drei Ebenen (kognitiv, affektiv, sozial-normativ), wobei Wissens- und Erfahrungssammeln und das Vergleichen mit den Vorhandenen Werten und Wertvorstellungen erfolgt. Dieser Vorgang schließt teilweise einen Meinungsbildungs- bzw. Einstellungsprozess ein. Dieser überlappt die Handlungsbereitschaft, die unmittelbar entweder aus Einsicht oder aus Einstellung folgt" (KOHLHEB, Norbert. *Umweltpolitik, Umweltbewußtsein und Umweltinformation. Eine interdisziplinäre Studie zu den Möglichkeiten und Grenzen markwirtschaftlich-demokratischer Umweltpolitik unter Berücksichtigung von Umweltbewußtsein und Umweltinformation*. Tese de Doutorado. Institut für Volkswirtschaftslehre und Volkswirtschaftspolitik Karl-Franzens Universität Graz. Graz, 1998, p. 100).

plo, a partir do estímulo à informação ambiental que esclareça os indivíduos para que possam diferenciar entre riscos ambientais falsamente percebidos e os verdadeiros perigos de dano ambiental.[245] Mas a suposição (que de fato pareceria de outra forma razoável) da relação causal entre a informação ambiental e a *Umweltbewusstsein*, no sentido de que a disponibilidade de informação sobre o ambiente suscitaria a consciência ambiental, não logrou, ao menos ainda, bases científicas sólidas. Pelo contrário, poderíamos dizer, isso sim, que não há uma relação de causa e efeito, mas apenas de orientação da atenção: aquele que possui consciência ambiental tem a capacidade de encontrar e valorar com sucesso a informação ambiental.[246] A função principal da *Umweltbewusstsein* está no processo democrático, no qual eleitores ambientalmente conscientes apoiam aqueles representantes e governos que desenvolvem uma política ambiental adequada. A consciência ambiental é, portanto, uma condição para a proteção ambiental efetiva, porém não constitui uma garantia desta.[247]

Apesar do pioneirismo dos Estados Unidos na questão do acesso à informação em sentido amplo, inclusive inserido na tradição de proteção incondicional da liberdade de expressão e da livre circulação de informação albergada naquele país, é na União Europeia que o direito ao acesso à informação ambiental encontrou maior desenvolvimento. Uma segunda diretiva sobre o tema – 2003/4/EC – foi elaborada para realizar alguns reparos no arcabouço jurídico consagrado pela primeira. Foi percorrido um longo caminho a partir da inspiração no FOIA, tanto pelas diretivas em si como pela sua interiorização nos sistemas jurídicos dos Estados-Membro (que, em face de alguns espaços de discricionariedade deixados ao legislador nacional pelas diretivas, por vezes ultrapassaram o nível de proteção garantido por estas, e por vezes ficaram aquém), como ainda pelo advento da Convenção de Aarhus, que influenciou a segunda diretiva. Não julgamos conveniente aqui fazer análise exaustiva ou detalhada das disposições específicas sobre o acesso à informação em um sistema jurídico isolado, seja o do direito comunitário, seja o brasileiro. Diante do objetivo imediato de inserir o instituto do acesso à informação ambiental no contexto do Estado-Rede, apresentaremos de forma breve algumas características que se mostram comuns ao instituto em sua adoção por diversos países. Com isso não pretendemos dar a entender que todos esses elementos apresentam-se de forma idêntica nas diferentes ordens jurídicas, mas apenas encontrar um denominador comum para alinhar alguns contornos do instituto.[248]

---

[245] "Die Aufgabe der staatlichen Umweltberatung besteht also schon allein darin, die gesellschaftlichen Kräfte von den nur als gefährlich angenommenen Umwelterscheinungen auf die tatsächlichen Gefahren zu verweisen. Also die Diskrepanz zwischen Akzeptanz und Akzeptabilität zu verringern" (ZELLER, op. cit., p. 90).

[246] KOHLHEB, op. cit., p. 118.

[247] Ibidem, p. 117. O autor cita ainda uma segunda função, que, em se tratando de proteção ambiental procedimental por meio da participação, parece-nos secundária: o indivíduo dotado de consciência ambiental terá propensão a respeitar as normas de proteção ambiental, diminuindo a dificuldade de aplicação da lei pela Administração.

[248] Para Paulo Affonso Leme Machado, as características da informação ambiental são a tecnicidade, a compreensibilidade, a tempestividade, a imprescindibilidade em situação emergencial e desnecessidade de interesse pessoal daquele que demanda a informação (MACHADO, *Direito à informação e meio ambiente*, op. cit., p. 91 e ss.).

O conceito de informação ambiental abrange todos os fatos, prognósticos, planos e projetos gravados em bases de dados, que envolvam o ambiente ou a sua proteção, ou, ainda, sobre a possível geração de efeitos sobre a situação ambiental presente ou futura, sobre os humanos e sobre bens culturais.[249]

A titularidade para solicitar as informações ambientais deve ser a mais ampla possível, incluindo pessoas naturais de qualquer nacionalidade e pessoas jurídicas de direito privado.[250] Pessoas jurídicas de direito público, no entanto, não estão inseridas na categoria de solicitador de informação ambiental – ou *antragsteller* – dado que o regime de cooperação interno aos órgãos estatais, que regula inclusive as trocas de informação, tem caráter especial quando comparado com o panorama geral das relações indivíduo-Estado.

A categoria de "autoridade" que está obrigada a responder aos pedidos de informação ambiental deve ser compreendida de maneira ampla. Abrange todos os entes naturais ou jurídicos, de direito público ou privado, que cumprem funções características da Administração Pública, incluindo deveres, atos ou serviços específicos, em conexão com o ambiente.[251] Estão excluídos os Poderes Legislativo e Judiciário, exceto em situações nas quais órgãos desses Poderes atuem preponderantemente na forma acima descrita. Parece-nos ser o caso, por exemplo, da autoridade do Poder Judiciário responsável pelo planejamento e execução da construção de tribunais, que estaria obrigada a esclarecer pedido de informações acerca do impacto ambiental da construção de determinado foro. É de se rejeitar, entretanto, uma concepção superavitária da categoria de legitimados passivos ao pedido de informações, de modo a não incluir aí entidades cujas competências em nada se relacionam com o ambiente.[252]

Conforme já foi destacado, duas características importantes do direito ao acesso à informação ambiental são sua qualidade de direito subjetivo público, cujo exercício não está circunscrito ao âmbito de um procedimento administrativo, e a inexistência do requisito de demonstração de interesse por parte do solicitador das informações. Embora a categoria dos *antragsteller*, bem como a das autoridades legitimadas passivamente, seja ampla, e ainda que os dois importantes elementos

---

[249] "'Informationen über die Umwelt' i. S. der Richtlinie 90/313/EWG sind demnach alle auf Datenträgern gespeicherten Fakten, Prognosen, Planungen und Vorhaben, die die Umwelt bzw. ihren Schutz betreffen oder Auswirkungen auf ihren jetzigen wie zukünftigen Zustand und auf den Menschen wie auch auf Kultur- und Sachgüter zeitigen können" (ERICHSEN, op. cit., p. 411).

[250] Como por exemplo, no direito alemão, conforme a Umweltinformationsgesetz, UIG: "Nach § 3 I UIG hat jede natürliche oder juristische Persondes Privatrechts, unabhängig von ihrer Nationalität, einen Informationsanspruch. Auch ausländische juristische oder natürliche Personen können unabhängig von ihrem Sitz bzw. Wohnsitz dieses Recht in Anspruch nehmen" (THEUER, Andreas. Der Zugang zu Umweltinformationen aufgrund des Umweltinformationsgesetzes (UIG). *NvwZ*, Heft 4, 1996, p. 327).

[251] "In Art. 2 Nr. 2 AK (Aarhus Konvention) wird ein umfassender Behördenbegriff verwendet. Darunter fallen unter anderem die Stellen der öffentlichen Verwaltung sowie natürliche oder juristische Personen des Privatrechts, die Aufgaben der öffentlichen Verwaltung, einschließlich bestimmter Pflichten, Tätigkeiten oder Dienstleistungen im Zusammenhang mit der Umwelt wahrnehmen" (GUCKELBERGER, op. cit., p. 79).

[252] "Widersprechen muß ich jedoch Ansichten in der Literatur, daß jede Behörde, die irgendeine "Berührung" zum Umweltschutz hat, auch eine UIG-Behörde sei" (THEUER, op. cit., p. 328).

citados anteriormente indiquem também uma abertura da aplicação do direito de acesso a uma vasta gama de situações, as positivações do instituto do acesso à informação ambiental sempre incluem exceções ao dever de informar.

As exceções caracterizam-se rotineiramente pela proteção de interesses públicos que justifiquem o sigilo de determinados dados – aqui encontram-se inclusive situações nas quais a divulgação da localização de *habitats* de espécies ameaçadas de extinção colocaria as mesmas em perigo –, a proteção de interesses econômicos manifestados pela garantia da propriedade intelectual e dos segredos industriais e a privacidade individual. Nesses casos, mesmo a impossibilidade de divulgar certas informações não exime a autoridade de efetuar supressões parciais em documentos ou registros de atos, de forma a permitir que o conteúdo não estritamente protegido por essas exceções seja imbuído da devida transparência.

A informação pode ser entregue ao solicitante na forma de um relatório sobre o assunto questionado, produzido especialmente a partir do pedido, ou pode ser transmitida na forma de acesso aos atos administrativos, em seu teor original. A primeira opção é contraproducente para o poder público em razão da dedicação extra que exige dos envolvidos para a produção do relatório, quando comparado com a segunda opção, cujo ato de simples revelação ou exposição do conteúdo dos atos demanda pouca mão de-obra. Mais relevante que o aspecto da carga de trabalho, entretanto, é o da proibição de alteração da informação, com o intuito de maquiá-la, censurá-la parcialmente ou distorcê-la. O acesso deve ser garantido à informação original, sem a intervenção da autoridade pública de modo a maculá-la de uma valoração. Somente assim é possível o controle real da Administração.[253] Por esse motivo a opção de produção de um relatório acerca do tema sobre o qual se pedem dados é vista com reservas pela doutrina.

Por outro lado, a simples exposição dos dados ambientais em poder da Administração não cumpre o objetivo do direito de acesso quando a natural tecnicidade dessa espécie de informação constituir um óbice à compreensão por parte do solicitante. Alguns autores lamentam que a complexidade da informação ambiental seja um dos fatores que previne uma efetividade mais ampla do direito de acesso.[254] Ocorre que o cidadão comum dificilmente tem condições de compreender determinados aspectos técnico-científicos das informações às quais pode ter acesso. ONGs ambientais, por sua vez, nem sempre têm condições de alocar recursos humanos especializados e profissionais para a análise da informação ambiental solicitada. Muito embora grandes ONGs disponham, no nível nacional ou internacional, de pessoas capazes de "ler" as complexas informações ambientais, isso dificilmente ocorre quando se trata de casos locais, ou, ainda, quando as ONGs dispostas a pedir as informações são de médio ou pequeno porte. Uma das medidas para combater esse problema é a obrigação que tem a autoridade de au-

---

[253] TURIAUX, op. cit., p. 165.
[254] "Wegen der schwierigen Rechtslage werden Umweltinformationsanträge vor allem von Spezialisten und nur selten vom quivis ex populo erfolgreich durchgesetzt werden" (GUCKELBERGER, op. cit., p. 83).

xiliar o solicitante a compreender a informação pedida, seja por meio de explicações dadas diretamente ao *antragsteller*, seja por meio de um resumo feito em separado ou até por meio da elaboração de um glossário. Isso não significa, é claro, que um funcionário público deva despender horas orientando o cidadão sobre como interpretar as informações, mas a possível sobrecarga da autoridade não é argumento hábil a simplesmente tornar prescindível qualquer tipo de auxílio para a compreensão e verdadeira acessibilidade da informação ambiental. O domínio do conteúdo dos dados sobre a natureza é pré-condição fundamental para o acesso efetivo, sob pena de excluir do processo participativo grandes parcelas da população. Sobre esse ponto manifestaremo-nos mais adiante, inclusive inferindo como superar o problema da tecnicidade por meio de soluções apresentadas pelo ciberespaço.

Relevante também é a garantia de uma regra geral de proibição de imposição de custos ao solicitador das informações. A Convenção de Aarhus, entretanto, permite que os governos das entidades signatárias recolham um valor razoável como compensação pelo fornecimento das informações ambientais (art. 4º, § 8º). O estabelecimento de um prazo para a resposta ao pedido de informações, seja com a disponibilização das mesmas, seja com a justificativa para a impossibilidade de fornecê-las, é um elemento decisivo que serve como garantia contra abusos da Administração. No caso da Convenção de Aarhus, o prazo estabelecido é de um mês, prorrogável para dois meses quando a complexidade das informações demandadas o exigir (4º, § 2º). No que tange ao custo das informações e ao prazo para sua disponibilização, a determinação do meio de comunicação dessas informações é a questão central.

Conforme os últimos desdobramentos em relação ao meio de acesso, a partir de novas prescrições adotadas pela Convenção de Aarhus e pela segunda diretiva da União Europeia, a escolha do meio para acessar a informação ambiental é garantida ao cidadão, e não à autoridade. Essa regra está em consonância com a noção de amplo acesso e efetividade que baseia o direito de acesso à informação ambiental.[255] A autoridade passivamente legitimada somente pode escolher o meio de acesso excepcionalmente e, ainda assim, deve limitar-se a optar por um meio que esteja adequado à finalidade e aos princípios fundamentais do direito de acesso à informação ambiental.

O meio ou formato por meio do qual se transmite a informação ambiental é um fator decisivo para a efetividade do direito de acesso. A discricionariedade da autoridade pública em relação à determinação da forma de implantação de uma proteção objetiva do direito de acesso à informação ambiental não é ampla o suficiente para que, no âmbito de um Estado-Rede, sejam escolhidos apenas meios físicos de transparência. A Convenção de Aarhus contém diversas provisões nes-

---

[255] SCHMILLEN, Markus. *Das Umweltinformationsrecht zwischen Anspruch und Wirklichkeit*. Rechtliche und praktische Probleme des Umweltinformationsgesetzes unter Einbeziehung der UIG-Novelle und der neuen Umweltinformationsrichtlinie. Berlin: Erich Schmidt Verlag, 2003, p. 92.

se sentido. A mais específica, que trata da obrigatoriedade do uso de bancos de dados *online*, já foi referida. Há outras, entrentanto, especialmente no art. 5º.

O § 1º determina que

> Cada parte signatária deverá assegurar que: (a) Autoridades públicas *possuam e atualizem* informações ambientais relevantes para suas funções; (b) Sistemas obrigatórios sejam estabelecidos para que exista um *fluxo adequado de informação para as autoridades públicas* sobre atividades propostas ou existentes que possam afetar significativamente o meio ambiente; (c) No evento de uma ameaça iminente à saúde humana ou ao ambiente, seja causada por atividades humanas ou em razão de causas naturais, toda informação que poderia permitir ao público tomar medidas para prevenir ou mitigar o dano resultante da ameaça, e que está sob posse de uma autoridade pública, *seja disseminada imediatamente e sem demora aos membros do público que possam ser afetados*". (grifo nosso).

O paradigma de passividade, característico da fase inicial do direito de acesso à informação, está claramente superado.[256] A relevância da efetividade também está consagrada, no § 2º:

> Cada Parte signatária deverá garantir que, no quadro da legislação nacional, a forma pela qual as autoridades públicas tornam a informação ambiental disponível ao público é *transparente* e que a informação ambiental é *efetivamente acessível* [...]. (grifo nosso).

Nessa linha, é possível sustentar que a articulação do Estado Ambiental em um Estado-Rede implica necessariamente o uso do conjunto das TI, com especial papel da Internet, para a efetivação do acesso à informação ambiental.[257] Isso decorre já da nova configuração da Administração sob o formato de rede, previamente apontado. De qualquer forma, trata-se de uma mudança dramática em termos de amplitude do acesso.[258]

3.3.2. A informação ambiental no Estado-Rede

Não há como sugerir que a disponibilização de registros públicos em formato físico em repartições do poder público é aceitável sob o ponto de vista

---

[256] Nesse sentido MALJEAN-DUBOIS, Sandrine. La Convention Européenne des Droits de l'Homme et le Droit à l'Information en Matière d'Environnement. *Revue Générale de Droit International Public*. 4/995-1021. Paris, 1998, p. 1018, que sustenta, a partir da análise da jurisprudência da Corte Europeia de Direitos Humanos, que existem obrigações informacionais de cunho positivo por parte do Estado, ainda que essa obrigação caracterize-se por contornos fluidos até então.

[257] "If solutions to our growing global challenges are to be found, information will have to be shared quickly across distances, across disciplines, and across ideological divisions. At this time, the Internet offers the greatest opportunity for the growth of realistic, workable, global information-sharing systems" (KNAUER, Joshua; RICKARD, Maurice. Internet global environmental information sharing. In: RICHARDS, Deanna J.; ALLENBY, Braden R.; COMPTON, W. Dale (eds.). *Information systems and the environment*. Washington D. C.: National Academies Press, 2001, p. 191).

[258] "The growth of the Internet has added electronic delivery of text through e-mail, file transfer protocols, gophers, and Web sites to the menu of options for transferring information. In addition, the use of e-mail listservers (where notices are sent to subscribers) and online database search engines has dramatically increased the availability of technical information to a wider audience" (EAGAN, Patrick D.; WIESE, Lynda M.; LIEBL, David S. Public access to environmental information. In: RICHARDS, Deanna J.; ALLENBY, Braden R.; COMPTON, W. Dale (eds.). *Information systems and the environment*. Washington D. C.: National Academic Press, 2001, p. 180).

da necessidade de eficiência e efetividade de um acesso amplo à informação ambiental, quando uma rede de comunicação viabiliza o acesso universal, a qualquer tempo, a partir de qualquer lugar, a bases de dados que podem conter toda a informação ambiental armazenada pela Administração em todo o país, mediante uso de um mecanismo de busca.[259] Não há como sustentar a razoabilidade da cobrança de taxas para a disponibilização de informação ambiental tendo em vista que a manutenção de bases de dados públicos *online* é elemento fundamental da Administração-Rede, e utilizando-se desse meio de acesso a Administração economiza custos.[260] Não é compatível com a instantaneidade da comunicação na *web* a reserva de um prazo de um mês para a disponibilização das informações ambientais solicitadas. Não só a dimensão objetiva e positiva desse direito de acesso à informação ambiental propugna, conforme estabelecido na Convenção de Aarhus, a manutenção e atualização de informações ambientais gerais independentemente de demanda específica, mas também a manutenção de bancos de dados acessíveis pela Internet torna esse prazo absurdo. A reserva de um prazo diferenciado para a comunicação dos dados em casos complexos é uma exceção adequada que, *data venia*, não pode se transformar na regra.

Assim como a Convenção de Aarhus, também o FOIA contém disposições nesse sentido, introduzidas pelo *Electronic Freedom of Information Act*, de 1996.[261] A disseminação da informação no ciberespaço faz parte, ademais, da "ecologia da transparência" mesmo de forma independente da atuação do Estado. A *web* permite a eficaz e ampla organização de cidadãos agindo como investigadores da atividade das autoridades, desacobertando práticas que de outra forma não viriam à tona. Por outro lado, a Constituição em países democráticos restringe as tentativas de impedir a transparência de informação genuína e correta, o que, associado ao potencial de disseminação da Internet, deixa a dissimulação de dados sobre práticas indevidas muito complicado. Esse potencial de disseminação torna dificílimo impedir que um simples vazamento de informações por

---

[259] Nesse sentido cabe ressaltar que "The mere existence of technology to increase public accessibility to environmental information has increased demand for information collected by state bureaucracies" (EAGAN, Patrick D.; WIESE, Lynda M.; LIEBL, David S, op. cit., p. 176).

[260] "Die elektronischen Medien (wie beispielweise Datenbanken im Internet) haben für die Umweltverwaltungen den Vorteil, dass bei ihrer Nutzung für den Informationszugang der behördliche Arbeitsaufwand geringer ist, weil hier der Antrasteller einen grossen Teil der Arbeit selbst erledigt, indem er sich die gewünschten Daten selbst heraussucht" (SCHMILLEN, op. cit., p. 85).

[261] Entre elas, a inclusão das seguintes provisões: "(a), 2. For records created on or after November 1, 1996, within one year after such date, each agency shall make such records available, including by computer telecommunications or, if computer telecommunications means have not been established by the agency, by other electronic means. [...] Each agency shall make the index referred to in subparagraph (E) available by computer telecommunications by December 31, 1999". O subparágrafo (E) determina que seja tornado público um índice das informações determinadas pelo subparágrafo (D), quais sejam: "copies of all records, regardless of form or format, which have been released to any person under paragraph (3) and which, because of the nature of their subject matter, the agency determines have become or are likely to become the subject of subsequent requests for substantially the same records". The Freedom of Information Act 5 U.S.C. § 552, as amended by Public Law no. 104-231, 110 Stat. 3048.

parte de um funcionário público diligente, através de um *e-mail*, se espalhe em minutos para o conhecimento de centenas de milhares de pessoas.[262]

O aspecto mais relevante da informação ambiental na sociedade-rede não é, contudo, a garantia de transparência das informações que o Estado possui sobre o meio ambiente. Ainda que o uso da Internet permita que o Estado forneça e torne públicas informações relevantes de forma mais abrangente e mais eficiente – e nesse aspecto a mudança realmente é dramática, tampouco essa faceta é a decisiva. Tratando-se de sociedade-rede, o cerne da questão está na forma como a sociedade faz uso da Internet como rede descentralizada de comunicação para a disseminação de informações sobre a natureza, o diálogo sobre, e análise de, esses dados e a produção coletiva interativa de conhecimento nessa seara. Essa é a articulação central do Estado Ambiental em um Estado-Rede, no aspecto específico da informação ambiental. Não há hierarquia na produção de informação: o Estado não é mais o único e sequer o mais apto a produzir e disseminar esses dados. Muito pelo contrário, mediante baixo custo e colaboração de especialistas dos quatro cantos do mundo, diversas comunidades virtuais estão estruturadas de maneira independente (inclusive no aspecto econômico) do poder público com o objetivo de compilar e sistematizar dados produzidos por agências ambientais, entidades particulares ou pela academia. O enriquecimento das perspectivas e a pluralidade dos métodos de coleta e análise dos dados, característico desse fenômeno, constitui um aspecto do já mencionado efeito-rede.

O *network effect* da Internet no contexto da informação ambiental garante, outrossim, um grande passo na superação do problema da tecnicidade da informação. Se por um lado indivíduos comuns ou pequenas ONGs não têm condições e capacidade para analisar ou mesmo compreender determinados aspectos científicos ou especializados da informação sobre o ambiente, por outro lado as comunidades virtuais garantem, conforme apontou Howard Rheingold, grandes grupos de especialistas, de diversos lugares do mundo, das mais diversas áreas do saber, respondendo a perguntas em fóruns ou disponibilizando seu conhecimento em *blogs*. É como ter a seu dispor um mecanismo de busca sobre informações ambientais personalizado. Conforme o *network effect*, quanto mais pessoas interessadas na seara da informação ambiental estiverem conectadas, maior será a pluralidade de opiniões, a riqueza de conhecimento disponível na Internet e, por consequência, mais aptas as condições para a disseminação e compreensão coletiva de dados ecológicos.

Repisamos que é imprescindível a compreensibilidade da informação ambiental para todas as faixas da população e não somente para pessoas como cientistas ou pós-graduados. O acesso à informação ambiental deve estar sempre associado ao domínio do conteúdo da informação. Caso contrário, a informação

---

[262] Esses os argumentos de KREIMER, op. cit., p. 1034, 1036 e 1043. Nessa seara afigura-se interessante o tema da *accountability*, de relevância para a governança ambiental, mas infelizmente não podemos – por questões de conveniência e espaço – desenvolvê-lo adequadamente.

passa a ser mecanismo de exclusão e não de inclusão nos processos participativos ambientais. Outro exemplo de como isso pode ser superado no ciberespaço são os tutoriais que se fazem onipresentes em um texto mediante o uso de *hyperlinks*. O uso desses hipertextos permite explicações específicas e aprofundadas sobre qualquer tema isolado, apenas para aqueles interessados, sem por outro lado "poluir" o texto principal. É um tipo de informação personalizada *on-demand*, quase como ter um consultor ambiental acompanhando e orientando pessoalmente a análise da informação pelo indivíduo. A compreensibilidade é, outrossim, elemento obrigatório de dados fornecidos pelo poder público, conforme já se viu, o que significa que esse tipo de recurso é de uso essencial pela Administração.

Naquilo que tange à produção e disseminação de informação ambiental pela sociedade civil, há diversos exemplos daquilo que nos parece ser muito mais relevante do que o fato de o Instituto Brasileiro do Meio Ambiente e dos Recusos Naturais Renováveis (IBAMA), por exemplo, disponibilizar acesso *online* aos seus bancos de dados.[263] O *site* Envirolink reúne e sistematiza desde 1991 informações sobre as mais diversas áreas relacionadas à natureza. Possui um fórum[264] no qual qualquer pessoa pode fazer perguntas sobre assuntos desse tema e obter uma resposta de membros da grande comunidade formada pelos frequentadores do *site*, comunidade essa cuja única limitação para adesão é o domínio da língua inglesa. Já o *site* Scorecard,[265] muito popular, mantido pela empresa Green Media Toolshed, permite a obtenção de informações sobre poluição e outras formas de degradação ambiental específicas para determinado local nos Estados Unidos: basta ao *netizen* digitar um código postal norte-americano e apertar a tecla "Enter". O *site* contém ainda um sistema de "perguntas frequentes" com respostas para diversos questionamentos relacionados a questões técnicas e complexas da poluição e a sua distribuição sobre o território norte-americano. O *site* EarthTrends, mantido pelo World Resources Institute, contém vastíssima gama de informações e estatísticas globais, bancos de dados, mapas, perfis específicos de cada país em relação aos mais diversos aspectos ecológicos, e, ainda por cima, a possibilidade de submeter perguntas que são respondidas pela equipe do *site*.[266] Em alguns segundos e sem qualquer custo, é possível descobrir que no Brasil o nível de pesca de peixes marinhos passou de quase 800 mil toneladas em 1985 para cerca de 500 no ano 2000.[267] Ou que das 749 espécies de répteis existentes na Indonésia em 2004, 28 estavam ameaçadas de extinção.[268]

---

[263] Coisa que – surpresa – não faz. Comparar os *sites* do Centro Nacional de Informação Ambiental (http://www.ibama.gov.br/cnia/) e da Rede Nacional de Informação sobre Meio Ambiente (http://www.ibama.gov.br/renima/) com aqueles mencionados a seguir permite comprovar quão decisivo é o papel dos nódulos da sociedade civil da rede comunicativa ambiental da Internet.

[264] http://www.envirolink.org/forum/

[265] http://www.scorecard.org/

[266] http://earthtrends.wri.org/

[267] http://earthtrends.wri.org/pdf_library/country_profiles/coa_cou_076.pdf

[268] http://earthtrends.wri.org/pdf_library/data_tables/bio2_2005.pdf

Essas comunidades são criadas e mantidas no ciberespaço por associações da sociedade civil. A não ser que se incorpore ao direito de acesso à informação ambiental um dever estatal de *produzir* informação, alterando uma concepção tradicional de passividade, o instituto está completamente ultrapassado. A produção de dados sobre o ambiente é uma seara na qual os altos custos envolvidos ainda tornam a atuação estatal necessária. Em uma sociedade-rede de comunicação instantânea descentralizada não é vislumbrável uma petição individual, inaugurando um procedimento com prazo possivelmente superior a 30 dias, solicitando informações a um órgão governamental.

O grande problema aqui reside, como também no caso do acesso à justiça e o processo eletrônico, na exclusão digital. É certo que muitos ainda não utilizam a Internet sequer para atividades simples como a troca de *e-mails*, ou nem têm acesso à Rede. Embora possa parecer autismo tratar da perspectiva do acesso à informação ambiental na sociedade-rede enquanto muitos não têm condições de participar desse meio, parece-nos muito mais adequado, no presente momento, argumentar pela inclusão digital como tarefa essencial do Estado-Rede nesse contexto[269] que conformar-se com um sistema exclusivamente físico e precário de acesso à informação ambiental.

3.4. ELEMENTOS DA CIBERDEMOCRACIA E A PARTICIPAÇÃO PÚBLICA EM PROCESSOS DECISÓRIOS AMBIENTAIS

3.4.1. Noções de ciberdemocracia

A informação ambiental desempenha papel instrumental no contexto da proteção procedimental: alimentar e estimular – logo, viabilizar – o debate democrático sobre as questões relacionadas ao ambiente e, com isso, a participação em processos decisórios. A partir da exposição da forma como se configura o elemento da informação ambiental no Estado-Rede, o questionamento que segue foca a forma dos processos decisórios ambientais nesse contexto. Salvo melhor julgamento, trata-se de tema localizado no espaço de sobreposição entre "Estado-Rede" e "democracia". Parece-nos adequado abordar primeiramente esse tema mais amplo para então, apoiando-se em alguns posicionamentos decisivos, apresentar aquilo que nos parece possível em termos de configuração de "ciber-processos decisórios ambientais".

A relação entre Internet e democracia é um dos temas do direito da informática que motiva o maior número de monografias. Utilizam-se termos como

---

[269] "As states and the federal government move toward public access to electronic environmental data, questions arise about the technical capability of all citizens to access and interpret this information [...] However, the average person needs to have the tools and training to be able to take advantage of these electronic data systems. Little research to date has explored how to raise the capacity of the public to embrace these electronic systems" (EAGAN, WIESE e LIEBL, op. cit., p. 181).

"ciberdemocracia", "e-democracia", "democracia eletrônica" e assemelhados. A ideia que fascina a todos, ao menos em um primeiro momento, é a de utilizar a possibilidade garantida pela Rede de contato simultâneo e de dupla via, entre qualquer internauta e todos internautas, para estabelecer um sistema no qual toda população de um estado ou país pode exprimir sua vontade em intervalo de minutos e com custo baixíssimo. Trata-se, é claro, do voto eletrônico.

Uma outra face de uso da Rede para aprimoramento do processo político é aquela cuja tônica resta sobre a deliberação e o debate, em vez da manifestação da vontade pelo voto. O verdadeiro potencial de transformação do processo político com o uso do ciberespaço está na comunicação, na formação de comunidades de discurso político, no livre acesso aos dados que informam as decisões e em aspectos relacionados à maneira como se forma e se altera a vontade individual, e não na forma pela qual esta é expressada.

O contraste entre essas duas tônicas não é novidade da sociedade-rede e certamente não foi originado pelos questionamentos feitos acerca da forma como utilizar a Internet para avançar a democracia. Trata-se da diferença entre uma vontade popular pura e uma vontade popular mediada pelo debate. James Fishkin aponta para a importância dessa distinção, que já era discutida nos primórdios da formação do Estado norte-americano, e que coloca em evidência o verdadeiro papel do Poder Legislativo em uma democracia direta.[270] Sua existência não serve meramente para suprir a impossibilidade de manifestação frequente e imediata pelo povo de sua vontade. A verdadeira função é refinar os diversos interesses, filtrar posições extremadas e permitir que a deliberação – possível somente em um universo razoavelmente pequeno de debatedores – aponte o caminho para as melhores respostas a cada questão, respostas essas que nem sempre são – ou devem ser – o simples reflexo da vontade da maioria.

Frank Michelman aponta que a fim de determinar a maneira como a Internet deve servir ao processo democrático, devemos primeiramente nos perguntar qual a função que serve o processo democrático na sociedade. É fundamental que nos perguntemos, antes de qualquer hipotetização sobre utilização da Rede para o cômputo de votos eletrônicos, por que votamos?[271]

Dick Morris sustenta que o futuro da democracia eletrônica está em um sistema semelhante ao fornecido no *site vote.com*, que permite a pessoas cadastrarem-se e votarem, a partir de casa, sem qualquer custo, e frequentemente, em

---

[270] Para ele, a "opinião pública bruta" é aquela que espelha o que todo o povo pensa, de fato, refletindo certos vícios causados pelo desinteresse, fatores sociais, emocionais e a influência da imprensa. "Opinião pública refinada" é aquela que reflete uma opinião projetada, do que o povo em geral pensaria, sob melhores condições de debate e reflexão – a opinião após haver sido testada e comparada com os argumentos oferecidos conscientemente por aqueles com opinião oposta. Em geral, a opinião pública bruta é aquela resultante de plebiscitos e referendos, enquanto a refinada é a resultante de instituições representativas. (FISHKIN, James. Possibilidades democráticas virtuais: Perspectivas da democracia via Internet. In: EISENBERG, José; CEPIK, Marco. *Internet e política*: teoria e prática da democracia eletrônica. Belo Horizonte: UFMG, 2002, p. 18-19).

[271] MICHELMAN, Frank. Why voting? *Loyola of Los Angeles Law Review*, n. 34, p. 985, 2000.

assuntos de interesse.²⁷² O *site* influencia a tomada de posição em assuntos polêmicos e de relevância no contexto da proteção de direitos fundamentais, como o aborto, a pena de morte ou o casamento de pessoas do mesmo sexo. Mesmo que partíssemos do pressuposto de que um parlamento cumpre função de "melhor segunda opção" em relação a um sistema de democracia exclusivamente direta, dito plebiscitário, esse sistema teoricamente preferível apresenta diversos problemas.

Em primeiro lugar, o sistema plebiscitário de um voto frequente por meio da Internet não presume uma prévia deliberação acerca das opções e argumentos que as fundamentam. O resultado são opiniões pobres baseadas, em grande parte, em suposições falsas. Um processo de determinação da vontade popular sem deliberação é incompatível com uma ideia de sociedade democrática, pluralista e tolerante, que exige a convivência com o "diferente", a tolerância da opinião discordante e a avaliação do maior número de visões de mundo possíveis.

Um sistema exclusivamente plebiscitário tampouco privilegia a necessária complexidade do processo de produção de normas. Projetos de lei dificilmente são aprovados em seu formato original. Uma das vantagens do processo legislativo atual é que sofrem diversas modificações a partir de críticas e correções de pontos insatisfatórios. Mas em um sistema de democracia direta, como permitir que milhões de pessoas possam fazer modificações ao projeto original?²⁷³ As decisões se resumem sempre à escolha de poucas opções previamente definidas, o que dá poder significativamente maior àqueles responsáveis pela elaboração de um projeto de lei ou dos questionamentos que serão efetuados à população.

Por último, mas não menos importante, um sistema plebiscitário não permite uma garantia contra maiorias.²⁷⁴ Essa é a função desempenhada pelos direitos fundamentais, cuja garantia contra erosão por parte do legislador fica esvaziada se toda a população puder exercer sua escolha, privilegiando posições muitas vezes discriminatórias, extremadas e abusivas dos direitos de minorias.²⁷⁵

---

²⁷² MORRIS, Dick. Direct democracy and the Internet. *Loyola of Los Angeles Law Review*, n. 34, p. 1040, 2000.

²⁷³ Pérez Luño aponta diversos problemas de uma democracia exclusivamente plebiscitária: a promoção de uma cultura vertical das relações políticas, a apatia e despolitização dos cidadãos, resultando em uma atitude passiva, diante de uma possível manipulação e controle ideológico, a mercantilização da esfera pública, o empobrecimento da produção legislativa, a vulnerabilidade diante dos crimes informáticos e, por fim, ameaça ao direito à intimidade (PÉREZ LUÑO, op. cit., p. 85-97).

²⁷⁴ E um sistema de liberdade sem atenção às diferenças, na forma de um direito fundamental à igualdade, seria ainda mais nefasto na sociedade-rede: "this approach completely ignores the social conditions of vast groups of people in the world whose lives are affected directly or indirectly by digital network technologies" (CHON, Margaret. Radical plural democracy and the Internet. *California Western Law Review*, n. 33, p. 146, 1999).

²⁷⁵ Neil Netanel, criticando a concepção ciberpopulista, já abordada, afirma que "measures would have to include institutional differentiation and substantive and procedural rights that protect temporal minorities against overbearing temporal majorities [...] Ciberpopulists underestimate representative democracy's capacity to reflect popular will while protecting dissenters. They also grossly overestimate the Internet's capacity to overcome the majority tyranny problem that is endemic to direct democracy" (NETANEL, op. cit., p. 426). Segundo Dick Morris, entretanto, "of course there will be examples of abuse when direct democracy goes too far. However, we will still have the courts, the Bill of Rights and the Constitution to hold the whims of the electorate somewhat

Acreditamos que o modelo de processo democrático na sociedade-rede, a ciberdemocracia, deve aproximar-se muito mais de uma democracia indireta que de uma democracia plebiscitária. Não há um prejuízo fundamental na adoção do voto eletrônico pela população para externar sua vontade, mas sim na adoção de um sistema de exclusividade desse processo democrático sem outros mais importantes ou complementares. Parece-nos que a melhor solução aproxima-se muito do sistema misto já adotado por diversas constituições. A alteração estaria na forma como são conduzidos os plebiscitos pontuais e no modo da deliberação que precede o voto por um parlamento.[276]

Os plebiscitos e referendos podem ser realizados com maior frequência e menores custos para o Estado. Mas esse aprimoramento é de pequena relevância. A verdadeira contribuição qualitativa da Internet está em permitir – não garantir – uma ampliação e aprofundamento do debate sobre questões relevantes. Ainda assim, devemos ter cuidado para evitar as projeções mais ingênuas sobre o que o ciberespaço faz pela deliberação.

Em primeiro lugar, conforme já foi apontado, a Internet não é uma ágora. Não há uma reunião de todos os cidadãos de um país, de um estado ou mesmo de uma cidade mediana, em um só espaço. Isso porque uma rede é fundamentalmente diferente de uma ágora. A Rede pode ser descrita como uma multiplicidade de ágoras, comunidades autônomas sob o ponto de vista da conformação e determinação dos participantes e assuntos de discussão, porém interdependentes sob o aspecto de sua ligação instantânea e constante com as demais ágoras, por meio dos nódulos da rede. De modo a garantir que cada voz individual não se transforme em cacofonia em um universo de milhões de opiniões, a discussão de temas relevantes é necessariamente fragmentada em espaços menores. Ainda assim, a qualidade da interação, da capacidade de produção de ideias novas e de mobilização em comunidades que se formam no, ou se aproveitam do, ciberespaço é muito maior.

Um segundo problema é que a entrada na Internet não tem o condão de, instantaneamente, transformar cidadãos desinteressados em apaixonados ativistas políticos. A tecnologia oferece um potencial, mas são os indivíduos que moldam sua evolução a partir do uso que dela fazem.[277] A tendência que persistirá ainda

---

in check. [...] If the electorate is willing to delegate decisions over such basic issues as war and the economy to experts, it is likely that direct democracy will lead to a variety of instances in which the voters step aside and listen to those who are better informed" (MORRIS, op. cit., p. 1050).

[276] Bruce Cain reconhece três possibilidades de uso da Internet no processo democrático: um modelo republicano, no qual a democracia é indireta e a Rede apenas aprimora a comunicação entre os cidadãos e seus representantes; um modelo populista, de democracia direta exclusivamente plebiscitária; um modelo progressivo, que mistura elementos dos dois modelos anteriores, preservando o sistema representativo, porém usando democracia direta como suplemento e "freio" ocasional aos parlamentos (CAIN, Bruce E. The Internet in the (Dis)service of democracy? *Loyola of Los Angeles Law Review*, n. 34, p. 1012-1013, 2000). O autor posiciona-se em favor do modelo progressivo, afirmando que é "the middle ground of progressivism that takes advantage of the new decision-making flexibility but remains within a framework that preserves representative government" (p. 1017).

[277] Leela Damodaran e Wendy Olphert sugerem que incrementar a participação em discussões relativas ao processo político, aumentado o engajamento, depende também do nível de participação da sociedade civil no desenho e desenvolvimento das TI. Isso inclui também conscientizar tanto cidadãos quanto engenheiros responsáveis

por muito tempo é a de que a vasta maioria da população se servirá da Rede para contatos sociais, compras e entretenimento. Aqueles, contudo, que são politicamente ativos e interessados contam com novas possibilidades de debate e ativismo, que trazem significativas alterações à forma como se realiza o *lobby* de legisladores ou o âmbito e profundidade de discussões sobre temas relevantes em comunidades voltadas para o debate político. Isso é atestado, por exemplo, pelo uso que vêm fazendo da Internet as organizações não governamentais, no contexto daquilo que se convencionou chamar de ciberativismo. Mesmo que não se instaure um sistema perfeito de debate político na esfera pública com participação da maior parte da população, a existência de iniciativas – por vezes até isoladas – de comunidades onde esse debate de fato funciona, por meio do uso da Rede, estabelece novos parâmetros para avaliar o potencial do ciberespaço nessa seara. Michael Froomkin sustenta que a comunidade de engenheiros e programadores da *Internet Engineering Task Force* (IETF) (Força Tarefa para a Engenheria da Internet), conduz suas atividades de uma maneira que cumpre, ainda que apenas em parte, os requisitos estabelecidos pela teoria do discurso de Jürgen Habermas.

A IETF é uma comunidade internacional aberta de engenheiros, programadores, operadores e pesquisadores que toma as decisões acerca do desenvolvimento e reforma dos padrões do código da Rede, definindo os *standards* e protocolos técnicos de sistema que são utilizados por todos no ciberespaço. O debate em si das questões de ordem é feito em encontros presenciais periódicos, dos quais nem todos os membros podem participar, e, em maior escala, por meio do suporte virtual da comunidade, utilizando especialmente a troca de *e-mails* coletivos. Para Froomkin, o procedimento utilizado pelos engenheiros para cumprir a finalidade da IETF exibe um alto grau de abertura e transparência; os envolvidos exibem um surpreendente grau de autoconsciência ou reflexão, no sentido de que têm uma história comum que explica como a IETF se formou e porque suas decisões são legítimas; tanto as opiniões que são trazidas para o procedimento de definição de *standards* como o "consenso básico" que emerge daí são concebidos pelos participantes como 'compromissos voluntários publicamente justificáveis'. O resultado é que a IETF é um exemplo de comunidade cujo discurso se aproxima em muito do critério habermasiano do discurso prático.[278]

---

pela estruturação física e virtual (código) da Rede de que o foco das TI deve ser o indivíduo (DAMODARAN, Leela; OLPHERT, Wendy. *Informing digital futures*: strategies for citizen engagement. Dordrecht: Springer, 2006, p. 191 e ss.). Reconhecendo que não há uma única maneira correta de fazer isso, as autoras sugerem que uma forma adequada seria começar em uma escala pequena, em nível local: "Citizens can become involved in design and development activities at a local level, and on a small scale, making it initially more manageable and allowing citizens a voice" (p. 209).

[278] FROOMKIN, A. Michael. Habermas@discourse.net: Toward a critical theory of cyberspace. *Harvard Law Review*, n. 116, p. 799, 2003. O autor aponta ainda que, em se tratando de regulação da Internet, a comparação com o ICANN mostra que esse último falha, em boa parte, porque deixa de utilizar-se das ferramentas oferecidas pela própria Rede para debater as questões as decisões a serem tomadas (p. 855). Além da experiência referencial da IETF, Froomkin entende que, de modo geral, algumas características da Internet podem permitir um ambiente mais favorável ou aproximado para o surgimento das condições de uma teoria do discurso: "as currently confi-

O terceiro problema é que, mesmo quando comunidades de discussão política obtêm sucesso na adesão de elevado número de *netizens*, a forma como é conduzida essa discussão é por vezes questionável. Trata-se de comunidades formadas espontaneamente, por membros da sociedade civil; sua moderação é geralmente também responsabilidade dessas pessoas, e mesmo não existindo uma moderação oficial, sempre há determinados participantes que exercem um papel de líderes com maior influência, determinando, na prática, o tema das discussões e o aspecto pelo qual os temas são enfrentados. Enquanto isso é bom sob o ponto de vista de uma liberdade de regulação estatal ou independência da influência daqueles atores com recursos suficientes para manter fóruns de debate extra ciberespaço, também preocupa em razão de uma vulnerabilidade intrínseca. Não há uma regulação estatal oficial do debate, porém nada impede que o Estado infiltre membros que se esforcem para dar à discussão uma tonalidade em particular, que sirva ao poder público. Isso ocorre na China, onde o governo paga um grupo grande de internautas por cada *post* (mensagem em um fórum *online*) favorável ao partido comunista. Da mesma forma, pode ocasionar problemas a influência de grandes empresas com interesse em determinados debates, sobre um fórum virtual tematizando a qualidade e defeitos de produtos, instaurado inicialmente para ajudar consumidores. Um empregado de determinada empresa pode influenciar o debate de modo a concentrar as críticas nos produtos da maior concorrente.

É muito cedo para aferir se fatores como o número gigantesco de comunidades e a sua alta taxa de renovação serão suficientes para que o resultado final seja positivo. Talvez os problemas de desvirtuamento da discussão afetem algumas comunidades, mas a generalidade das discussões produza ainda posicionamentos, na média, fiéis aos interesses da sociedade civil e não de outros atores isolados. É altamente delicado sugerir a regulação ou moderação pelo Estado de comunidades de discussão política no ciberespaço. Tratando-se de conteúdo, não vislumbramos como conciliar a natureza espontânea e democrática dessas comunidades com uma intervenção do poder público. Mas há sim formas de garantir determinadas condições para incentivar um debate saudável. A transparência da identidade dos participantes, por exemplo. Embora proibir de todo o anonimato não seja interessante, pode-se imaginar um grupo de comunidades em uma escala de permissão total de anonimato, passando por fóruns onde a identificação é facultativa e, ainda, garantindo locais onde é obrigatória. Isso possivelmente asseguraria uma concentração de influência e respeito às opiniões maior nos níveis mais transparentes, sem, no entanto, prescindir das contribuições anônimas que servem para enriquecer o debate e questionar posições tradicionais.

---

gured, the Internet radically empowers the individual. The Internet also creates new tools that make possible the construction of new communities of shared interest. In Habermasian terms, the Internet draws power back into the public sphere, away from other systems. It also makes it possible, as never before, to create as many "new spaces and new institutional forms" as one desires" (p. 856).

O maior problema parece-nos ser ainda o da fragmentação, já comentado em outras oportunidades. A possibilidade de estabelecimento de comunidades sem qualquer custo e a capacidade que possui cada internauta de encontrar pessoas com interesses quase iguais aos seus resultará na formação de grupos exclusivistas e de posições minoritárias que se localizam nos extremos da balança. Estimular a convivência e tolerância entre desiguais é tarefa essencial do Estado democrático de direito, e garantir a comunicação entre as comunidades do ciberespaço, além de estimular a pluralidade dentro dessas comunidades, é uma das tarefas essenciais do Estado-Rede, uma tarefa que reforça o caráter procedimental do desenvolvimento desse Estado. No dizer de Stephen Coleman, "A manutenção de um espaço comum cívico no ciberespaço deve tornar-se uma matéria de serviço público".[279]

Espaços confiáveis para o debate não surgirão sem qualquer esforço, e a chave para fazer com que esferas públicas virtuais cumpram seu papel no processo democrático é fornecer as ferramentas adequadas para a consulta, deliberação e tomada de decisão. Essas ferramentas devem ser fornecidas subsidiariamente pelo poder público, e consistem de bibliotecas *online*, arquivos e compilações de informações (especialmente de relevante interesse público), serviços de moderação de discussão, subsídios para o ativismo, fóruns para o debate de discussões técnicas e especializadas e mecanismos para sumarizar os argumentos suscitados em discussões.[280] Todas essas ferramentas têm por foco a configuração da discussão e a qualidade dos dados que a informam, sem influenciar diretamente o conteúdo. É claro que isso significa uma influência indireta, mas ao menos essa distinção pode servir de proteção contra uma simples condução das discussões por funcionários públicos e agentes políticos do Estado.

Em determinados momentos talvez devam ser acentuados aspectos da Rede similares aos da mídia de massa, como a impossibilidade de escolher o conteúdo ou se isolar em seu próprio mundo de gama pré-determinada de informações. A garantia de que nem sempre todos podem escolher o que querem ver ou ouvir é uma das qualidades da mídia de massa que deve ser resgatada: torna os "públicos políticos" (grupos com determinados interesses públicos em comum) visíveis uns aos outros, fazendo com que cada grupo perceba o outro como um público com o potencial para tornar-se um ator social.[281]

Peter Dahlgren entende que a esfera pública baseada na Internet tem diferentes setores: o governo eletrônico, o domínio do ativismo e da advocacia (não

---

[279] COLEMAN, Stephen. The future of the Internet and democracy beyond metaphors, towards policy. In: CADDY, Joane; VERGEZ, Christian (orgs.). *Promise and problems of e-democracy*: challenges of online citizen engagement. Organisation for Economic Co-operation and Development. Paris: OECD, 2003, p. 153.

[280] Ibidem, p. 153.

[281] KETTNER, Mattias. Deliberative democracy: from rational discourse to public debate. In: GOUJON, Philippe; LAVELLE, Sylvain; DUQUENOY, Penny; KIMMPA, Kai; LAURENT, Veronique; BERLEUR, Jacques (eds.). *The information society*: innovation, legitimacy, ethics and democracy: in honor of Professor Jacques Berleur s.j. New York, NY: Springer, 2007, p. 65.

no sentido de exercício da profissão, mas de defesa de uma causa), a vasta gama de fóruns cívicos diversos (que é normalmente vista como a versão paradigmática da esfera pública *online*), o domínio parapolítico (que envolve tópicos sociais e culturais que tenham a ver com interesses comuns e/ou identidades coletivas) e o domínio do jornalismo (o jornalismo *online* é um elemento central da esfera pública na Rede). Com as atividades desenvolvidas no setor do ativismo e advocacia, a política deixa de ser uma atividade que visa a alcançar certos objetivos e passa a ser uma atividade expressiva, uma forma de aferir, na esfera pública, diferentes valores de diferentes grupos, ideais e pertença. Para Dahlgren, "na arena da nova política, a Internet torna-se não apenas relevante, mas central: É especialmente a capacidade para 'comunicação horizontal' da interação cívica que é fundamental".[282]

O número de pessoas envolvidas no domínio do ativismo é pequeno, mas a atividade desenvolvida pode vir a mostrar-se muito relevante. Dahlgren segue Chantal Mouffe, afirmando que não se deve buscar um consenso nos debates em espaços cívicos, mas criar formas de poder dedicadas a manter valores democráticos e um sistema democrático. Assim, embora os grupos de ativistas não alcancem consenso, o que importa é que afetam as políticas e, em relação à sociedade política de maneira geral, estimulam a opinião pública.[283] Portanto, no contexto de sistemas de comunicação política desestabilizados e descentralizados, como o ciberespaço e suas comunidades, a deliberação política feita pelos ativistas tem o "modesto potencial de fazer uma contribuição para a renovação, crescimento e fortalecimento de culturas cívicas entre muitos cidadãos que se sentem distanciados de arenas de política partidária formal".[284] O diálogo no ciberespaço, mesmo que nem sempre de conteúdo estritamente político ou no âmbito de uma esfera altamente plural, é o catalisador de culturas cívicas que podem vir a aumentar o engajamento político dos cidadãos. Isso é apenas uma ideia, é claro, cuja comprovação demanda muito tempo e complexas pesquisas na área da sociologia. Mas nossa posição é de que a mudança qualitativa no contexto da Internet e do processo político é essa, e não o simples voto eletrônico ou uma democracia direta plebiscitária.[285]

---

[282] DAHLGREN, Peter. The Internet, public spheres, and political communication. Dispersion and deliberation. In: MANSELL, Robin (org.). *The information society*. New York: Routledge, 2009, p. 180, v. III.

[283] Ibidem, p. 183. Essa é a posição também de Michael Froomkin: "My personal experience with the Internet, in which I seem to find myself among varied groups, inclines me toward a vision of many smaller groups with overlapping membership, each attempting to achieve a best practical discourse within its limited realm. It might be that a multitude of subspheres of interlocking, cross-pollinating discourses would provide an environment in which an informed citizenry could revitalize the public sphere as a whole and engage in the creation of better, and perhaps yet more legitimate, rules at even a national level. At best, however, we are in the very early days of that experiment" (FROOMKIN, op. cit., p. 871).

[284] DAHLGREN, op. cit., p. 185.

[285] Para ilustrar a forma como a complexidade da democracia eletrônica supera em muito a noção de voto eletrônico, julgamos interessante relatar o conjunto de princípios da "e-democracy" suscitados por Stephen Coleman: criar novos espaços públicos para interação e deliberação política; assegurar um fluxo multidirecional e interativo de comunicações; integrar processos e-democráticos no âmbito de estruturas e desenvolvimentos

Todavia, para Robert Faris e Bruce Etling, a contribuição do uso do ciberespaço para a democracia não pode estar focada apenas em processos verticais – relação entre os indivíduos e o Estado, como no caso de informar o debate do parlamento, devendo, isso sim, influenciar processos horizontais – os relacionamentos e processos entre instituições do Estado. Para eles, no que tange ao uso da Rede para o ativismo político no âmbito da sociedade civil, não foram colhidos ainda dividendos. Por outro lado, são os fatores relacionados aos processos horizontais que guardam relação com democracias liberais de sucesso: o pilar fundamental da democracia é o estabelecimento e manutenção de estruturas governamentais que limitam a concentração de poder. Assim, se as redes digitais puderem ser utilizadas para incrementar a independência do Poder Judiciário, por exemplo, ou para restringir o poder da Administração, então a Internet poderá sim trazer benefícios para a democracia.[286] Acreditamos que a adoção de novos contornos – previamente abordados – por parte da Administração Pública, naquilo que se tem denominado de *e-government*, constitui a aplicação das ferramentas de TI para aprimoramento dos processos horizontais. Concordamos com os autores, entretanto, quando afirmam que a literatura dedicada ao tema da Internet e sua relação com democracia não tem explorado a questão dos processos horizontais.

James Fishkin oferece alternativa mais arrojada, que se sustenta inteiramente nas capacidades de comunicação multimídia da Internet de alta velocidade. É uma experiência denominada de "Pesquisa de Opinião Deliberativa". São escolhidas pessoas por meio do método da amostragem, de maneira aleatória, proporcionando a representação, que são então submetidas a um processo que permita o debate. Durante alguns dias, são fornecidas informações, criadas discussões com mediadores em pequenos grupos, e colhidos os votos ao final. O resultado é contrafactual, pois não reflete mais a opinião pública bruta.

Segundo o autor, os resultados das "Pesquisas de Opinião Deliberativa" podem ser considerados generalizáveis para a população como um todo se tiverem validade interna alta (o procedimento é realizado de maneira adequada) e

---

constitucionais, mais amplos; garantir que a interação entre cidadãos, seus representantes eleitos e o governo seja significativa; garantir que haja uma suficiência de informação *online* de alta qualidade; empreender esforços para recrutar ampla gama de vozes públicas para a conversação democrática; prover acesso igualitário ao processo democrático refletindo as realidades de estrutura geográfica e social em ambientes *online* (COLEMAN, op. cit., p. 160).

[286] FARIS, Robert; ETLING, Bruce. Madison and the Smart Mob: The Promise and Limitations of the Internet for Democracy. *The Fletcher Forum of World Affairs*, n. 32, 2008. Os autores sumarizam seu argumento da seguinte forma: "We argue that the Internet is most effective in supporting political processes that draw upon widespread participation of citizens, such as elections, grassroots movements, and participatory media. This naturally follows from the sharp drop in the costs of disseminating information and online organizing. However, consolidated democracies are composed of much more than effective involvement of citizens. The Internet does not have an obvious or significant impact on critical attributes such as civilian control of the military, a supreme constitution, protection of minorities, and freedom of religion. These intra-governmental processes-exactly what is most needed in many countries around the world-appear to be immune to the transformative power of digital tools" (p. 83).

validade externa alta (todos confiam na capacidade do experimento para produzir o devido resultado generalizável). Esse método se adaptará melhor à Internet à medida que esta se torne universal, e os processos comunicativos tornem-se menos dependentes de textos e possam contar com discussões face a face. "Nesse sentido, será uma voz pública que vale a pena ouvir, já que representará aquilo que todos pensariam se tivessem boas condições para refletir".[287]

Na circunscrição do ciberespaço, é sempre conveniente reiterar que o genuíno fortalecimento da cultura cívica somente ocorre se houver representação social, diversamente do que ocontece em um mundo virtual elitizado. Sem um esforço para o acesso universal ou ao menos representativo, as desigualdades na influência dos rumos do processo político irão aumentar ainda mais. Um dos elementos centrais das políticas de inclusão digital é justamente o trabalho no âmbito de comunidades, respeitando tanto as diferenças locais acerca das necessidades que a Internet pode suprir quanto o entendimento de cada grupo determinado acerca do melhor uso que os indivíduos podem fazer da Rede. Nesse contexto, associar a inclusão digital a novas culturas cívicas significa, entre outras coisas, estabelecer projetos piloto de teledemocracia com elementos como a comunicação direta com tomadores de decisão e testes de teleconferências e projetos de consulta popular, tudo baseado no acesso por meio das instalações comunitárias (telecentros, escolas, bibliotecas, etc.).[288]

3.4.2. A participação pública em processos decisórios ambientais no Estado-Rede

A partir dessas observações sobre o tema da ciberdemocracia, podemos tirar algumas conclusões úteis na investigação das possibilidades de processos decisórios ambientais baseados ou potencializados pela Internet. Em primeiro lugar, cabe apontar que uma ampla produção, disseminação, sistematização e reinterpretação da informação ambiental no ciberespaço não produzirá, de *per si*, *Umweltbewusstsein*, conforme já foi apontado. Isso significa que a simples existência de maior contato com informação ambiental na Rede não estimulará uma massa de ativistas ambientais.[289] Em segundo lugar, assim como o formato misto da democracia tende a man-

---

[287] FISHKIN, op. cit., p. 35-38.

[288] CARTER, Dave. 'Digital democracy' or 'information aristocracy'? Economic regeneration and the information economy. In: LOADER, Brian D. (org.). *The governance of cyberspace*: politics, technology and global restructuring. Londres: Routledge, 1997, p. 139.

[289] A superação desta e de outras conclusões que fazem parte do "senso comum" na seara da participação ambiental somente pode ser alcançada através da realização de pesquisas sociológicas e empíricas sobre o tema. Um exemplo disso é a investigação empírica feita por Dorothy M. Daley para averiguar quais fatores influenciam a adoção de mecanismos de participação pública na tomada de decisões sobre programas de tratamento de lixo tóxico, a partir de um comparativo entre a situação de diversos estados norte-americanos. As conclusões. Os achados nem sempre confirmam as expectativas: "The results indicate that a liberal citizenry, a large manufacturing base, and high levels of urbanization all systematically predict an increased likelihood of formal adoption of participation mechanisms. Comparatively, states with fewer numbers of Democrats in the state legislature and with high levels of manufacturing significantly predict an increased likelihood of a state informally practicing

ter-se, ainda que qualitativamente diferenciado pelo uso da Internet, assim também não se pode pretender que decisões ambientais serão doravante tomadas por voto direto eletrônico, permitindo que "nos livremos de um Legislativo propenso a vender-se aos interesses econômicos" (uma caracterização claramente panfletária). A democracia direta significaria, na seara ambiental, um garantido retrocesso nos níveis de proteção – aqueles imbuídos de consciência ambiental (ainda) são minoria. Por consequência, podemos dizer que: os processos decisórios ambientais seguirão tendo uma participação de um grupo menor de pessoas, e não de um amplo público; o legislador e a Administração seguem cumprindo papéis importantes de filtragem, representatividade, coordenação e governança.

A concepção da inserção de processos participativos no contexto de uma procedimentalização da proteção ambiental, há algumas décadas, nunca foi precipuamente a superação da representatividade e a inclusão de *todos* nas determinações sobre o ambiente, no sentido de aprimoramento do conceito de democracia (o poder emana do povo...). A ideia é garantir decisões melhores – sob o ponto de vista da *Umgang mit Unsicherheit*,[290] maior transparência do caminho percorrido para chegar a essas decisões e maior aceitação das mesmas pela população. A participação de grupos pequenos de pessoas – de conformação razoavelmente representativa da maioria – permite alcançar esses fins mais do que um sistema plebiscitário. Ou seja, a participação nas tomadas de decisões relativas à natureza em sede de Estado-Rede não se afigura como um sistema no qual, por meio de voto eletrônico, todos os habitantes de um estado manifestam opção pela construção ou não de determinada usina hidrelétrica.

Muito mais realista e adequado, em nosso sentir, é vislumbrar que membros mais ativos de comunidades virtuais ambientais tomem a iniciativa de debater e trazer informações favoráveis ou desfavoráveis (ao empreendimento) no âmbito de fóruns *online* estabelecidos e mantidos por particulares ou pelo Estado, com moderação de uma terceira parte não interessada e sem poder decisório, de modo, ao final, a basear amplamente a decisão da Administração. Exemplos de modelos como o de Fishkin devem ser levados a sério na circunscrição da proteção procedimental ambiental. O controle judicial garantiria o respeito às regras do processo, como, por exemplo, a necessária consideração, pela Administração, dos temas, problemas e perigos ventilados durante o debate no ciberespaço. O uso de plebiscitos eletrônicos, conforme sugerimos, anteriormente, não é desaconselhável de plano, apenas mais apto a cumprir um papel útil ao processo democrático se utilizado como "um elemento dentre outros" nesse sistema. Assim, em deter-

---

public participation within its hazardous waste program" (DALEY, Dorothy. Public Participation and Environmental Policy: What Factors Shape State Agency's Public Participation Provisions? *Review of Policy Research*. v. 25, n. 1, p. 32, 2008).

[290] "Die durch Verwaltungsentscheidungen von hoher Komplexität oder großem Konfliktpotential ausgelösten Spannungen am besten durch eine detailliert geregelte und gerichtlich kontrollierte umfassende Beteiligung der Öffentlichkeit lösen lassen" (PÜNDER, Hermann. "Open Government leads to Better Government" – Überlegungen zur angemessenen Gestaltung von Verwaltungsverfahren. *Natur und Recht*, Heft 2, p. 72, 2005).

minadas situações, quando se trata de grandes empreendimentos ou definições de longo prazo dos percursos da política ambiental, quando há maior incerteza e, portanto, maior percepção de risco, a produção da confiança pleiteada por Ladeur pode ser obtida por meio de uma decisão direta da toda a população do estado ou até do país.

A flexibilização e a autorregulação são vistas por alguns com reservas, pois isoladamente não resolvem os grandes percalços da produção de confiança e da adesão à lei ambiental e o seu sucessivo cumprimento pelos cidadãos. E a procedimentalização, por si só, padeceria da mesma falha fundamental.[291] Uma democracia ambiental direta plebiscitária, mesmo que antecedida e informada por fases de discussão aberta, não resultaria em adequada proteção ambiental, visto que os grandes interessados na poluição poderiam exercer uma influência muito maior que indivíduos interessados ou ONGs ambientais (cuja estrutura no mais das vezes não goza de grande influxo de recursos). A procedimentalização somente é adequada quando complementar a um núcleo normativo ambiental material[292] que garanta níveis mínimos de proteção, funcionando como direitos fundamentais sob o aspecto de proteção contra a maioria. Entendemos que o objetivo estatal constitucional de proteção ambiental, que caracteriza o Estado Ambiental, cumpre esse papel por meio da justiciabilidade de sua adequada realização pelo legislador.[293] Garantido o controle judicial do cumprimento desse objetivo, o Poder Legislativo está adstrito a produzir normas materiais que assegurem que a autonomia dos processos participativos em relação à determinação do nível da proteção ambiental não inclui uma opção – mesmo que muito popu-

---

[291] Essa, entre outras, as críticas de Felix Ekardt ao paradigma da procedimentalização. Para o autor, "So sind öffentliche Zugangsrechte zu Umweltinformationen, wie sie § 4 Umweltinformationsgesetz (UIG) und noch mehr die vieldiskutierte Aarhus-Konvention vorsieht, insoweit interessant, als die durch sie bewirkte Transparenz die Rechtsbefolgungsmotivation der Verwaltung steigern mag. Eher wenig sollte man sich dagegen davon versprechen, dass die Bürger durch solche Rechte "mehr Umweltwissen" erhalten – denn jenes Wissen spielt gegenüber Fragen der Motivation eben eine untergeordnete Rolle. Übrigens schadet eine unpräzise inhaltliche Steuerung wegen ihrer Vollzugsfriktionen auch der Wettbewerbsgleichheit zwischen verschiedenen Bürgern und Unternehmen". E sugere, em termos de solução: "Mit Blick auf die herausgehobene Relevanz des Motivationsproblems müssten umweltrechtliche Reformvorhaben somit auf Instrumentierungen setzen, die der oft suboptimalen Motivationslage unter Normadressaten und Rechtsanwendern angemessen sind. Dazu müssten die Vollzugsfreundlichkeit erhöht, die Spielräume für das Wirksamwerden sachwidriger Motivationen verkleinert und zugleich besser motivierte Akteure einschließlich neutraler Kontrollinstanzen ins Spiel gebracht werden. Das impliziert im materiellen Ordnungsrecht klarere, übersichtlichere und unmissverständlichere, aber auch schlicht *mehr* Regeln" (EKARDT, Felix. Information, Verfahren, Selbstregulierung, Flexibilisierung: Instrumente eines effektiven Umweltrechts? *Natur und Recht*, n. 4, p. 220, 2005).

[292] "Anders als eine völlige Selbstregulierung sind Verfahrensregeln aber dann steuerungstheoretisch interessant, wenn sie ein präzises materielles Recht nur *ergänzen*. Treten Verfahrensrechte in Verbindung mit einem inhaltlich motivationsorientierten und insbesondere präzisen materiellen Recht auf, mögen sie ihre effektivitäts- und akzeptanzsteigernde Intention in der Tat zur Geltung bringen können. [...] ermöglichen den dringend gebotenen Diskurs aller Beteiligten an politischen und administrativen Entscheidungen – aber eben mit inhaltlichen Vorstrukturierungen, welche vermachteten Entscheidungen vorbeugen sollen und sich nicht auf den guten Willen zum idealen Diskurs verlassen". (Ibidem, p. 222).

[293] No que discordamos de Ekardt, para quem "Freilich gibt es kein rechtliches Instrument, um das ebenfalls vorhandene Motivationsproblem angesichts vielfältiger Interessenkonflikte *bei den Rechtssetzern* zu beseitigen" (Ibidem, p. 220).

lar – de degradação da natureza. Aqui poderia se opor a oportuna crítica de que essa conformação – normas materiais ambientais delineadas pelo legislador sob vigilância do controle judicial – representam justamente o modelo esgotado que a procedimentalização visa a superar. A resposta passa pelo reconhecimento de que nenhum dos extremos deve ser almejado – seja o de uma total autorregulação plebiscitária dos níveis e meios da proteção ambiental, seja o oposto da determinação estrita pelo legislador e, sucessivamente e em maior detalhe, pela Administração Pública, sem qualquer participação popular, dos níveis e meios dessa proteção. Se o desafio está em achar o justo meio, parece-nos razoável a opção pela garantia legislativa e judicial de bases materiais ambientais para a regulação, associada à garantia da possibilidade de ampla delimitação dos níveis e meios da proteção ambiental por intermédio da procedimentalização, mormente de processos participativos ambientais.

De qualquer maneira, a participação em processos decisórios ambientais ancorados no ciberespaço é qualitativamente diferente e, em nosso sentir, mais inclusiva e eficaz na obtenção de melhores decisões, maior transparência e maior aceitação popular. A doutrina é unânime em ressaltar a importância da abertura para participação na fase inicial de formulações de projetos, definições de políticas ambientais ou estudos de impacto ambiental.[294] A participação deve iniciar-se o mais cedo possível de modo a garantir que o *input* popular não será supérfluo e sim delineie os contornos da posterior decisão. O acesso *online* aberto a atas de reuniões, atos administrativos emitidos, resultados de avaliações ou estudos prévios produzidos pela Administração ou encomendados de entes particulares, entre outras informações relativas aos passos iniciais de um futuro processo decisório, é uma ferramenta muito superior em termos de abrangência e efetividade que uma reunião pública isolada ou publicação de relatório em jornal de grande circulação. A partir do potencial comunicativo da *web* é possível um verdadeiro acompanhamento passo a passo e altamente transparente.

Quando efetivamente iniciam-se as discussões, o plano virtual permite que interessados em aspectos ambientais específicos (poluição, mudanças climáticas, desmatamento, preservação da biodiversidade, etc.) dotados de conhecimentos mais especializados participem de qualquer processo decisório relacionado a esse campo em todo o país. Isso não significa mudar um padrão físico de participação de moradores locais diretamente afetados pela futura decisão para um padrão virtual de participação apenas de especialistas naquele determinado elemento ambiental. A ideia é de suplementação, estímulo e enriquecimento, não substituição. Trata-se da integração dos dois para, de acordo com a relatada perspectiva de Peter Dahlgreen, catalisar a cultura cívica da proteção ambiental por meio da participação ativa e influente de ativistas ambientais especializados no âmbito de processos decisórios do qual fazem parte igualmente os diretamente afetados, nem sempre tão sensibilizados com a questão ambiental. Essa integração só é

---

[294] Por todos, HAGENAH, op. cit., p. 126.

permitida por meio de interações virtuais que superem os problemas da localização geográfica e do tempo e custos requeridos para acompanhar e influenciar, por meio de opiniões e argumentos, um processo decisório ambiental. Se, no Brasil inteiro, somente dois ou três botânicos especializados em vegetação subtropical dispõem de tempo e vontade para participar em discussões públicas sobre desmatamento em áreas de clima subtropical, eles poderão fazê-lo não importando se o processo decisório ocorre no Pará ou em Santa Catarina.

O formato físico das discussões públicas implica menos debate. Realizar reuniões abertas a todos os interessados significa disponibilizar uma estrutura física em determinada localização geográfica (aumentando custos e diminuindo a possibilidade de participação de pessoas que não residem nas redondezas do local), delimitar data(s) específica(s) (uma parte dos interessados sempre estará impossibilitado de comparecer) e um período de tempo. Em duas ou três horas, somente um número reduzido de pessoas poderá colocar seus argumentos, fazendo-se ouvir por todos. Contra-argumentações, réplicas e discussões paralelas relevantes estão praticamente descartadas. Dispor do tempo para comparecer à reunião, deslocando-se talvez de outro local não tão próximo, ouvir as opiniões e ideias dos demais e, por fim, não poder contribuir com a sua visão, é altamente frustrante e contribui para diminuir a aceitação da futura decisão, em especial porque essas audiências são possivelmente a parte mais importante do processo participativo.[295] Fóruns situados no ciberespaço não apresentam uma solução sem quaisquer falhas, mas resolvem grande parte desses problemas. Uma comunidade de discussão aberta a qualquer um (ou delimitada de acordo com documento de identidade, local de onde a pessoa está acessando a Internet, etc.), mantida pelo poder público ou por particulares, moderada por profissionais isentos, sem qualquer poder decisório, pagos com verbas públicas,[296] é algo completamente diferente. Nesse contexto, uma discussão pode durar semanas ou meses, sem interrupção, sem limite do número de pessoas que efetivamente têm voz, sem prejuízo de réplicas e longos debates paralelos, com o registro automático de tudo que é discutido para que qualquer um possa acompanhar o debate em sua inteireza mesmo que sua participação tenha iniciado no decorrer do processo.

Quanto mais rica de interatividade for a discussão, maiores as chances de que se chegue a um meio termo, que representa um comprometimento de parte de seus interesses por todos, em prol de um bom consenso em torno de uma posição

---

[295] "Die Erörterungstermine bieten die oftmals einzige (zuverlässige) Chance, mit den Vorhabenträgern sowie den zuständigen und berührten Behörden das jeweilige Projekt und seine Problematik eingehender zu diskutieren und damit zusätzlich zu den schriftlichen Stellungnahmen Überzeugungsarbeit zu leisten" (JUNG, Nikola. *Demokratisierung durch prozedurales Umweltrecht?* Die Implementation der europäischen Richtlinien über die Umweltverträglichkeitsprüfung und die Umweltinformation in der BRD. Tese de Doutorado. Universität Mannheim. Mannheim, 2006, p. 110).

[296] PÜNDER, op. cit., p. 77-78.

nova surgida no decorrer do debate.²⁹⁷ É esse tipo de discussão interativa permitida somente no ciberespaço que pode estimular uma identificação do indivíduo com o objetivo do processo decisório ambiental e a autoatribuição de importância da sua participação,²⁹⁸ superando uma das diversas deficiências dos processos participativos ambientais atualmente, deficiências essas que têm motivado avaliações pessimistas sobre a efetividade dos mesmos e da participação pública na proteção ambiental de maneira geral.²⁹⁹ Na linha do *network effect*, quanto maior o número de efetivos participantes (que dependerá da quantidade de *possíveis* participantes), melhores os resultados: maior será a interatividade, a riqueza dos pontos de vista, a qualidade dos argumentos e a posterior aceitação da decisão decorrente do processo participativo. A inclusão digital é o aspecto-chave também de processos participativos ambientais articulados em um Estado-Rede.

3.5. CONCLUSÃO INTERMEDIÁRIA

Apresentamos nesse capítulo elementos da procedimentalização da proteção ambiental no Estado-Rede, naquilo que consideramos um desdobramento necessário do imperativo da proteção ambiental articulado em um processo comunicacional diferenciado proporcionado pelo ciberespaço. Não procuramos, evidentemente, suscitar argumentos que viabilizassem a colocação de um ponto final sob o tema da procedimentalização da proteção ambiental. Nosso objetivo era apresentar elementos essenciais dessa procedimentalização e esclarecer a maneira essencialmente diferente de sua configuração em uma sociedade-rede e com a ação efetiva de um Estado-Rede. A discussão apenas inicia, especialmente no Brasil, onde ainda é incipiente, quanto à procedimentalização. A articulação da mesma na Rede é tema ainda mais recente e carece sobretudo de sedimentação e discussão.

---

[297] Trata-se de um compromisso, conforme Hermann Pünder: "Sie finden sich, wenn angesichts normativer Handlungsoptionen und der Komplexität der Sachverhalte (in der Begrifflichkeit der Spieltheorie) eine sog. *win-win*-Situation vorliegt, in der alle Beteiligten einen Kompromiss zumindest teilweise als Erfolg verbuchen können" (PÜNDER, op. cit., p. 75). Ou seja, "Ziel ist es, ein ‚Nullsummenspiel' zu vermeiden, bei dem nur einer gewinnen kann und andere alles verlieren müssen. Statt dessen gilt es zu ‚optimieren', d.h. die verschiedenen Interessen durch Modifikation der Positionen soweit wie möglich zu befriedigen" (p. 77).

[298] Um problema denominado de "*Äußerlichkeit der Stellungsnahmen*", para o qual a solução é "eine dialogförmige Auseinandersetzung über die eingebrachten Bedenken und Anregungen. Betont wird der diskursive Charakter, den der Erörterungstermin haben soll" (HAGENAH, op. cit., p. 129-130).

[299] Entre outros, o diagnóstico de Nikola Jung: "So ist das Resümee zu ziehen, dass dem kooperationsorientierten Verfahrensrecht zwar einiges Potential zur Demokratisierung politisch-administrativer Prozesse inhärent ist, dieses Potential aber im moderneren Verfahrensrecht nicht wirklich genutzt wird und somit auch keine weitreichenden Wirkungen in der demokratischen Praxis vor Ort entfalten kann. [...] bleiben die politisch-administrativen Prozesse auf den dezentralen Ebenen der Politikimplementation weitgehend von den staatlichen Entscheidungsträgern (und den öffentlichen und privaten Projektträgern) dominiert und erfahren auch weiterhin i.d.R. nur marginale Korrekturen durch gesellschaftliche Akteure wie die Umweltgruppen" (JUNG, op. cit., p. 275).

Concluir o estudo aqui seria, entretanto, deixar de fundamentar constitucionalmente e estruturar de maneira adequada um aspecto central de tudo que foi discutido até aqui: a inclusão digital. Se o acesso dos indivíduos à Internet é, conforme foi enfatizado em diversos momentos, a chave e a pré-condição para a participação na sociedade-rede e, por consequência, para a atuação efetiva na proteção ambiental procedimental conforme descrita aqui, então esse acesso é dotado de uma relevância que justifica sua proteção constitucional especial. A forma como isso se dá é um aspecto logicamente intrínseco ao conjunto de argumentos e posições que aqui defendemos, constituindo, ao mesmo tempo, premissa e consequência prática, o que motiva o desenvolvimento do último capítulo.

4. O Direito Fundamental ao Acesso à Internet e a sua Eficácia

4.1. INTRODUÇÃO

Procuramos, já no capítulo atinente ao Estado-Rede, fundamentar a ideia de que garantir o acesso à Internet é uma das tarefas do Estado. Na sequência, ao apresentarmos os contornos da procedimentalização da proteção ambiental articulada em um Estado-Rede, tentamos transparecer a importância da inclusão digital sob o aspecto do acesso à justiça, do acesso à informação ambiental e da participação pública em processos decisórios ambientais. Em razão do exposto até aqui, entendemos que o acesso à Internet deve ser reconhecido como um direito materialmente fundamental na ordem jurídico-constitucional brasileira. Parece-nos que o contexto descrito anteriormente dispensa a dedicação de ainda mais páginas à corroboração da fundamentalidade do acesso à Internet para os cidadãos, motivo pelo qual remetemo-nos inclusive a trabalho anterior que adotou justamente esse foco.[300]

A proposição da qual partimos é, então, que o acesso à Internet é um direito fundamental na ordem jurídica brasileira. Essa assertiva foi trabalhada a partir de uma teoria de direitos fundamentais apresentada, na literatura nacional, por Ingo Wolfgang Sarlet e para cujo delineamento contribuiu, originalmente na Alemanha e, entre outros, Robert Alexy. Essencial para se chegar a tal proposição é o reconhecimento da abertura do catálogo de direitos fundamentais, o que significa que, além daqueles listados pelo constituinte, são direitos fundamentais também aqueles direitos implícitos ou decorrentes do sistema e dos princípios fundamentais da Constituição. Direitos fundamentais, assim, são todas as posições jurídi-

---

[300] HARTMANN, Ivar A. M. O acesso à Internet como direito fundamental. *Revista de Derecho Informático*, n. 118, maio 2008. Disponível em: http://www.alfa-redi.org/rdi-articulo.shtml?x=10359. Acessado em: 28 maio 2008.

cas consideradas de tal importância pelo constituinte que são colocadas fora do alcance do poder do legislador ordinário.[301]

Ainda escorando-nos nos autores supracitados, conforme a melhor interpretação do art. 5º, § 1º, da Constituição, reconhecemos a aplicabilidade imediata dos direitos fundamentais, implicando a revisão da ideia das normas meramente programáticas, no sentido de que toda e qualquer norma de direito fundamental possui alguma carga eficacial, mesmo que essa varie conforme sua concretude normativa. Isso não significa reconhecer, sem mais, posições jurídicas subjetivas como decorrência de cada um e de todos os direitos fundamentais enumerados, em qualquer situação. Garante, todavia, que em determinadas situações especiais, conforme será desenvolvido no que tange ao direito fundamental aqui abordado, a proteção constitucional e a aplicabilidade imediata obrigam o poder público e entes privados a abstenções e até prestações, independentemente de concretização legislativa da norma de direito fundamental.[302]

A opção pela apresentação, agora, de alguns aspectos da eficácia do direito fundamental ao acesso à Internet de maneira alguma quer fazer crer que a proposição mesmo da fundamentalidade desse direito está acima de qualquer questionamento ou que seu embasamento teórico e argumentativo já é suficiente e bem conhecido. Muito pelo contrário. Não se pretende aqui uma estratégia bobbiana de que a fundamentação do direto não importa e sim a sua eficácia e efetividade.[303] Todavia, do ponto de vista argumentativo, considerando as bases estabelecidas no capítulo relativo ao Estado-Rede e o desdobramento da noção apresentada de procedimentalização da proteção ambiental ancorada no ciberespaço, e, ainda mais, tratando-se de um direito que, não sendo formalmente fundamental, propomos seja reconhecido como materialmente fundamental, parece-nos residir maior relevância em demonstrar a maneira como o Estado já se vincula a esse direito, por meio, entre outras coisas, da execução de políticas públicas de inclusão digital. Igualmente relevante é esclarecer as formas e situações nas quais há certo consenso de que particulares estão vinculados a um direito de outros particulares de acessar a Internet. Em outras palavras, o reconhecimento de um dos requisitos da fundamentalidade material, a essencialidade do direito no contexto social, é corroborado por certas ações generalizadas que indicam uma espécie de vinculação a uma norma. O que pretendemos mostrar é que essa norma é justamente o direito fundamental de acesso à Internet e essa vinculação decorre de sua eficácia jurídica.

---

[301] SARLET. *A eficácia dos direitos fundamentais*. op. cit.; ALEXY, Robert. *Teoria de los derechos fundamentales*. Madrid: Centro de Estudios Constitucionales, 1993.

[302] Para tais considerações, ver SARLET. *A eficácia dos direitos fundamentais*, op. cit., p. 243 e ss. Ver também SARLET, Ingo Wolfgang. Os direitos fundamentais e sua eficácia na ordem constitucional. *Revista da AJURIS*, Porto Alegre, v. 2, p. 365-396, dez. 1999, especialmente p. 374.

[303] Cf. as ideias já clássicas sumarizadas pelo autor em BOBBIO, Norberto. *A era dos direitos*. Rio de Janeiro: Elsevier, 2004.

4.2. A VINCULAÇÃO DO PODER PÚBLICO

4.2.1. Dimensão negativa

É essencial marcar as teorias constitucionais sobre direito de informação e liberdade de expressão desenvolvidas com base em, e para uma, sociedade cuja comunicação ocorria de forma nuclearmente diferente daquele que se dá hoje.[304] O que se conhecia em tempos não muito distantes eram ou meios de comunicação direta entre indivíduos (correio, telégrafo, telefone, fax) ou meios de comunicação em massa, cujos receptores eram, e continuam sendo, número expressivo de indivíduos ao mesmo tempo (imprensa, rádio, televisão). Aqui não se quer repetir a exposição de aspectos da sociedade-rede, mas sim mostrar como a evolução se deu sob o ponto de vista de seu tratamento constitucional, especialmente em sede de direitos fundamentais.

Ocorre que os direitos relacionados à informação, mormente o acesso a essa e à liberdade de expressão, foram desenvolvidos em um contexto histórico e social no qual os meios para a emissão e recepção não são de universal acesso, ao mesmo tempo dando-se a comunicação por meios essencialmente diferentes como o telefone e o rádio.[305] Isso faz com que as comunicações entre os indivíduos abriguem-se sob diferentes liberdades e direitos prestacionais, não existindo uma maneira fácil ou lógica de abranger tudo com um simples direito à informação.[306] Tal tentativa apenas dificulta ou mesmo impossibilita a aplicabilidade de uma tal norma.[307]

Conforme vimos, a situação é qualitativamente diferente na sociedade-rede. O objetivo aqui, então, é demonstrar que a tutela das principais relações informacionais existentes atualmente não deve ser compartimentada em diversos direitos

---

[304] Sobre o tema da evolução da doutrina dos direitos humanos e fundamentais, importantes as contribuições de LEWANDOWSKI, Enrique Ricardo. A formação da doutrina dos direitos fundamentais. *Revista da Faculdade de Direito da Universidade de São Paulo*, São Paulo, v. 98, p. 411-422, 2003.

[305] A própria legislação sobre concessão de canais de radiodifusão, durante o Regime Militar no Brasil, estabelecia como critério para a outorga "a viabilidade econômico-financeira dos empreendimentos". PEREIRA, Moacir. *A democratização da comunicação*: o direito à informação na Constituinte. São Paulo: Global, 1987, p. 22. Ver também, SCHMIDT-JORTZIG, Edzard. Meinungs- und Informationsfreiheit. In: ISENSEE, Josef; KIRCHHOF, Paul (orgs.). *Handbuch des Staatsrechts der Bundesrepublik Deutschland*. Freiheitsrechte. Heidelberg: C. F. Müller Juristischer Verlag, 1989, p. 652, v. VI, afirmando que um acesso geral à informação implica que as fontes sejam tecnicamente adequadas e precisas para que a média da população consiga acessá-las. O próprio autor, entretanto, ressalta que isso não significa dar direito gratuito a linhas telefônicas ou conexão às telecomunicações, p. 654.

[306] É ilustrativo que a doutrina clássica afirme que a liberdade de expressão garante apenas a possibilidade imaterial de emitir opinião, mas não aos meios para disseminá-la apropriadamente. SCHMIDT-JORTZIG, op. cit., p. 648.

[307] Cf. VESTING, Thomas. Zur Entwicklung einer "Informationsordnung". In: BADURA, Peter; DREIER, Horst (eds.). *Festschrift 50 Jahre Bundesverfassungsgericht*. Tübingen: Mohr Siebeck, 2001, p. 225-226, o Tribunal Constitucional alemão trabalha com um conceito de informação associado, em várias áreas diferentes, ao conhecimento e o conhecer. O Tribunal não desenvolve o conceito de maneira autorreferencial e autoprodutiva, mas sim teologicamente e com consideração aos agentes da mídia como produtores de informação.

fundamentais pensados e delineados no âmbito de uma sociedade que conhecia apenas o correio, a imprensa, o rádio, a televisão, o telefone e seus similares. Outrossim, abranger tudo sob a ordem de um direito à informação[308] implica problemáticas como a efetivação de um tal direito sob a perspectiva de uma igualdade material: o Estado forneceria aos indivíduos os meios para terem seu próprio canal de televisão, que pudesse competir, em termos de abrangência nacional, com uma Rede Globo?

Essa questão era resolvida, tendo em vista os meios modernos de telecomunicações, com o princípio da igualdade de acesso. Essa igualdade de acesso, entretanto, não era individual, por óbvias questões de operacionalidade, mas sim, em larga escala, de pensamentos políticos. Determinado canal de televisão (seja no sistema estatal, como na Alemanha,[309] seja no sistema privado brasileiro[310]) era proibido de permitir participação desigual na disseminação de ideias, devendo garantir que ambas as partes em uma disputa noticiada tivessem voz para defender-se (como quando uma figura pública é processada ou investigada) ou que correntes opostas de movimentos sociais não recebessem atenção e tempo de ar diferentes em razão da simpatia ou afinidade com alguma delas da empresa que opera o canal de televisão.

O ponto crucial de que não é mais necessário possuir grande soma de recursos para poder participar ativamente na produção e emissão de informações é o que diferencia o sistema de telecomunicações do mundo moderno, conforme descrito, e o ciberespaço, onde a regra é a real possibilidade de que qualquer um com os parcos recursos necessários para acessá-lo pode ter o mesmo peso na opinião pública que um grande jornal ou canal de televisão. Ou seja, a partir do

---

[308] No escopo da Convenção Europeia de Direitos Humanos, o art. 10 é aquele que protege tanto a liberdade de expressão quanto a liberdade de recebimento de informação, cf. UERPMANN-WITTZACK, Robert; JANKOWSKA-GILBERG, Magdalena. Die Europäische Menschenrechtskonvention als Ordnungsrahmen für das Internet. *MultiMedia und Recht*, Heft 2, p. 84, 2008: "Art. 10 EMRK gewährleistet die Freiheit der Meinungsäußerung, die oft als Kommunikationsfreiheit bezeichnet wird. Umfasst werden damit sowohl die Freiheit zur Mitteilung von Informationen und Ideen als auch das Recht auf freien Empfang von Informationen". A Corte Europeia de Direitos Humanos já reconhece a relevância da Internet nessa perspectiva, entretanto, conforme demonstrou no julgado Wypych v. Polônia, pleito nº 2428/05, decidido em 25 out. 2005 pela 4ª Seção.

[309] Martin Bullinger relata o histórico da liberdade de telecomunicações naquele país, que passou de uma obrigação de manutenção da pluralidade de opiniões pelos canais estatais (uma garantia objetiva) à uma liberdade dos canais privados semelhante àquela da imprensa, como maneira de assegurar uma cultura nacional das telecomunicações. BULLINGER, Martin. Medien, Pressefreiheit, Rundfunkverfassung. In: BADURA, Peter; DREIER, Horst (eds.). *Festschrift 50 Jahre Bundesverfassungsgericht*. Tübingen: Mohr Siebeck, p. 215-216, 2001. No que tange à Internet, contudo, o autor não chega a captar o espírito da revolução, sugerindo uma mera "liberdade de recepção", p. 201.

[310] CARVALHO, Luis Gustavo Grandinetti Castanho de. *Liberdade de informação e o direito difuso à informação verdadeira*. Rio de Janeiro: Renovar, 1994, mostra ainda a noção clássica de direito à informação: mesmo ao dizer que o "recebedor da informação deixa de ser um sujeito passivo do processo informativo", o autor iguala isso a ser "titular do direito de ser [...] bem informado", p. 50. Outrossim, lembra que "A sofisticação dos meios de comunicação de massas e o alto custo dos equipamentos necessários para pôr em funcionamento um veículo de imprensa, principalmente a televisão, acaba por acarretar um alijamento da imensa maioria da população da possibilidade de informar". A liberdade de ser informado restaria então em "exigir por parte da imprensa um dever de verdade", (p. 56).

momento em que a disseminação de informação pelos meios de comunicação – e com isso o verdadeiro exercício de liberdade de expressão com a função concebida outrora – não está na mão de alguns poucos ou do Estado, mas sim facilmente ao alcance de todos, o problema do direito à informação e da liberdade de expressão não é mais "como o Estado tem o dever de garantir igualdade e justiça no uso dos poucos meios de telecomunicações",[311] mas sim *como garantir o livre acesso do indivíduo ao ciberespaço*. Não se pretende apresentar a Internet como uma panaceia do direito da informação, pois há uma série de problemas seriíssimos conforme veremos adiante, porém sua abrangência no que tange às mídias é fato, que deve ser reconhecido pelos juristas, em vez de ser ignorado ou subestimado.[312]

Assim, o direito fundamental de acesso à Internet tem sua eficácia na dimensão negativa naquilo que tange à obrigação de abstenção, aqui tratada sob o aspecto da vinculação do Estado, de supressão do acesso do indivíduo à Rede, de proibição da ação estatal que limite desproporcionalmente o acesso em si e a troca de informações no ciberespaço. Enquanto antes a dimensão negativa de um direito de liberdade de expressão implicava uma abstenção de discriminação, em relação aos meios estatais de comunicação, obrigando, por exemplo, o Estado a fornecer acesso igualitário a partidos políticos no uso de um canal de televisão, aqui esse mandado de abstenção implica apenas em não restringir ou suprimir um acesso para o qual o indivíduo precisa necessariamente do poder público.[313]

A grande diferença é que aqui uma abstenção estatal, e portanto a função clássica de um direito fundamental, viabiliza não apenas o recebimento de informação por qualquer um, como já acontecia no passado, mas a disseminação de informação também por qualquer um, no sentido de que não há mais a barreira dos recursos a privilegiar apenas alguns com essa capacidade.[314] Se anteriormente

---

[311] Tratando da liberdade da expressão e sua relação com a democracia, referindo-se ainda a uma necessidade de igual repartição dos meios de comunicação, ver MICHELMAN, Frank. Relações entre democracia e liberdade de expressão: discussão de alguns argumentos. In: SARLET, Ingo Wolfgang. *Direitos fundamentais, informática e comunicação:* algumas aproximações. Porto Alegre: Livraria do Advogado, 2007, especialmente p. 59.

[312] Para uma construção verdadeiramente atual dos direitos da personalidade relacionados à informação, ver MOREIRA, Renato de Castro. O direito à liberdade informática. *Revista da AJURIS*, Porto Alegre, p. 139-167, dez. 1999.

[313] Reconhecendo uma obrigação do Estado de "intervir na criação de condições e na imposição das restrições às liberdades e direitos económicos, [...] que facultem, designadamente, um acesso geral e equitativo aos meios de comunicação e às fontes da informação necessários à realização dos direitos das pessoas nas esferas política, sociocultural, económica, pessoal", e demonstrando, portanto, já uma ideia transitória de direito à informação, justamente porque "o direito à informação evolui naturalmente por força da necessidade de acompanhar o progresso tecnológico e respectivos impactos económico-sociais" (GONÇALVES, Maria Eduarda. *Direito da informação*. Coimbra: Almedina, 1994, p. 22).

[314] Jack Balkin fundamenta que "the Internet and digital technologies help us look at freedom of speech from a different perspective" (p. 2). As razões para a mudança de paradigma são: "digital revolution drastically lowers the costs of copying and distributing information"; "the digital revolution makes it easier for content to cross cultural and geographical borders"; "the digital revolution lowers costs of innovating with existing information, commenting on it, and building upon it"; "and, most important, lowering the costs of transmission, distribution, appropriation, and alteration of information democratizes speech" (p. 5-7). Em suma, para o autor, "The digital

um não agir desproporcional do Estado não garantiria, por si só, a capacidade de um cidadão de classe média ou média baixa de comunicar sua mensagem para um público gigantesco, à maneira dos meios de comunicação em massa, agora, ao cumprir essa obrigação de abstenção, o Estado deixa que isso ocorra. Esse ponto é o que julgamos necessário enfatizar: a limitação do poder de polícia, a proibição de censura e a abstenção de ocultamento de certas informações, como decorrentes da dimensão negativa de um direito fundamental de liberdade de expressão, apenas garantiam que grandes entes privados não fossem atrapalhados pelo Estado em sua atividade de comunicação e disseminação de informação. Essa é a visão clássica da liberdade de imprensa.[315]

Mas a liberdade de que aqui se fala tem um potencial infinitamente mais amplo de participação na comunicação: um simples *blog* criado por uma pessoa tem alcance potencialmente maior que um canal de televisão em rede nacional.[316] O que determinará o impacto da informação serão outros fatores, mas não a capacidade econômica do emitente. Aqui o ponto crucial já mencionado. A despeito de alguns problemas, que serão tratados na parte da vinculação dos particulares ao direito de acesso à Internet na sua dimensão negativa, basta não impedir o livre acesso do indivíduo ao ciberespaço.

Embora não seja o caso no Brasil, há sim Estados que fazem do desrespeito a essa obrigação de abstenção praticamente um remendo que garante a sustentação de seu modo autoritário de atuação.[317] Um direito fundamental de acesso à Internet tem por dimensão negativa exatamente a obrigação do Estado de não realizar medidas restritivas da livre atuação da pessoa no ciberespaço, atuação

---

age provides a technological infrastructure that greatly expands the possibilities for individual participation in the growth and spread of culture and thus greatly expands the possibilities for the realization of a truly democratic culture" (p. 6). BALKIN, Jack. Digital speech and democratic culture: a theory of freedom of expression for the information society. *New York University Law Review*, v. 79, n. 1, p. 1-58, abr. 2004.

[315] Era o que ocorria anteriormente, quando o direito à informação era praticamente resumido à liberdade de imprensa (PEREIRA, op. cit., p. 27).

[316] É o que afirma Manuel Castells: "A integração potencial de texto, imagens e sons no mesmo sistema – interagindo a partir de pontos múltiplos, no tempo escolhido (real ou atrasado) em uma rede global, em condições de acesso aberto e de preço acessível – muda de forma fundamental o caráter da comunicação" (CASTELLS Manuel. *A era da informação*: economia, sociedade e cultura. 9. ed. São Paulo: Paz e Terra, 2006, v. 1, p. 414). Afirma ainda que "a Internet, em suas diversas encarnações e manifestações evolutivas, já é o meio de comunicação interativo universal via computador da Era da Informação" (p. 433).

[317] O governo chinês é notoriamente conhecido pelos seus métodos *stasistas* de bloqueio de *sites* com conteúdo avesso ao regime, perseguição de internautas chineses que emitem opiniões "devassas" e "perigosas" em fóruns *online*, entre outras práticas de exercício de controle sobre os cidadãos. Entre as mais recentes está aquela de manter membros da comunidade acadêmica chinesa no rol de pagamento do Estado para que frequentem os fóruns e salas de bate-papo e emitam opiniões favoráveis ao governo chinês. Há um valor fixo que tais pessoas recebem para cada comentário pró-governo. Ver *China contrata internautas profissionais para defender o governo na Web*. Disponível em: http://noticias.uol.com.br/midiaglobal/lemonde/2008/08/07/ult580u3238.jhtm. Acessado em: 7 ago.. 2008. O nível de cooptação não se restringe aos cidadãos isolados: a empresa Google recebeu autorização para ter seu motor de buscas utilizado pelos chineses apenas sob a condição de que o governo do país possa indicar determinados *sites* que não são mostrados na lista de resultados em uma busca. *Google censors itself for China*. Disponível em: http://news.bbc.co.uk/1/hi/technology/4645596.stm. Acessado em: 27 nov. 2008.

esta tanto como emissor quanto como receptor de informações as mais diversas. Nesse contexto, é significativa a decisão do Conselho Constitucional francês, de junho de 2009, que censurou parte da nova lei francesa de proteção da propriedade intelectual. A lei, muito defendida pelo Primeiro-Ministro Nicolas Sarkozy, criava um órgão não judicial – denominado HADOPI, *Haute autorité pour la diffusion des œuvres et la protection des droits sur Internet* (Autoridade Superior para a Difusão de Obras e a Proteção dos Direitos na Internet) – que teria a autoridade para suspender o acesso à Internet de usuários que repetidamente compartilhassem arquivos protegidos por leis autorais. No caso de suspensão, o cidadão seguiria pagando pelo serviço, mesmo sem poder usá-lo. O principal ponto suscitado pelo Conselho Constitucional é o de que o direito à liberdade de comunicação e expressão implica, na atual conjetura societária, o acesso à Internet. Dessa forma, a restrição do direito de acesso só poderia ser feita mediante autorização judicial.[318] A lei foi reformada, incorporando a previsão de um procedimento judicial ao invés de um administrativo. Esse procedimento, entretanto, é similar àquele utilizado para contestar multas de trânsito e, portanto, segundo alguns ativistas do ciberespaço, inadequado para a decisão sobre a restrição de um direito tão importante como o de acesso à Internet.

Resta necessário diferenciar o âmbito de proteção dessa abstenção em relação a situações protegidas por outros direitos fundamentais, como o da proteção de dados pessoais e a já tradicional privacidade. Práticas funestas de intervenção no ciberespaço como as praticadas pelo governo chinês e também, não esqueçamos, pelo governo norte-americano (especialmente após o Patriot Act[319]), incluem também, e em boa parte das situações, a invasão da privacidade e o manuseio de dados pessoais de maneira desproporcional. Porém, apesar do uso da Internet e outros meios de comunicação para essas violações, o bem protegido não é nuclearmente a emissão e recepção de informações, mas sim a vida pessoal e o círculo de intimidade da pessoa. Ao passo que a maioria dos chineses sabe que não tem acesso a uma Rede livre, visto que se colocarem no ar um *site* sobre as agruras do Tibet esse será em seguida censurado, poucos brasileiros, por exemplo, sabem que suas contas de *e-mail* fornecidas gratuitamente por empresas dos Estados

---

[318] "La liberté de communication et d'expression, énoncée à l'article 11 de la Déclaration des droits de l'homme et du citoyen de 1789, fait l'objet d'une constante jurisprudence protectrice par le Conseil constitutionnel (voir dernièrement décision n °2009-577 DC du 3 mars 2009). Cette liberté implique aujourd'hui, eu égard au développement généralisé d'internet à son importance pour la participation à la vie démocratique et à l'expression des idées et des opinions, la liberté d'accéder à ces services de communication au public en ligne". Conseil Constitutionnel français. *COMMUNIQUÉ DE PRESSE, Décision n° 2009-580 DC du 10 juin 2009*. Disponível em: http://www.lefigaro.fr/assets/pdf/communique_cc_hadopi.pdf. Acessado em: 22 nov. 2009.

[319] Sobre as crescentes ameaças e violações de direitos humanos perpetradas pelo governo norte-americano como decorrência do impacto dos atentados de 11 de setembro de 2001 sobre a população daquele país, ver LAFER, Celso. *Nova ordem internacional, globalização e o mundo pós 11 de setembro*. Disponível em: http://www.inae.org.br/publi/ep/EP0028.pdf. Acesso em: 9 mar. 2007 e HEYMANN, Philip. *Civil liberties and human rights in the aftermath of september 11*. Disponível em: http://www.abanet.org/irr/hr/winter02/heymann.html. Acesso em: 9 mar. 2007.

Unidos, como o *Gmail* (da Google), estão abertas para o vasculhamento do governo daquele país sem a necessidade de ordem judicial para quebra do sigilo.[320]

4.2.2. Dimensão positiva

4.2.2.1. O acesso à Internet como direito fundamental social

A dimensão positiva à qual está vinculado o Estado concerne àquilo que tem sido chamado de "inclusão digital" na língua portuguesa, como tarefa de superar o problema denominado de *digital divide* na língua inglesa. A princípio pode parecer exagerado tratar do problema com termo semelhante àquele que designa o desafio dos Estados sociais com grandes proporções de população pobre, a inclusão social. Nunca se disse que aqueles sem rádio eram excluídos da sociedade. Tampouco aqueles sem televisão, já que, sob alguns pontos de vista, não se ligar diariamente ao tubo para entretenimento era muito mais um sinal de superioridade e intelecto acima da média. Mas a sociedade hoje é uma sociedade-rede, e aqueles que não fazem parte dela estão em situação ainda pior que os socialmente excluídos. Estes últimos são sempre percebidos nas sinaleiras, nas favelas e nas sarjetas. Eles existem, somente não participam da mesma forma que os demais. Mas aqueles digitalmente excluídos não existem no ciberespaço. Sequer precisamos fazer esforço para ignorá-los.

Fala-se de inclusão digital porque aqueles que ainda estão fora da sociedade-rede têm cada vez mais acesso negado ao trabalho,[321] à comunicação com os demais, ao entretenimento, ao ensino, às notícias... A lista só tende a aumentar. Nosso foco aqui não é transcorrer sobre a sociedade-rede, algo que julgamos já ter sido feito de forma suficiente. Partimos do pressuposto da essencialidade da pertença a uma forma de sociedade que se desenvolve a partir do ciberespaço.[322] O objetivo é apontar os fatores que se impõem contra a inclusão digital e a maneira como o Estado deve e já age para superar esses problemas, de maneira afirmativa.[323]

---

[320] Disponível em: http://www1.folha.uol.com.br/folha/informatica/ult124u386028.shtml. Acessado em: 28 mar. 2008.

[321] BERNHARDT, Ute; RUHMANN, Ingo. Revolution von oben – Der Weg in die Informationsgesellschaft. In: TAUSS, Jörg; KOLLBECK, Johannes; MÖNIKES, Jan (orgs.). *Deutschlands Weg in die Informationsgesellschaft*. Herausforderungen und Perspektiven für Wirtschaft, Wissenschaft, Recht und Politik. Baden-Baden: Nomos, 1996, p. 120-121.

[322] Para algumas considerações sobre o impacto da popularização da Internet no que tange à proteção e concretização dos direitos humanos, ver AZUMA, Eduardo Akira. *Considerações iniciais sobre a Internet e o seu uso como instrumento de defesa dos direitos humanos, mobilização política e social*. Disponível em: http://calvados.c3sl.ufpr.br/ojs2/index.php/direito/article/view/6995/4973. Acessado em: 21 fev. 2007.

[323] Tratando, embora não da mesma maneira que o presente texto, também da imposição de deveres prestacionais como decorrentes de direitos relacionados à informação, inclusive reconhecendo as profundas modificações implicadas pela Internet nessa área, ver CUNHA, Paulo Ferreira da. Direito à informação ou deveres de proteção informativa do Estado? In: SARLET, Ingo Wolfgang. *Direitos fundamentais, informática e comunicação: algumas aproximações*. Porto Alegre: Livraria do Advogado, 2007. O autor inclusive afirma que resolveu o

Há dois tipos diferentes de meios de comunicação modernos. Aqueles para os quais os indivíduos necessitam apenas um receptor e aqueles que requerem um investimento continuado para suportar os custos de acesso. Exemplos do primeiro tipo são o rádio e a televisão, ao passo que o telefone, o fax e a televisão a cabo são exemplos do segundo. Estudos apontam a diferença da velocidade de penetração desses dois tipos de meios de comunicação: os primeiros, justamente por exigirem apenas um investimento isolado em um aparelho, alcançaram a popularidade de forma muito mais rápida.[324]

A Internet, como bem se sabe, está no segundo grupo. Além do investimento inicial em um dispositivo que permita o acesso – o que na primeira década de popularização do meio significava comprar um computador pessoal, de alto custo – aquele que deseja conectar-se necessita ainda arcar com uma mensalidade referente à transmissão de dados, seja por meio telefônico, como inicialmente, seja via cabo, rádio ou satélite. Esse é um obstáculo que já diferencia a Internet de meios de comunicação como o rádio e a televisão, implicando uma capacidade de penetração social muito maior para os dois últimos. É claro que os custos para aqueles que são os primeiros a adotarem uma tecnologia ou novidade sempre são maiores que para os demais, que aderem apenas mais tarde. Com a popularização, tanto os computadores quanto os serviços fornecidos pelos provedores de acesso tornaram-se mais baratos e acessíveis também para a classe média e média baixa.

Nesse ponto podemos estabelecer uma diferença entre a situação brasileira e aquela de países desenvolvidos, especialmente os Estados Unidos. Lá o diagnóstico do problema é, conforme a doutrina, diferente daquele que fazemos aqui.[325] Um norte-americano consegue hoje comprar um computador ou outro dispositivo que permita o acesso por um preço muito menor, quando comparados os PIBs *per capita* e o salário mínimo daquele país e do Brasil. O mesmo ocorre com a mensalidade do acesso, que em alguns casos inclusive é gratuita. Somado a isso, nos últimos anos, mesmo entre as minorias sociais – mulheres, negros, hispanos – a porcentagem de pessoas com acesso à Internet elevou-se de tal modo que aproxima aquela dos extratos privilegiados da sociedade estadunidense.[326] Isso levou alguns autores a afirmarem que a "digital divide" já foi

---

problema da exclusão digital e alcançada a capacidade de discernimento e seleção da poluição informativa veiculada, a Internet será a solução universal para a comunicação (p. 172).

[324] SCHEMENT, Jorge Reina. Of gaps by which democracy we measure. In: COMPAINE, Benjamin M. (org.). *The digital divide*: facing a crisis or creating a myth? Cambridge (MA): MIT, 2001, p. 306. O rádio, por exemplo, ganhava adeptos nos Estado Unidos rapidamente inclusive durante a recessão da década de 1930. O contrário acontecia com o telefone, que demorou número muito maior de anos para alcançar a mesma proporção da população daquele país que a televisão.

[325] POWELL III, Adam Clayton. Falling for the gap: Whatever happened to the digital divide? In: COMPAINE, Benjamin M. (org.). *The digital divide*: facing a crisis or creating a myth? Cambridge (MA): MIT, 2001, afirmando que não há mais o que se falar em "digital divide" já que, por exemplo, com a queda dos preços tanto de computadores quanto de serviços de acesso, praticamente qualquer norte-americano pode acessar a Internet.

[326] Ibidem, p. 310-312.

superada, ou mesmo que, diante dos números, a parcela da população que está excluída já é pequena e diminuirá cada vez mais rapidamente. Daí porque seria questionável exigir a ação do Estado e o consequente gasto do dinheiro dos pagadores de impostos para superar um problema tão irrelevante.[327] Além do que, é perfeitamente natural que a adoção de novas tecnologias pela população seja demorada, devendo inclusive ser consideradas na faixa estatística dos que "não acessam a Internet" pessoas que têm perfeitas condições de obter acesso e apenas não estão interessadas.[328]

O caso do Brasil é muito diferente. A exclusão digital aqui decorre principalmente da exclusão social. A desigualdade e a concentração da renda nas camadas superiores da pirâmide (em nosso país infelizmente ainda podemos usar tal metáfora) estão intrinsecamente ligadas à parcela reduzida de brasileiros que têm acesso regular à Internet. Aqui a conclusão é muito diferente: a inclusão social natural, sem a participação do Estado, apenas em decorrência da popularização dos computadores e da gradual diminuição dos custos de acesso levará tempo enorme. É essencial perceber que a exclusão digital aqui funciona como um fator acumulativo, pois quanto mais tempo demorar para que certas pessoas e faixas da população sejam incluídas, maior será a desvantagem profissional dessas em relação àquelas privilegiadas, estimulando ainda mais desigualdade social e concentração de renda.[329]

O segundo fator agravante da exclusão digital, desconsiderado inclusive por aqueles autores norte-americanos que consideravam a superação do problema como um efeito natural econômico, assim como a popularização da televisão, é a capacidade intelectual para o acesso e para a real participação na sociedade ligada ao ciberespaço. Novamente o potencial de alcance e velocidade de penetração da Internet mostra-se muito menor que o da televisão, do rádio, do telefone e, inclusive, da imprensa escrita. Não é necessário qualquer preparo ou conhecimento diversificado para usar um telefone ou assistir a uma novela. Mesmo a leitura de um jornal requer habilidades que são dominadas por número maior de pessoas que as habilidades necessárias para a participação adequada na Internet. Têm-se referido ao problema como a *information literacy*.[330] Esse segundo problema é

---

[327] COMPAINE, Benjamin M. Declare the war won. In: COMPAINE, Benjamin M. (org.). *The digital divide*: facing a crisis or creating a myth? Cambridge (MA): MIT, 2001, p. 326.

[328] COMPAINE, op. cit., p. 328. As pessoas com esse perfil geralmente são aquelas com maior dificuldade para utilizar novas tecnologias, como idosos. Ademais, o número daqueles que sabem e podem acessar a Rede, mas não veem motivo para fazê-lo, diminuirá largamente em uma sociedade-rede.

[329] É o alerta de Castells: "Contudo, não deixa de ser importante quem teve acesso primeiro, e a quê, porque, ao contrário da televisão, os consumidores da Internet também são produtores, pois fornecem conteúdo e dão forma à tela. Assim, o momento de chegada tão desigual das sociedades à constelação da Internet terá conseqüências duradouras no futuro padrão da comunicação e da cultura mundiais". CASTELLS, *A era da informação*, op. cit., p. 439.

[330] Todos os autores que tratam do tema da inclusão digital dão especial, senão preponderante, importância para o aspecto da alfabetização digital. Sobre o tema, por todos, ver JAMBEIRO, Othon et al. *Inclusão digital e educação para a competência informacional*: uma questão de ética e cidadania. Disponível em: http://www.ibict.br/cienciadainformacao/viewarticle.php?id=672. Acessado em: 18 jan. 2007, onde é estabelecido que a inclusão

muito mais complexo que o anterior. Sua solução definitiva requer planejamento em longo prazo e investimento de recursos maior que a questão da infraestrutura física e tecnológica.[331] Mesmo sob o ponto de vista individual e imediatista, um curso de capacitação para operação de computadores e uso da Internet, em geral custa mais caro ao indivíduo que um computador simples.

A capacitação das pessoas nesse contexto é um problema ligado à concretização do direito à educação[332] e a garantia do direito ao trabalho. É fácil de constatar que qualquer profissão ou ocupação que envolva algum exercício intelectual requer, hoje e ainda mais no futuro, a alfabetização digital. Trata-se, como se vê, de condições necessárias para a convivência individual em uma sociedade--rede onde faixas essenciais da comunicação dão se na Internet. É claro que essa situação não se vê agora no Brasil, mas basta analisar a progressão dos últimos anos e a conjuntura em países situados mais adiante na linha histórica – tanto sob o aspecto da informatização das comunicações como do desenvolvimento intelectual dos cidadãos – que essa assertiva mostra-se longe de ser infundada. Mais ainda, trata-se de dotar o indivíduo da capacidade necessária para a atuação profissional e o consequente sustento pessoal.[333]

Nessa linha, entendemos que o direito fundamental ao acesso à Internet constitui um direito fundamental *social* na sociedade-rede. Direito social justamente porque, assim como o direito à educação e o direito à saúde, visa a garantir

---

digital é "não só a aquisição de habilidades básicas para o uso de computadores e da Internet, mas também a capacitação para utilização dessas mídias, em favor dos interesses e necessidades individuais e comunitários, com responsabilidade e senso de cidadania" (p. 6).

[331] Embora aqui não se dê foco ao aspecto da infraestrutura da Rede, esse é sem dúvida ponto relevante. Não se pode falar de uma política de estrutura para a Sociedade da Informação enquanto subsistir polêmica quanto às opções técnicas, aos interesses dos grupos econômicos, às preferências dos cidadãos quanto ao meio de troca de informações, etc. Essa é a conclusão de RIEHM, Ulrich. "Informationsgesellschaft" ohne Informationsinfrastruktur? In: TAUSS, Jörg; KOLLBECK, Johannes; MÖNIKES, Jan (orgs.). *Deutschlands Weg in die Informationsgesellschaft*. Herausforderungen und Perspektiven für Wirtschaft, Wissenschaft, Recht und Politik. Baden-Baden: Nomos, 1996, p. 152. O autor lembra ainda que a tendência, já identificada na época do texto, era (e segue sendo) de um mosaico de redes, públicas, privadas, de banda estreita e larga, etc., e não uma infra--estrutura de rede unitária (p. 139). Da mesma forma, na doutrina brasileira, AFONSO, Carlos A. *Internet no Brasil*: o acesso para todos é possível? Disponível em: www.idrc.ca/uploads/user-S/10245206800panlacafoant. pdf. Acessado em: 15 jun. 2008, que afirma que "o desenvolvimento autônomo e adequado da infraestrutura é um dos componentes centrais da emocratização do uso da rede. Em outras palavras, a própria política de desenvolvimento da infraestrutura depende das prioridades nacionais em relação ao acesso universal" (p. 9).

[332] SORJ, Bernardo; GUEDES, Luís Eduardo. Exclusão digital. Problemas conceituais, evidências empíricas e políticas públicas. *Novos Estudos*, n. 72, jul. 2005. Disponível em: www.scielo.br/pdf/nec/n72/a06n72.pdf. Acessado em: 15 jun. 2008, p. 17, apontam, sob o aspecto da interligação entre direito à educação e inclusão digital, que: "O desenvolvimento de softwares adequados, a readaptação do sistema pedagógico e o desenvolvimento de disciplinas de ensino crítico do uso da telemática serão, na maioria dos países em desenvolvimento, um processo necessariamente longo". Alertam, com razão, que "isso não significa que se deva esperar que se chegue a erradicar o analfabetismo para se desenvolver políticas de inclusão digital" (p. 16).

[333] Cf. WARSCHAUER, Mark. *Technology and social inclusion*: rethinking the digital divide. Cambridge (MA): MIT, 2004, p. 46-47, "*ICT use is a social practice*, involving access to physical artifacts, content, skills, and social support. [...] Access to ICT for the promotion of social inclusion cannot rest on providing devices or conduits alone. Rather, it must engage a range of resources, all developed and promoted with *an eye toward enhancing the social, economic, and political power of the targeted clients and communities.* (grifo nosso)".

as condições mínimas para uma existência digna e para a convivência da pessoa em sociedade.[334] Além disso, esforçamo-nos até aqui para demonstrar a íntima ligação do acesso à *web* com diversas dimensões da vida social de cada pessoa, ainda que em diferentes graus conforme características diferentes como nível de instrução e classe social.[335] Podem-se citar diversos aspectos da concretização de direitos sociais diretamente afetados pela popularização do uso da Internet e outras TI, entre eles: capacidades na área de TI aumentam a possibilidade de colocação no mercado de trabalho; as TI podem contribuir significativamente para a aquisição de habilidades (sejam elas relacionadas às TI ou não); TI podem aprimorar significativamente o acesso a, e o resultado de, a educação e o treinamento técnico; TI podem ser utilizadas para prover acesso a mercados de trabalho de outra forma inacessíveis; TI podem ser usadas para incrementar a habilidade das pessoas para aproveitarem-se de serviços públicos sociais; TI têm o potencial de aprimorar o acesso ao sistema público de saúde e assim melhorar o tratamento preventivo e a assistência no ramo do direito à saúde; TI podem ser usadas para sustentar redes sociais e construir comunidades (nesse aspecto, conforme desenvolvido à fundo no segundo capítulo). Ademais, há uma profunda ligação a ser percebida também entre a inclusão digital e a coesão social – aqui uma perspectiva não individual, mas sim coletiva da realização de direitos sociais, centrada no grau de interconectividade em redes sociais. A coesão social, nesse contexto, envolve os conceitos de participação e capacidade (econômica, física, social, etc.) e a oportunidade para tanto.[336]

Apesar de adotarmos aqui a perspectiva desse direito fundamental como sendo social, restou claro, a partir do desenvolvimento do terceiro capítulo, que esse direito tem forte cunho político. Poderíamos até argumentar que tal aspecto é central e preponderante em relação ao aspecto social. Em nosso trabalho anterior sobre o tema,[337] de fato havíamos tomado posição pela classificação como um direito político. Diante da coexistência de duas perspectivas fortes – política e social – no bojo desse direito fundamental, parece-nos que a melhor solução para o impasse é perceber que ele se apresenta apenas sob o ponto de vista da classificação do direito. Assim, convém apontar que a própria distinção entre direitos políticos e direitos sociais pode ser questionada, como de fato já o foi

---

[334] Novamente, na linha da já abordada presença "sempre conectada", essencial a lição de CASTELLS, *A era da informação*, op. cit.: "A Internet favorece a expansão e a intensidade dessas centenas de laços fracos que geram uma camada fundamental de interação social para as pessoas que vivem num mundo tecnologicamente desenvolvido" (p. 445).

[335] Nessa linha, e sobre as dimensões sociais do uso da Internet e outras TI, ver GROEBEL, Jo. Digitale Entwicklung: Die sozialen Dimensionen. In: BÜLLESBACH, Alfred (org.). *Informationsrecht 2000*: Perspektiven für das nächste Jahrzehnt. Köln: Schmidt, 2001.

[336] Cf. HÜSING, Tobias; GAREIS, Karsten; KORTE, Werner B. The impact of ICT on social cohesion: Looking beyond the digital divide. In: DUTTA, Soumitra (org.). *The information society in an enlarged Europe*. Berlin: Springer, 2006, p. 78. Apesar de centrarem-se na noção de coesão social sob o aspecto coletivo, os autores listam também fatores do impacto social individual da inclusão digital, sendo que a enumeração aqui empreendida toma por base aquela feita pelos autores (p. 100).

[337] Nota 300, retro.

por Peter Häberle, há muito tempo: para o notável publicista alemão, todos os direitos fundamentais são sociais! Isso porque os direitos fundamentais clássicos, denominados "de primeira geração", são em sua totalidade "socializados" como resposta a uma determinada realidade de déficit de concretização de direitos fundamentais e de democracia. Dessa forma, os direitos fundamentais clássicos, políticos e de liberdade, estão ligados ao aspecto social se a liberdade e a igualdade forem observadas não abstratamente, mas em interdependência, sob a perspectiva social e sob a compreensão das condições econômicas.[338] Julgamos mais adequado, portanto, reconhecer a forte dimensão social do direito fundamental ao acesso à Internet, tanto quanto a forte dimensão política do mesmo. Assim, tendo já tratado da dimensão política, nosso foco neste capítulo é a dimensão social. De qualquer maneira, haverá muitos que discordarão frontalmente da assertiva de que se trata de um direito fundamental, e não negamos que ela requer sólida fundamentação, porém as bases lógicas apresentadas nos capítulos anteriores constituem bons alicerces nesse contexto.

Como um direito fundamental social, a autonomia de conformação do legislador e do Poder Executivo para sua concretização é relativamente maior que no caso de direitos preponderantemente de defesa. Isso, conforme aferido na teoria de direitos fundamentais na qual nos baseamos, não significa ausência de aplicabilidade imediata, na linha clássica de autores como José Afonso da Silva.[339] O reconhecimento da aplicabilidade imediata, contudo, não reserva a faculdade ao Poder Judiciário de aplicar a norma fundamental diretamente, sempre e em qualquer situação, escolhendo como fazer a concretização, mas sim, além de uma série de outras consequências, um controle de situações excepcionais nas quais o dever de concretização foi desrespeitado de tal forma pelo poder público que o direito fundamental fica totalmente esvaziado – aqui a teoria do núcleo essencial – e os direitos fundamentais, como um todo, ficam reféns do legislador ordinário. Nesses casos, reiteramos, apenas excepcionalmente abre-se caminho tanto para o escrutínio judicial da interposição legislativa realizada na seara da realização de direitos fundamentais prestacionais como o reconhecimento de direitos fundamentais prestacionais originários, aqui entendidos como o reconhecimento de um direito subjetivo individual diretamente de uma norma de direito fundamental. De regra, contudo, as escolhas referentes à maneira e ao âmbito

---

[338] "Die sozialen Grundrechte stehen den klassischen in Wirklichkeit näher, als dies die bisherige Dogmatik mit ihrer Dichotomie begreift. Sie sind als geschichtliche Antwort auf eine bestimmte grundrechts- und demokratiedefizitäre Wirklichkeit. ‚Verallgemeinerung', ‚Sozialisierung' der klassischen Grundrechte; [sie sind diesen verbunden, wenn man Freiheit und Gleichheit nicht abstrakt sieht, sondern im Gesamtzusammenhang, ‚sozial' und unter Einbeziehung der ökonomischen Bedingungen.] Alle Grundrechte sind ‚soziale Grundrechte' im weiteren Sinn, sind als solche Konsequenz der Entwicklung zum sozialen Rechtsstaat und liegen in der Logik des Leistungsstaats" (HÄBERLE, Peter. Grundrechte im Leistungsstaat. In: HÄBERLE, Peter; MARTENS, Wolfgang. *Grundrechte im Leistungsstaat*. Veröffentlichungen der Vereinigung der Deutschen Staatsrechtslehrer, Bd. 30. Berlin: Walter de Gruyter, 1972, p. 92).

[339] Referimo-nos, é claro, à distinção entre normas constitucionais de eficácia plena, contida e limitada, cf. SILVA, José Afonso da. *Curso de direito constitucional positivo*. 20. ed. rev. atual. São Paulo: Malheiros, 2002, p. 180.

como concretizar direitos fundamentais prestacionais, especialmente os sociais, ficam ao encargo do poder político.[340]

Ou seja, não defendemos aqui que a eficácia do direito fundamental ao acesso à Internet resulta em direito subjetivo individual direto, prescindível de concretização legislativa, permitindo a todo e qualquer brasileiro exigir do poder público um terminal com acesso à Internet sem qualquer limitação de tempo e local de uso. Traçando um paralelo com o direito à saúde, tampouco o fato deste ser reconhecido e constitucionalmente assegurado requer que todos tenham direito a receber gratuitamente, do Estado, qualquer espécie de tratamento médico. Contra isso depõe não apenas a autonomia do legislador para determinar a forma e âmbito de concretização do direito no contexto social brasileiro, mas também questões de justiça social e a aplicação do princípio da subsidiariedade, este último lamentavelmente pouco desenvolvido na literatura pátria.

Dentro dessa concepção, apresentaremos em seguida a maneira como o poder público tem exercido sua autonomia política para concretizar o direito fundamental de acesso à Internet, mormente na sua dimensão positiva, através de políticas de inclusão digital. Posteriormente, trataremos da questão do controle judicial para garantia, em situações excepcionais, de um mínimo existencial no âmbito dos direitos fundamentais sociais e sua relação com direito fundamental presentemente abordado.

4.2.2.2. Políticas públicas de inclusão digital

Políticas públicas de inclusão digital têm sido implementadas não apenas no Brasil, mas também em outros países subdesenvolvidos, na Europa e até nos Estados Unidos. Já existem casos, entretanto, nos quais o legislador optou por garantir o acesso à *web* como direito público subjetivo. Na Finlândia, a Lei do Mercado de Comunicações previa, desde alterações em 2007, no art. 60, alínea c, (2), que a obrigação de serviço universal à qual estão sujeitas as empresas de telecomunicações naquele país inclui uma "conexão adequada à Internet".[341] A partir de uma alteração feita por meio de um decreto do Ministério de Transportes e Comunicações em outubro de 2009 (cogente para as empresas consideradas "operadoras universais de serviço" a partir de julho de 2010), "conexão adequada à Internet" passa a significar um acesso com velocidade mínima de

---

[340] Esses os elementos básicos da questão da eficácia dos direitos fundamentais sociais na obra de autores como SARLET, *A eficácia dos direitos fundamentais*, op. cit., p. 296 e ss. e dos direitos fundamentais como direitos subjetivos na obra de ALEXY, op. cit., p. 173 e ss.

[341] Communications Market Act 393/2003. Art. 60, alínea c, (2): "The subscriber connection to be provided shall allow outgoing emergency calls, outgoing and incoming national and international calls and use of other ordinary telephone services. The subscriber connection shall also allow an appropriate Internet connection. A telecommunications operator may also provide the services mentioned above through several subscriber connections if this does not cause unreasonable additional costs to the user".

recepção de dados de 1 Mbit/s, uma conexão, portanto, de banda larga.[342] A Lei de Informação Pública da Estônia, de 2000, estabeleceu no art. 33 que a toda pessoa será reservada a oportunidade de obter acesso gratuito às informações públicas por meio da Internet em bibliotecas públicas.[343] Essa provisão foi interpretada como a garantia de um direito humano universal ao acesso à Internet.[344] Trataremos, entretanto, de políticas públicas de acesso, em uma concretização legislativa muito menos arrojada, pois é a situação existente no Brasil e a mais comum em países ocidentais.

Um elemento mais simples de tais políticas é a criação de incentivos fiscais para a compra de equipamentos que servem como porta de acesso à Internet, como computadores, e para o pagamento dos serviços mensais de provimento de acesso. A Medida Provisória nº 252, de 15 de junho de 2005, conhecida como "MP do Bem", incorporou uma série de modificações na legislação tributária objetivando, entre outras coisas, dar "suporte a programas de inclusão digital", conforme o art. 2º da exposição de motivos.[345] Para tanto, foram reduzidas "a zero as alíquotas da Contribuição para o PIS/PASEP e da COFINS incidentes sobre a comercialização, no varejo, de unidade de processamento digital, com o objetivo de reduzir o custo de aquisição de computadores pessoais", sendo que tais medidas faziam parte de "um programa mais amplo de inclusão digital das camadas de menor renda, que tem como objetivo contribuir para a redução da desigualdade social através da viabilização do acesso desta parcela da população a bens e serviços de informática", conforme o art. 17 da exposição. Esse programa e os benefícios instituídos pela MP do Bem foram incluídos na Lei nº 11.196, de 21 de novembro de 2005, nos arts. 28 a 30, prevendo a extensão do incentivo até 31 de dezembro de 2009. A benesse foi ampliada com o lançamento do Programa de Crescimento Acelerado.[346] A medida resultou em aumento de vendas, na

---

[342] Decree of the Ministry of Transport and Communications on the minimum rate of a functional Internet access as a universal service 732/2009. Art. 1, (1): "The minimum rate of downstream traffic of a functional Internet access referred to in section 60 c(2) of the Communications Market Act (393/2003) is 1 Mbit/s".

[343] Public Information Act, entrada em vigor 15/11/00. Art. 33 (Access to data communication network): "Every person shall be afforded the opportunity to have free access to public information through the Internet in public libraries, pursuant to the procedure provided for in the Public Libraries Act (RT I 1998, 103, 1696; 2000, 92, 597)". Disponível em: http://www.legaltext.ee/en/andmebaas/ava.asp?m=026. Acessado em: 22 nov. 2009.

[344] *Tiny Estonia leads internet revolution*. Disponível em: http://news.bbc.co.uk/2/hi/europe/3603943.stm. Acessado em: 22 nov. 2009.

[345] 2. A criação do REPES tem por objetivo aperfeiçoar nosso sistema tributário, possibilitando ao Brasil maior inserção nas exportações de serviços de Tecnologia da Informação – TI, com preços compatíveis com os oferecidos no mercado internacional, criando consequentemente estímulo à exportação de serviços com valor agregado e baseado em alta tecnologia, bem como à ampliação da geração de empregos, *ao suporte a programas de inclusão digital* e à facilitação do acesso das pequenas e médias empresas a esse mercado. Além disso, com a criação do REPES, deve aumentar a participação das pequenas e médias empresas nas exportações brasileiras de serviços de TI (grifo nosso).

[346] A isenção era dada inicialmente para computadores de mesa ou portáteis vendidos ao consumidor pelo preço final de até R$ 1.400, sendo computadores até R$ 2.500 também objeto de benefícios. Pelas regras do PAC, são isentos computadores de até R$ 4.000, o que representa uma renúncia fiscal de R$ 200 milhões. Disponível em: http://www1.folha.uol.com.br/folha/informatica/ult124u21452.shtml. Acessado em: 27 nov. 2008.

comparação entre 2005 e 2006, de computadores de mesa na casa de 47% e de computadores portáteis em 107%. Ao final de 2007, a estimativa era de que havia um computador em 18% dos lares brasileiros.[347]

No que tange à tributação do serviço fornecido pelos provedores de acesso à Internet, a questão é diferente. Com o advento desse novo serviço e antes que o legislador pudesse dar resposta à questão de como tributar, a doutrina tributária brasileira dividia-se, majoritariamente, entre aqueles que afirmavam tratar-se de serviço de comunicação, devendo a empresa, portanto, recolher o Imposto sobre a Circulação de Mercadorias e Serviços (ICMS), e aqueles que julgavam tratar-se de serviço de valor adicionado, não incidindo o ICMS, mas sendo possível a cobrança de Imposto sobre Serviço de Qualquer Natureza (ISSQN), mediante a inclusão na respectiva lista anexa à Lei Complementar nº 116 de 2003.[348] A controvérsia cumulou na edição da Súmula 334 do Superior Tribunal de Justiça, que declara: "O ICMS não incide no serviço dos provedores de acesso à Internet". Assim, por enquanto o serviço do provimento de acesso não é tributado, porém isso poderá mudar logo. O projeto de Lei Complementar nº 208/01 prevê a inclusão dos serviços de valor adicionado na lista anexa. Um substitutivo formal apresentado estipula que seja incluído um item 1.09, com o enunciado "Serviços de provimento de acesso à rede mundial de computadores – Internet".[349]

O fato é que, mesmo não sendo o serviço de provimento tributado, aqueles que utilizam o acesso discado pagam ICMS decorrente do valor gasto com telefone, ao passo que sobre o serviço de provimento de banda larga (que não é o mesmo que o serviço prestado pelo provedor de acesso à Internet, e por sinal inclusive dispensa-o), incide também esse imposto. Considerando que a menor alíquota de ICMS no Brasil é de 25%, e adicionando a isso o fato de que o valor do tributo é incorporado à base de cálculo, fazendo sua alíquota verdadeira, nesse caso, subir para 33%, pode-se dizer que não há qualquer preocupação de incentivo tributário por parte do governo brasileiro naquilo que tange ao serviço de acesso à Internet.

Ora, o valor de alíquota e a maneira como é incentivado o acesso à Internet fazem parte da liberdade de conformação do legislador. O princípio da essencialidade, entretanto, impõe[350] que o ICMS seja delineado de maneira que os

---

[347] Disponível em: http://www.terra.com.br/istoedinheiro/488/ecommerce/ainda_mais_computadores.htm. Acessado em: 27 nov. 2008.

[348] Sobre o assunto, ver, entre tantos, CARVALHO, Paulo de Barros. Não incidência do ICMS na atividade dos provedores de acesso à Internet. *Revista Dialética de Direito Tributário*. São Paulo, n. 73. p. 97-104, 2001; COÊLHO, Sacha Calmon Navarro. Tributação na Internet. In: MARTINS, Ives Gandra da Silva (coord.). *Tributação na Internet*. São Paulo: Revista dos Tribunais, 2001; MARTINS, Ives Gandra da Silva. Tributação na Internet. In: MARTINS, Ives Gandra da Silva (coord.). *Tributação na Internet*. São Paulo: Revista dos Tribunais, 2001 e SCAFF, Fernando Facury. O direito tributário das futuras gerações. In: MARTINS, Ives Gandra da Silva (coord.). *Tributação na Internet*. São Paulo: Revista dos Tribunais, 2001.

[349] NEVES, Fernando Crespo Queiroz. *Imposto sobre a prestação de serviços de comunicação & Internet*. Curitiba: Juruá, 2006, p. 200.

[350] CARRAZZA, Roque Antonio. *ICMS*. 11. ed. rev. ampl. São Paulo: Malheiros, 2006, p. 375.

produtos e serviços de maior importância sejam tributados de maneira diferente, vide menos restritiva, que aqueles de menor importância.[351] A essencialidade de determinados produtos e bens requer tratamento diferenciado da lei tributária, o que não significa que o legislador está obrigado a determinadas regras prévias de como realizar tal diferenciação, mas implica necessariamente em que ao menos exista uma diferenciação, como resultante do princípio da igualdade material.[352] Sob o aspecto do direito fundamental ao acesso à Internet, conforme afirmado, não cabe ao juiz obrigar uma tributação menor como parte da concretização desse direito, estando tal escolha dentro do âmbito da autonomia legislativa.[353] Contudo, no que tange ao mínimo existencial, conforme veremos, uma imunidade tributária pode ser eventualmente reconhecida como forma de garantir um mínimo de realização do direito.

Julgamos muito útil e esclarecedor analisar o tratamento dado ao assunto nos Estados Unidos. Em 1998 foi estabelecido lá o *Internet Tax Freedom Act*. Constituía-se em uma legislação federal que impunha moratória de três anos na taxação do acesso à Internet e das transações de comércio eletrônico. Uma cláusula permitia que os estados da Federação que já cobravam impostos nesses casos pudessem seguir fazendo-o. Para os demais, entretanto, restava defeso realizar a cobrança de tributos sobre esses serviços e as transações de *e-commerce*. Na época, apenas 10 estados efetuavam tal cobrança. A moratória foi prorrogada em duas ocasiões, pela *House of Representatives*, a Câmara dos Deputados norte-americana, sendo que em 2007 a nova prorrogação foi estabelecida até 2014. A H.R. 3678, a *Internet Tax Freedom Act Amendments Act of 2007*, em sua seção 5, traz conceito do que seja o acesso à Internet.[354] As emendas à moratória inicial trouxeram a adição de incentivos também para o acesso via banda larga.

A doutrina norte-americana discute a conveniência de uma imunidade total e indiscriminada, que implica no sacrifício de recursos para o governo mediante a isenção de impostos para grandes empresas e indivíduos abastados, que não teriam qualquer dificuldade de arcar com uma alíquota razoável de tributo sem prejuízo à sua capacidade de acessar a Rede.[355] Por outro lado, questiona-se também

---

[351] CARRAZZA, op. cit., p. 376.

[352] Ou "igualdade fiscal", cf. TORRES, Ricardo Lobo. O IPI e o princípio da seletividade. *Revista Dialética de Direito Tributário*, n. 18, p. 98, mar. 1997.

[353] É vedado ao legislador, todavia, estabelecer diferenciações de tributação que não com base no uso social do bem tributado. (Ibidem, p. 99-100).

[354] "INTERNET ACCESS- The term 'Internet access': (A) means a service that enables users to connect to the Internet to access content, information, or other services offered over the Internet; (B) includes the purchase, use or sale of telecommunications by a provider of a service described in subparagraph (A) to the extent such telecommunications are purchased, used or sold: (i) to provide such service; or (ii) to otherwise enable users to access content, information or other services offered over the Internet;"

[355] Para essa crítica, ver MAZEROV, Michael. *Making the Internet Tax Freedom Act Permanent in the Form Currently Proposed Would Lead to a Substantial Revenue Loss for States and Localities*. Disponível em: http://www.cbpp.org/10-20-03sfp.pdf. Acessado em: 23 maio 2008.

a eficácia de tal medida como elemento de uma política de inclusão digital.[356] Contudo, no que tange à aplicação do princípio da essencialidade na tributação, parece-nos oportuno o exemplo do estado do Texas que, anteriormente à última atualização da moratória – esta baniu a possibilidade de qualquer estado taxar o acesso a partir de junho de 2008 – não cobrava imposto sobre os primeiros 25 dólares gastos com acesso à Internet. O imposto colhido da taxação do restante, contudo, perfazia uma receita de 55 milhões de dólares por ano.[357]

O aspecto central de políticas públicas de inclusão digital são as iniciativas que promovem o acesso de parcelas excluídas da população mediante o estabelecimento de uma infraestrutura de pontos de acesso. Isso tem sido feito mediante o aproveitamento de locais públicos como escolas e bibliotecas, ou até mesmo prefeituras e assembleias legislativas municipais, ou então a partir do estabelecimento de telecentros.

A União Europeia trabalha há algum tempo com um ambicioso programa abrangendo diversas áreas da atuação do Estado, o qual tem por intuito promover a transição das nações europeias para a denominada Era da Informação. Os três princípios básicos do programa denominado "i2010" são o estabelecimento de um espaço informacional, ou ciberespaço, europeu; o reforço da inovação e investimento em tecnologias da informação (denominadas ICT, ou *Information and Communication Technologies*); "promover *inclusão, serviços públicos e qualidade de vida*, por exemplo, estendendo os valores europeus de inclusão e qualidade de vida à sociedade da informação" (grifo no original).[358] No âmbito do i2010 insere-se outro programa especificamente voltado à inclusão digital, chamado "eInclusion". Durante reunião dos ministros dos Estados-Membros da União Europeia na Lituânia, em junho de 2006, foi emitida uma declaração estabelecendo as bases do que se pode chamar de uma política europeia de inclusão digital. A "eInclusão" foi assim definida:

> "eInclusão" significa tanto ICTs inclusivas como o uso de ICTs para alcançar objetivos mais amplos de inclusão. O foco é a participação de todos os indivíduos e comunidades em todos os aspectos da sociedade da informação. Política de eInclusão, assim, visa à redução de brechas no uso de ICTs e promover o uso das mesmas para superar a exclusão

---

[356] BRUCE, Donald; DESKINS, John; FOX, William F. Has Internet access taxation affected Internet use? *Public Finance Review* 2004; 32; 131. Disponível em: http://pfr.sagepub.com/cgi/content/abstract/32/2/131. Acessado em: 21 maio 2008, afirmando que para cada 1% de tributo cobrado sobre o acesso à Internet, apenas cerca de 2,2% de decréscimo no percentual de pessoas com acesso era detectado, sendo o fator imposto sobre o acesso considerado como pouco influente em relação à porcentagem de pessoas que conectavam-se à Rede.

[357] LAVINE, Dick. *Updated Revenue Threat*: Preserve Texas' Ability to Tax Internet Access. Disponível em: http://www.cppp.org/files/7/PP%20298%20on%20Internet%20taxations%20updated.pdf. Acessado em: 30 maio 2008.

[358] "Promote *inclusion, public services and quality of life*, i.e. extending the European values of inclusion and quality of life to the information society (grifo no original)", Relatório intermediário do programa i2010. Disponível em: http://ec.europa.eu/information_society/eeurope/i2010/mid_term_review_2008/index_en.htm. Acessado em: 18 abr. 2008.

e incrementar a performance econômica, oportunidades de emprego, qualidade de vida, participação social e coesão.[359]

A política do governo federal brasileiro é guiada pelos mesmos objetivos. Esta é, por exemplo, a estratégia adotada pelo programa Governo Eletrônico de Serviço de Atendimento ao Cidadão (GESAC), do Ministério das Comunicações. Trata-se de um programa federal que implanta telecentros de maneira estratégica no território nacional com o intuito de acelerar a inclusão digital, especialmente em locais mais pobres ou naqueles onde as linhas telefônicas não chegam. Existem já 3.482 locais com acesso à Internet de forma gratuita em todo o Brasil.[360] O relatório síntese da II Oficina de Inclusão Digital,[361] realizada pelo governo federal em Brasília, em maio de 2003, estabeleceu as diretrizes que guiam o GESAC e a implantação dos telecentros. O art. 34 do relatório estabelece que "Os telecentros são espaços de uso compartilhado de TICs, dedicados ao desenvolvimento pessoal e comunitário". Além de seguirem o princípio de acesso universal, segundo o art. 35 esses locais devem:

> Contribuir para a melhoria da qualidade de vida e para o desenvolvimento social, instrumentalizando a comunidade para encaminhar seus problemas, facilitando o acesso a programas sociais, estimulando o empreendedorismo, promovendo a educação, oferecendo serviços, potencializando a comunicação, a mobilização e a articulação entre pessoas e comunidades.

Entre a doutrina há certo consenso quanto aos elementos de políticas de inclusão digital no que tange ao estabelecimento de telecentros buscando a capilarização do acesso, especialmente em comunidades isoladas, de baixa renda e cuja população é, em sua maioria, de baixa instrução.[362] O primeiro concerne à infraestrutura física: o edifício onde será instalado o telecentro, os equipamentos utilizados pelos indivíduos e o meio de acesso à Rede, se linha telefônica ou cabo, rádio, satélite, etc. No caso de comunidades geograficamente isoladas, o uso do acesso por satélite mostra-se de melhor custo-benefício.

---

[359] No original: "'eInclusion' means both inclusive ICT and the use of ICT to achieve wider inclusion objectives. It focuses on participation of all individuals and communities in all aspects of the information society. eInclusion policy, therefore, aims at reducing gaps in ICT usage and promoting the use of ICT to overcome exclusion, and improve economic performance, employment opportunities, quality of life, social participation and cohesion", Declaração Ministerial de 11 de junho de 2006, Riga, Lituânia. Disponível em: http://ec.europa.eu/information_society/activities/einclusion/events/riga_2006/index_en.htm. Acessado em: 26 nov. 2008.

[360] Informações disponíveis em: http://www.idbrasil.gov.br/. Acessado em: 15 jun. 2008.

[361] Disponível em: http://www.idbrasil.gov.br/docs_prog_gesac/docoficiais/pdf/II_Oficina_Relatorio_Sintese.pdf. Acessado em: 27 nov. 2008.

[362] Utilizamo-nos aqui da sistematização feita por AFONSO, op. cit., p. 10-11, muito embora os mesmos elementos sejam encontrados de maneira geral também na apresentação de outros autores, mesmo que em classificações diferentes ou com outra denominação. Uma classificação dos objetivos que devem ser visados por programas de inclusão digital é dada por MATTOS, Fernando Augusto Mansor de; CHAGAS, Gleison José do Nascimento. Desafios para a inclusão digital no Brasil. *Perspectivas em Ciência da Informação*, v. 13, n. 1, p. 67-94, jan./abr. 2008: Inserção no mercado de trabalho e geração de renda; Melhorar relacionamento entre cidadãos e poderes-públicos; Melhorar e facilitar tarefas cotidianas das pessoas, o que pode incluir aspectos do item anterior; Incrementar valores sociais e culturais e aprimorar a cidadania; difundir conhecimento tecnológico.

O segundo elemento é a capacitação. É essencial a presença de professores e técnicos relacionados à área da informática para o treinamento contínuo da população que faz uso do telecentro, consubstanciando aspecto nuclear da inclusão digital exatamente a "alfabetização digital", o provimento das habilidades necessárias para participar com sucesso do ciberespaço. Exemplo delas é o uso produtivo de um motor de busca como o Google.

O terceiro elemento é a gestão e custeio do telecentro, sua sustentabilidade. Mesmo que inicialmente proporcionado com recursos públicos ou mediante a doação de entes privados, a noção de construção de determinada comunidade como inserida na sociedade-rede passa pela função também profissionalizante da capacitação alcançada aos frequentadores do telecentro. Isto é, as habilidades são ensinadas de modo a permitir o seu uso no exercício de uma profissão, que, conforme já asseverado, requererá cada vez mais a capacidade de interagir no ciberespaço. Com isso objetiva-se mediatamente também a inclusão social dos indivíduos, bem como o envolvimento de todos os membros da comunidade na realização de atividades que permitam que após determinado período o telecentro se sustente sem recursos externos.[363] Nesse sentido o art. 27 do referido relatório síntese: "É recomendável buscar soluções criativas de apoio à sustentabilidade de telecentros comunitários, com base, entre outras medidas, no recolhimento legal de pequena percentagem sobre operações de pagamento efetuadas nesses locais (impostos, taxas, serviços, operações bancárias etc.)".

O quarto e último elemento é o conteúdo. De nada adianta fornecer o equipamento e a capacitação necessária para que um jovem no meio da Amazônia possa navegar no *site* de notícias do *New York Times*, em inglês.[364] O acesso deve ser garantido para o uso prático do indivíduo, permitindo o uso da Internet para realizar atividades relacionadas à interação com a Administração-Rede ou acesso ao processo eletrônico, por exemplo. Deve ser garantido conteúdo com o qual essa pessoa tem alguma relação, como notícias de sua própria região, ou o estabelecimento de uma rede de contatos com comunidades próximas ou mesmo

---

[363] Nesse sentido MADON, Shirin et al. Digital inclusion projects in developing countries: Processes of institutionalization. *Anais da 9ª Conferência Internacional sobre Implicações Sociais de Computadores em Países em Desenvolvimento*, São Paulo, Brasil, maio 2007. Disponível em: http://portal.unesco.org/ci/en/ev.php-URL_ID=25684&URL_DO=DO_TOPIC&URL_SECTION=201.html. Acessado em: 24 set. 2008, p. 2: "Sustainability is not just a matter of money, but also of the development of institutional arrangements for the continuity of staffing levels, and the long-term cultural and political support for the initiative from government officials, politicians, and the community itself". Os autores consideram um elemento independente, em sua classificação dos elementos de políticas de inclusão digital, o apoio governamental. São enfáticos, todavia, no sentido da imprescindibilidade de "stimulating valuable social activity in the relevant social groups", p. 10.

[364] O aspecto cultural desempenha papel relevante. Ver FREIRE, Isa Maria. Janelas da cultura local: abrindo oportunidades para inclusão digital de comunidades. *Ciências da Informação*, Brasília, v. 35, n. 3, p. 227-235, set./dez. 2006. Disponível em: www.scielo.br/pdf/ci/v35n3/v35n3a22.pdf. Acessado em: 15 jun. 2008, que mostra como um projeto de inclusão digital deve servir "tanto como contribuição ao estudo dos processos sociais de produção e comunicação da informação, quanto como proposição de ações de inclusão social por meio da transferência de tecnologias intelectuais e digitais para unidades públicas de ensino" (p. 230).

no âmbito da vizinhança.[365] Da mesma forma deve ser estimulada a produção de conteúdo pela comunidade e para a comunidade, fazendo de cada indivíduo um informador e não mero receptor.[366] Aqui remetemo-nos às considerações tecidas anteriormente acerca da inclusão digital e a necessidade de processos de inserção no ciberespaço centrados no indivíduo e em suas necessidades, em oposição a um formato no qual se capacita para um acesso a conteúdos que não lhe dizem respeito.

Um aspecto essencial relacionado a todos esses quatro elementos é a estruturação descentralizada da organização, implantação, custeio e manutenção em longo prazo dos telecentros. Os projetos não podem ser de apenas uma esfera da Administração, mas sim devem envolver o governo local, sendo que no caso do GESAC a ideia é a coparticipação da União, estado e município onde está localizado cada centro. Da mesma forma, deve fazer parte a sociedade civil, através de ONGs, empresas e especialmente a comunidade local. Assim define o art. 39 do relatório síntese: "Os telecentros devem ser implantados por meio de parcerias nos diversos setores, e devem ser geridos por meio de conselhos gestores com a participação de membros representativos da comunidade". É o que alguns autores definiram como a "institucionalização", no sentido de verdadeiramente incorporar a atividade do telecentro à vida e cultura da comunidade.[367]

É parte elementar da implantação das políticas descritas sua constante avaliação. Sob o ponto de vista das pesquisas que auferem o número de internautas no Brasil, há certos aspectos que devem ser considerados. Não se pode fazer uma estimativa apenas com base no número daqueles que acessaram a Internet nos últimos três meses, ou que têm acesso em casa, como é o caso da pesquisa do IBGE.[368] O simples "acessar" nada diz quanto à inclusão digital. Da mesma forma, não há como basear-se no número de pessoas que têm acesso ao computador em casa, pois as pesquisas demonstram que tanto em países desenvolvidos, como os Estados Unidos, quanto aqui no Brasil, o número de indivíduos que acessam a

---

[365] Nesse sentido também BYRNE, Elaine; WEILBACH, Lizette. A human environmentalist approach to diffusion in ICT policies. In: AVGEROU, Chrisanthi; SMITH, Matthew L. (orgs.). *Social dimensions of information and communication technology policy*: proceedings of the Eighth International Conference on Human Choice and Computers (HCC8), IFIP TC 9, Pretoria, South Africa, September 25 – 26, 2008. New York: Springer, 2008, p. 216: "Only if we understand the human environment and its interaction with the adoption and use processes will we be able to cultivate and nurture such an environment to facilitate the adoption and use of this technology". Para as autoras, o paradigma a superar é, portanto, "A one dimensional view of ICT, inherent assumptions of the 'goodness'of ICT, and an assumed linear trajectory from installation and training to adoption and diffusion [...] [which] assumes a 'flat' world and ignores the structural conditions of diffusion and adoption" (p. 210).

[366] MATTOS e CHAGAS, op. cit., p. 21: "Outro aspecto importante é que o indivíduo tenha se tornado produtor e conteúdo e não apenas "acessador".

[367] MADON, Shirin et al., op. cit., p. 3, sendo essencial, para o estudo das iniciativas de inclusão digital investigar "the processes whereby digital inclusion projects can become institutionalised through the creation of structures of symbolically accepted goals linked to relevant social activities and supported by appropriate material resources".

[368] Disponível: http://g1.globo.com/Noticias/Tecnologia/0,,MUL764097-6174,00.html. Acessado em: 29 nov. 2008. Segundo a última pesquisa, um quinto das residências brasileiras tem computador e acesso à Internet.

Rede no trabalho é largamente maior que o dos que o fazem em casa.[369] Para tal avaliação requer-se verificar dados mais complexos. Entre eles estão:

> *O tempo disponível e a qualidade do acesso* afetam decisivamente o uso da Internet; as tecnologias da informação e comunicação (daqui em diante usaremos o termo *telemática*) são muito dinâmicas e requerem constantes atualizações de *hardwares, softwares* e dos sistemas de acesso, que exigem um investimento regular por parte do usuário para não ficarem obsoletos; seu potencial de utilização depende da *capacidade de leitura e interpretação da informação pelo usuário* (no caso da Internet) *e por sua rede social* (no caso do e-mail). (grifos nossos).[370]

Em termos de financiamento, o Plano Plurianual (PPA) 2008-2011 do governo federal definiu valores crescentes para a ação de "fomento à elaboração e implantação de projetos de inclusão digital". No ano de 2008 foram dedicados cerca de R$ 11 milhões, passando para R$ 31, 32 e 36 milhões nos anos subsequentes.[371] A meta prioritária número 15 do PPA estabelece o objetivo de instalação de 8 mil telecentros até 2011, aumentando em 20 milhões o número de usuários de Internet e conectando 134 mil escolas de educação básica em banda larga.[372]

Como restou demonstrado, o poder público brasileiro, especialmente no âmbito federal, tem se preocupado com a inclusão digital e desenvolvido uma série de ações para concretizar o direito fundamental ao acesso à Internet. Nesse desiderato o poder político conformou a concretização desse direito social de maneira razoavelmente ampla, tanto em termos de abrangência territorial, como sob o aspecto da destinação de recursos no quadro geral de um plano de médio e longo prazo. Isso de maneira alguma significa que foi atingido um patamar ideal de efetividade. O Mapa das Desigualdades Digitais no Brasil mostra alguns dados ilustrativos sobre essas políticas que, contudo, devem ser contextualizados, conforme se referiu há pouco, na necessidade de considerar outros aspectos que vão além do mero acesso. A média brasileira da população de 10 anos ou mais de idade, na faixa dos 40% mais pobres, que acessou a Internet por meio de telecentros é de pífio 0,9%. Quando se considera apenas a região Sudoeste, todavia, o índice sobe para 1,5%. No Estado de Alagoas as pessoas com essas características representam apenas 0,1%. Já entre os 10% mais ricos, os estudantes de 10 anos ou mais, cursando o Ensino Fundamental, que acessaram a Rede a partir da escola, são 37,7%.[373]

---

[369] O que inclusive influencia o perfil do internauta, cf. SORJ; GUEDES, op. cit., p. 9.

[370] Ibidem, p. 3.

[371] Disponível em: http://www.camara.gov.br/internet/comissao/index/mista/orca/ldo/LDO2009/acoes_ppa/Naciona_ppa_loa.pdf. Acessado em: 28 nov. 2008.

[372] Disponível em: http://www.sigplan.gov.br/download/avisos/001-mensagempresidencial_internet.pdf. Acessado em: 28 nov. 2008.

[373] Disponível em: www.institutosangari.org.br/mapa_desigualdades_digitais.pdf. Acessado em: 29 nov. 2008, p. 24.

4.2.2.3. Acesso à Internet e mínimo existencial

Conforme exposto, tratando-se de um direito social, de baixa concretude normativa, a dimensão prestacional não poderia ser delineada diretamente pelo Poder Judiciário. O controle pode ser realizado apenas em situações excepcionais, o que, conforme demonstrou exposto, não é o presente caso. Todavia, é pertinente tratar das condições excepcionais nas quais esse controle poderia ser feito, resultando em um direito subjetivo individual a uma prestação permitindo o acesso à Internet bem como a capacitação mínima para tanto. No que se refere a direitos sociais, somente no caso do denominado mínimo existencial tem sido aceita a intervenção judiciária no sentido de obrigar o Estado a uma prestação fática.[374] O instituto foi incorporado da doutrina e jurisprudência constitucionais alemãs, que inegavelmente servem de norte para suas respectivas equivalentes no Brasil. O desenvolvimento do tema na literatura nacional é recente e ainda não volumoso, a despeito de alguns importantes trabalhos sobre o tema.[375] A jurisprudência, por sua vez, apesar de reconhecer em diversos casos um direito subjetivo originário a uma prestação estatal (mormente no caso do direito à saúde, determinando que o Estado pague determinado medicamento ao indivíduo que demanda judicialmente, por exemplo), não tem se ancorado no instituto do mínimo existencial, conforme desenvolvido no Brasil ou em sua origem. O argumento normalmente utilizado como contraponto ao reconhecimento de direitos subjetivos originários a partir de normas de direitos fundamentais é aquele da reserva do possível, igualmente importado da Alemanha. Este é de regra suscitado sem o devido rigorismo jurídico e argumentativo, pretendendo ser uma palavra-chave que exima o poder público de qualquer obrigação forçada pelo Judiciário, com base na escassez de recursos.[376]

Mas como pode dar-se uma boa aplicação do instituto do mínimo existencial? A doutrina brasileira vincula este à garantia da dignidade da pessoa humana. O mínimo existencial representaria o conjunto de condições elementares para a sobrevivência digna e o desenvolvimento da personalidade. Não se faz alusão a um mínimo vital, sendo essa noção inclusive criticada. A concepção é de garantir, ainda que em termos essenciais e não expansivos, mais que uma mera sobrevivência.[377] Assim, não se pode restringir, de antemão, a aplicação do

---

[374] Essa é a posição unânime na doutrina alemã, cf. KÖNEMANN, Britta. *Der verfassungsunmittelbare Anspruch auf das Existenzminimum*: Zum Einfluss von Menschenwürde und Sozialstaatsprinzip auf die Sozialhilfe. Hamburg: Dr Kovac, 2005, p. 78-79.

[375] Um deles é sem dúvida a coletânea SARLET, Ingo Wolfgang; TIMM, Luciano Benetti (orgs.). *Direitos fundamentais*: orçamento e "reserva do possível". Porto Alegre: Livraria do Advogado, 2008.

[376] Essa não é aqui a temática visada, tanto no que tange ao mínimo existencial especificamente no contexto do direito à saúde, quanto no que diz com a reserva do possível, motivo pelo qual apenas apresentamos um panorama atual e remetemo-nos, para uma abordagem mais completa do assunto, às ponderações de SARLET, Ingo Wolfgang; FIGUEIREDO, Mariana Filchtiner. Reserva do Possível, Mínimo Existencial e Direito à Saúde: Algumas Aproximações. *Revista Direitos Fundamentais & Justiça*, v. 1, n. 1, out./dez. 2007.

[377] Salienta Dietrich Murswiek que "man unter "Minimalstandard" mehr versteht als das soziale Substrat, das notwendig ist, damit ein Grundrecht nicht vollständig "leerläuft" und somit im ganzen sinnlos wird". MURS-

instituto ao âmbito da saúde e integridade física, sendo incorporável também o direito à educação e outros relacionados à integridade e desenvolvimento psíquico, espiritual.

Embora a dignidade seja apontada como fundamento e medida do mínimo existencial, entre alguma doutrina no Brasil,[378] sua concepção na Alemanha foi justificada pelo Tribunal Constitucional de outra maneira que apenas como decorrência da dignidade. O mínimo existencial funcionaria então como uma garantia do indivíduo em face da autonomia dos órgãos políticos na concretização dos direitos sociais, tendo por fundamento o Princípio do Estado Social em conexão com a garantia da dignidade ancorada no art. 1, I, da Lei Fundamental alemã.[379] O poder público estaria vinculado por esse princípio sendo sua obrigação incondicional alcançar aos indivíduos as prestações fáticas necessárias para proporcionar a oportunidade de convivência normal em sociedade.[380] Como resultado de uma decisão paradigmática do Tribunal Administrativo Federal alemão na década de 1950,[381] emitida cerca de duas décadas antes da menção do Tribunal Constitucional Federal ao assunto, o legislador daquele país apressou-se em reformular a legislação de assistência social. Esta datava da década de 1930 e havia estabelecido, conforme o *Zeitgeist* da ocasião, a assistência social como forma de erradicação da pobreza extrema e garantia contra a formação de uma massa proletária rebelde que ameaçaria a desestabilização do Estado. A nova legislação então estabeleceu um direito à assistência social centrada no indivíduo e engajada em alcançá-lo as condições mínimas como seguro-desemprego, prestações na área da saúde e outras.

A dignidade é então considerada como oposta à ideia de prestações, visto seu desenvolvimento histórico ligado à autonomia e liberdade individual.[382] To-

---

WIEK, Dietrich. Grundrechte als Teilhaberechte, soziale Grundrechte. In: ISENSEE, Josef; KIRCHHOF, Paul (orgs.). *Handbuch des Staatsrechts der Bundesrepublik Deutschland*. Allgemeine Grundrechtslehren. Heidelberg: C.F. Müller Juristischer Verlag, 2000, v. V, p. 285.

[378] Essa, por exemplo, a conclusão de Ana Paula de Barcellos, ao afirmar que "a violação do mínimo existencial – isto é, a não garantia de tais condições elementares – importa o desrespeito do princípio jurídico da dignidade da pessoa humana sob o aspecto material, ou seja, uma ação ou omissão inconstitucional". BARCELLOS, Ana Paula de. *A eficácia jurídica dos princípios constitucionais*: o princípio da dignidade da pessoa humana. Rio de Janeiro: Renovar, 2002, p. 198.

[379] NEUMANN, Volker. Menschenwürde und Existenzminimum. *Neue Zeitschrift für Verwaltungsrecht*, 1995, p. 427; SARTORIUS, Ulrich. *Das Existenzminimum im Recht*. Baden-Baden: Nomos, 2000, p. 56; KÖNEMANN, op. cit., p. 62. A autora ressalta, entretanto, que na Alemanha a história do desenvolvimento do princípio do mínimo existencial confunde-se com a luta pelo reconhecimento da ligação entre os direitos fundamentais e o princípio do Estado Social, no sentido de permitir ao menos em algumas situações a decorrência de direitos subjetivos a prestações diretamente de normas constitucionais de direitos fundamentais (p. 65-66).

[380] Ou seja, "[...] há diversas concepções da dignidade que poderão ser implementadas de acordo com a vontade popular manifestada a cada eleição. Nenhuma delas, todavia, poderá deixar de estar comprometida com essas condições elementares necessárias à existência humana (mínimo existencial), sob pena de violação de sua dignidade [...]". BARCELLOS, op. cit., p. 194.

[381] A fundamentação da decisão, cf. NEUMANN, op. cit., p. 427, foi "den Prinzipien des demokratischen und sozialen Rechtsstaats, die über die Gewährung materieller Leistungen hinaus die Anerkennung aller Bürger als ‚Teilnehmer der Gemeinschaft' und ‚Träger eigener Rechte' erzwingen".

[382] Assim NEUMANN, op. cit., p. 427, ao lembrar que o próprio Tribunal Constitucional Alemão, em uma de suas primeiras decisões, definiu a dignidade da pessoa humana como uma proteção contra restrições. A mesma

davia, é primordial identificar o desenvolvimento doutrinário e jurisprudencial também deste instituto, reconhecendo que a dignidade não se resume mais ao postulado kantiano de autonomia, possuindo agora uma dimensão social além da individual, que implica na proteção pelo Estado de certos aspectos da dignidade da pessoa humana.[383] No entanto, é acertado dizer que as prestações relativas ao mínimo existencial não visam a fornecer ou garantir dignidade à pessoa, mas sim dar-lhe as ferramentas e suporte para que ela mesma identifique e realize a sua dignidade.[384]

Assim, tratando-se da árdua tarefa de delimitação das prestações que compreendem o mínimo existencial, não há como estabelecer uma definição objetiva e prévia. É bem provável que, houvesse o "constituinte" alemão de 1949 explicitado já a noção de mínimo existencial, não faria qualquer tentativa de definição de sua abrangência, assim como sabiamente fez ao deixar claro que o uma definição do "núcleo essencial" (art. 19, 2, da Lei Fundamental) não deveria constar daquele diploma.[385] Há unanimidade na doutrina em reconhecer que o conteúdo do mínimo existencial oscila conforme a conjuntura geográfica e histórica.[386] Para uma delimitação do que sejam as condições mínimas para a convivência social de um indivíduo o juiz deve, segundo alguns, atentar novamente para a dignidade. Porém, para Volker Neumann, a baliza que guia a definição sobre a pertinência ou não de determinada prestação ao mínimo existencial é o princípio da igualdade. O intérprete deve então procurar aqueles serviços e bens que a média da comunidade utiliza naquele local e naquele tempo, de forma a identificar uma espécie de consenso social sobre o que é necessário à maioria dos cidadãos

---

constatação faz KÖNEMANN, op. cit., p. 60, asseverando, todavia, que já na mesma decisão o Tribunal abriu a janela para uma interpretação da dignidade garantidora de prestações.

[383] SARLET, Ingo Wolfgang. *A dignidade da pessoa humana e direitos fundamentais na Constituição Federal de 1988*. 4. ed. rev. ampl. Porto Alegre: Livraria do Advogado, 2006, p. 110 e ss.

[384] KÖNEMANN, op. cit., p. 82: "Schließlich ist Gegenstand der Leistung nicht die Würde an sich, sondern nur die materiellen Voraussetzungen der Selbstentfaltung. Dem Einzelnen werden allein die Mittel zur Verfügung gestellt, die ihm die Möglichkeit geben, seine Persönlichkeit zu entwickeln, ohne dass ihm vorgegeben wird, in welcher Form dies zu geschehen hat". Assim também NEUMANN, op. cit., p. 428, ao afirmar que a "Sozialhilfe [...] soll vielmehr die Mindest*voraussetzungen* eines menschenwürdigen Daseins sichern, d.h. sie soll den einzelnen ‚in den Stand versetzen, ein Leben zu führen, das der Würde des Menschen entspricht'(grifado no original)". Ou seja, trata-se de uma ajuda para a autoajuda. Daí porque Murswiek afirma serem "positive, verfassungsrechtliche Leistungsansprüche nur anzuerkennen, soweit sie zur Erhaltung der grundrechtlichen Freiheit notwendig sind". Há alguma limitação, entretanto, já que não há na doutrina uma defesa de que o mínimo existencial cobre as possibilidades desejadas pelo indivíduo, ligadas ao exercício de liberdades como, por exemplo, no caso da liberdade artística, garantir um piano a um pianista (MURSWIEK, Grundrechte als Teilhaberechte, soziale Grundrechte, op. cit., p. 284-285). Sobre a proteção da dignidade na Era da Informação, ver ROTENBERG, Marc. *La protection de la dignité humaine à l'ère du numérique*. Disponível em: http://unesdoc.unesco.org/images/0012/001219/121984f.pdf. Acessado em: 17 jan. 2007.

[385] STERN, Klaus. *Das Staatsrecht der Bundesrepublik Deutschland*. München: C. H. Beck, 1994. v. 3, t. 2, p. 843.

[386] SCAFF, Fernando Facury. Reserva do Possível, Mínimo Existencial e Direitos Humanos. *Revista Interesse Público*, v. 32, 2005, p. 217. Também STERN, op. cit., § 90, assevera que o importante atualmente não é mais o reconhecimento de um direito subjetivo individual, mas sim a determinação de seu alcance, relatando inclusive que o Tribunal Constitucional alemão nunca fixou o âmbito de proteção garantido por uma assistência para a subsistência.

para que possam desenvolver suas atividades e conviver em sociedade. Ou seja, trata-se de uma consequência da igualdade material decidir pela obrigação de o Estado suprir determinada necessidade que o indivíduo não consegue suprir sozinho,[387] porém que é um requisito para que possa considerar-se essencialmente igual perante aqueles com quem convive.[388]

Fica claro que o intérprete inserido em um país como a Finlândia reconhecerá o mínimo existencial de maneira diferente e possivelmente mais ampla que o juiz brasileiro. Novamente cabe ressaltar também o cuidado com o ativismo judicial desmesurado naquilo que tange ao reconhecimento de um direito subjetivo às prestações relativas ao mínimo existencial.[389] Na doutrina alemã o problema é compreendido da seguinte maneira: cabe ao Poder Judiciário respeitar a autonomia de conformação do Legislativo na determinação das prestações relativas ao mínimo existencial, devendo o juiz reportar-se à lei para o controle da atuação da Administração. Um direito subjetivo diretamente decorrente da Constituição (ou Lei Fundamental, no caso alemão), ou direito subjetivo originário a prestações, como maneira de proteção do mínimo existencial individual, somente é reconhecido em situações de total ausência de concretização legislativa dos deveres decorrentes do princípio do Estado Social ou, ainda, de legislação extremamente insatisfatória no cumprimento desses deveres.[390]

A relação entre o direito fundamental ao acesso à Internet e o mínimo existencial resta agora clara, mesmo que a consequência seja controversa. Não é nosso intuito defender aqui que qualquer cidadão pode acionar o Judiciário para obter a obrigação do Estado de fornecer-lhe acesso gratuito à Rede.[391] Impõe, todavia, reconhecer que as habilidades de interação com essa rede e a capacidade de habitar o ciberespaço fazem parte das condições necessárias para convivência social de alguns milhões de brasileiros. Como se trata de assegurar as condições para o livre desenvolvimento da personalidade, o mínimo existencial requer que se possibilitem contatos sociais e acesso às fontes de informação. O mínimo existencial é, assim, sociocultural.[392] Evidentemente, está longe ainda o dia em que essa situação será a da maioria de nós, porém, como afirmado, o mínimo existencial tem seu conteúdo delineado conforme condições de existência e desenvolvimento da personalidade que variam de acordo com o local e,

---

[387] SCAFF, op. cit., p. 218.
[388] NEUMANN, op. cit., p. 428-429. Também relacionando o mínimo existencial ao princípio da igualdade e seus desdobramentos, SARTORIUS, op. cit., p. 61-63.
[389] A resposta sobre a possibilidade de um direito subjetivo originário a prestações como decorrência do mínimo existencial não foi dada ainda pela jurisprudência alemã, cf. SARTORIUS, op. cit., p. 57.
[390] KÖNEMANN, op. cit., p. 61 e 81.
[391] E isso não em razão de uma aplicação ampla e descriteriosa do argumento da "reserva do possível", já que esta teoria "somente poderá ser invocada se houver comprovação de que os recursos arrecadados estão sendo disponibilizados de forma proporcional aos problemas encontrados, e de modo progressivo a fim de que os impedimentos ao pleno exercício das capacidades sejam sanados no menor tempo possível". SCAFF, op. cit., p. 225.
[392] KÖNEMANN, op. cit., p. 91.

especialmente, o tempo. Na doutrina alemã há quem preveja uma possibilidade de reconhecimento de tal proteção, como resultante do desenvolvimento social das relações e costumes da convivência. Um direito prestacional social nesses conformes dar-se-ia em associação com o desenvolvimento da imprensa, do rádio e da televisão.[393] Cremos que não é o mais sensato descartar de antemão que em qualquer ocasião no futuro próximo haverá consenso quanto à necessidade do acesso à Internet para a média da sociedade brasileira como parte de condições tão essenciais quanto a saúde e a educação. Por outro lado, os argumentos aqui dirimidos podem servir, também, para descartar justamente uma aplicação do instituto do mínimo existencial sem critérios.

O que deve ser explicitado é que a situação mencionada pela doutrina, na qual é possível o controle pelo Poder Judiciário para efetivação do mínimo existencial, sequer é vislumbrada atualmente. Isso porque a concretização do direito fundamental de acesso à Internet efetuada atualmente pelo Poder Público está muito além de ser extremamente falha e obviamente, conforme esperamos tenha sido demonstrado, não é inexistente. Outrossim, os esforços do legislador e da Administração apontam justamente para o reconhecimento da essencialidade do acesso como uma das condições para livre e igualitária convivência social dos brasileiros na sociedade-rede.

A doutrina do mínimo existencial tem aplicação também na dimensão negativa do direito fundamental, essa já exposta. Conforme já referido, está dentro da autonomia do legislador a fixação de uma alíquota de 10 ou 25% para determinado tributo que incida sobre serviços de provimento de acesso à Rede, mesmo que este segundo valor pareça-nos excessivo. Porém a ausência de qualquer diferenciação entre a tributação do serviço de acesso à Internet e aquele televisão por assinatura, por exemplo, pode ser objeto de controle de constitucionalidade, o que já foi defendido anteriormente. Agora importa tratar do mínimo existencial como limitação ao poder de tributar. Para Ricardo Lobo Torres, aqueles bens e serviços ligados ao mínimo existencial individual não podem ser tributados, devendo ter imunidade tributária, ou seja, proteção constitucional.[394]

Novamente aqui se coloca a problemática de definir se, para efeitos da tributação, o serviço de acesso à Internet faz parte do mínimo existencial ou não. Fazem-se pertinentes mais uma vez as considerações tecidas acima, porém adiciona-se o seguinte: a doutrina e jurisprudência alemãs entendem que a concre-

---

[393] KISSEL, Otto Rudolf. Internet für und gegen alle? *Neue Juristische Wochenschrift*. 2006, Heft 12, p. 802: "Ein Grenzfall tritt jedoch da ein, wo angesichts der Entwicklung der allgemeinen gesellschaftlichen Lebensverhältnisse und -gewohnheiten die Internetbenutzung zum notwendigen Lebensunterhalt (§ 12 BSHG, jetzt § 27 SGB XII) zu rechnen ist und durch Umgewichtung der eigenen finanziellen Möglichkeiten hinsichtlich anderer Lebensbereiche nicht mit eigener Kraft ausgeglichen werden kann. Auf die sich daraus ergebenden Probleme einer möglicherweise erforderlich werdenden Sozialhilfeleistung soll nur hingewiesen werden in Anlehnung an die Entwicklung bei Tageszeitungen, Radiogeräten, Fernsehgeräten".

[394] TORRES, Ricardo Lobo. *Curso de direito financeiro e tributário*. 12. ed. Rio de Janeiro: Renovar, 2005, p. 66. No mesmo sentido PESSOA, Geraldo Paes. Imunidade do mínimo existencial. *Revista de Estudos Tributários*, v. 8, n. 47, p. 151-162. jan./fev. 2006.

tização que o Estado opta por fazer dos direitos sociais é a baliza para definir aquilo que este não pode tributar. Se o Legislador toma por objetivo primordial a implantação de amplas e custosas políticas públicas de inclusão digital, está indicando a escolha política (que é aquela que o Judiciário precisa respeitar) quanto ao nível de concretização do direito fundamental. Logo, não pode impor tributação sobre aquilo que considera necessário para a convivência social dos indivíduos.[395] É dizer, o que o Estado Social alcança o Estado Tributador não pode tirar.

Nesse ponto somos forçados a adotar posição um pouco mais arrojada e afirmar que a proteção do mínimo existencial – conforme delineado pelo próprio poder público – impõe a imunidade da tributação do acesso à Internet no âmbito em que esse é uma condição individual essencial.[396] Isso significa que enquanto uma alíquota real de 33% sobre serviços de acesso pode ser suportada por empresas sem chegar ao confisco, e mesmo não chegando a ultrapassar os limites quando se trata de pessoas de maiores posses, aqueles cujo poder aquisitivo é muito pequeno merecem uma imunidade tributária de serviços básicos de acesso. A fórmula do estado norte-americano do Texas, já mencionada, é um bom exemplo: tributam-se apenas serviços de acesso à Rede que custem a partir de 25 dólares, ficando imunes planos aquém desse valor. Soluções nessa linha, aliás, são concretizações do princípio da capacidade contributiva, de tão difícil operação em tributos reais e não pessoais.

4.3. A VINCULAÇÃO DOS PARTICULARES

4.3.1. Dimensão negativa

A parte da teoria dos direitos fundamentais que trata da eficácia nas relações entre particulares tem sido objeto de boa e razoavelmente volumosa produção doutrinária no Brasil recentemente. A temática é tratada por influência imediata de autores constitucionais e privatistas portugueses e mediatamente impressionada pelas teorias alemãs. Assim, não é mais de causar espanto tratar dos efeitos de um direito fundamental, mesmo social, no direito privado. Não pretendemos – pois não se coaduna com nosso objetivo aqui – discorrer largamente sobre as

---

[395] "[...] die Einschätzung des Mindestbedarfs Aufgabe des Gesetzgebers sei. Soweit der Gesetzgeber dieses im Sozialhilferecht bestimmt habe, dürfe das steuerrechtliche Existenzminimum diesen Betrag jedenfalls nicht unterschreiten" (KÖNEMANN, op. cit., p. 88).

[396] Defendendo uma interpretação do art. 150, VI, d, da Constituição de 1988 (imunidade tributária de livros, jornais e periódicos e ainda o papel utilizado para sua confecção) no sentido de reconhecer uma imunidade que privilegie a proteção da liberdade de expressão política, a liberdade de pensamento e manifestação desse, a difusão da cultura, entre outros elementos essenciais de uma sociedade democrática, ver NETO, Horácio Villen. Imunidade tributária e os provedores de informações via Internet. In: SCHOUERI, Luís Eduardo (org.). *Internet*: o direito na era virtual. 2. ed. Rio de Janeiro: Forense, 2001, p. 328.

teorias da eficácia direta, indireta e sobre a solução diferenciadora, algumas das soluções que têm repartido a literatura que trata do tema. Para isso, remetemo-nos a trabalhos e autores consagrados.[397]

O que importa é que os direitos fundamentais, e aqui o direito fundamental de acesso à Internet, não podem ser considerados como assunto estranho às relações entre particulares. Ao menos isso já nos separa do lugar-comum no direito norte-americano. Até mesmo nos Estados Unidos a doutrina da *state action* está sofrendo golpes fatais.[398] Por outro lado, manifestamos no início da obra a preocupação com um viés simplista da questão da influência dos direitos fundamentais nas relações entre particulares, de modo que preferimos enfatizar não tanto o fato de que há uma eficácia – que pode por vezes ser direta, quanto o fato de que é absolutamente imprescindível a determinação de critérios que auxiliem a identificação dos casos nos quais essa eficácia é direta. E isso justamente para evitar leituras apressadas que concluam que tratar da eficácia do direito fundamental ao acesso à Internet nas relações entre particulares significa sustentar, por exemplo, que provedores de acesso à Internet estão sempre obrigados a fornecer seus serviços de forma gratuita, independentemente de interposição legislativa nesse sentido.

Dessa maneira, ainda que se propugne no direito brasileiro uma eficácia *prima facie* direta dos direitos fundamentais nas relações entre particulares, parece-nos mais adequado enfatizar a convivência dialógica da eficácia direta e da eficácia indireta – conforme defende Ingo Wolfgang Sarlet – e, no caso da eficácia indireta, mormente por meio da teoria dos deveres de proteção, anteriormente abordada. E isso para que "seja possível trilhar um caminho intermediário, pautado pela proporcionalidade e razoabilidade, evitando-se aqui os efeitos nefastos de uma leitura fundamentalista da Constituição, mas especialmente dos princípios e direitos fundamentais".[399] Alinhamo-nos com o autor, que sustenta a identificação de critérios para viabilizar a implementação da tese da eficácia direta. Para Sarlet, "os principais vetores interpretativos têm sido construídos em torno do maior ou menor poder social e econômico (a assimetria das relações entre os atores privados), a salvaguarda da dignidade da pessoa humana e a proteção do

---

[397] PINTO, Paulo Mota. A influência dos direitos fundamentais sobre o direito privado português. In: SARLET, Ingo; NEUNER, Jörg; MONTEIRO, António Pinto. *Direitos fundamentais e direito privado*. Uma perspectiva de direito comparado. Coimbra: Almedina, 2007; CANARIS, Claus-Wilhelm, op. cit.; e ainda, ANDRADE, op. cit., p. 245 e ss.; CANOTILHO, J. J. Gomes. *Direito constitucional e teoria da constituição*. 7. ed. Coimbra: Almedina, 2003, p. 1253 e ss. e SARLET, *A eficácia dos direitos fundamentais*, op. cit., p. 398 e ss.

[398] Pondo em evidência as insuficiências dessa doutrina, como, por exemplo, o fato de que ela é contra o reconhecimento da vinculação de particulares aos direitos fundamentais não porque não há qualquer base para isso na Constituição norte-americana, mas sim para evitar a construção dessas posições pelo Poder Judiciário, TUSHNET, Mark. *Weak Courts, Strong Rights*: Judicial Review and Social Welfare Rights in Comparative Constitutional Law. Princeton: Princeton University Press, 2007.

[399] SARLET, Ingo Wolfgang. A influência dos direitos fundamentais no direito privado: o caso brasileiro. In: SARLET, Ingo; NEUNER, Jörg; MONTEIRO, António Pinto. *Direitos fundamentais e direito privado*. Uma perspectiva de direito comparado. Coimbra: Almedina, 2007, p. 144.

núcleo essencial dos direitos fundamentais em causa".[400] A aplicação da eficácia direta dos direitos fundamentais nas relações entre particulares apenas no âmbito da defesa da dignidade da pessoa humana, conforme sustenta, na Alemanha, Jörg Neuner,[401] parece-nos um bom exemplo dessa convivência dialógica, mesmo que as diferenças entre aquele sistema constitucional e o nosso não permitam uma transposição tão simples dessa concepção.

Mas quais os problemas suscitados no caso do direito fundamental de que aqui tratamos? Parece-nos ser essencial a questão da não discriminação e do acesso não condicionado. Suscita grande discussão nos Estados Unidos atualmente a questão da *net neutrality*, ou neutralidade de rede. Trata-se de problemática associada à discriminação efetuada pelas empresas provedoras de acesso ao indivíduo no que tange ao conteúdo, os *sites* que este opta por acessar. Ocorre que até há algum tempo a agência controladora responsável pelas telecomunicações naquele país, a *Federal Communications Commision* (FCC), mantinha as empresas provedoras de acesso sob uma classificação que não as permitia diferenciar os clientes conforme o tipo de informação que estes trocavam ao usar os serviços dessas. Houve uma modificação, todavia, e a partir daí a empresa que fornece acesso ao indivíduo pode cobrar valores diferenciados das empresas cujo conteúdo este acessa. Assim, hipoteticamente, o Universo Online, provedor brasileiro, poderia, cada vez que um internauta assinante de seu serviço utiliza o motor de busca da Google, cobrar uma taxa extra da representante brasileira desta empresa.

A definição de como será regrada essa questão será dada pelo Senado norte-americano quando da aprovação de novas regulamentações sobre telecomunicações. A iminência dessa decisão do legislador abriu o debate sobre a questão naquele país. Para alguns, a liberdade dentro da Internet, que sempre foi a regra desde sua concepção, está ameaçada. A razão do alto nível de inovação fomentado nos últimos anos entre os provedores de conteúdo (motores de busca, desenvolvedores de *software* gratuito, fornecedores de serviços como pesquisa de preços em *sites* de compras, etc.) era justamente a ausência de relação entre a disseminação de informação e o aspecto econômico.[402] Por outro lado, há quem diga que uma tentativa de regulação por parte do governo apenas trará resultados piores, devendo ser o caminho deixado livre para que as empresas encontrem suas próprias soluções. Ou seja, para alguns, proibir a discriminação de conteú-

---

[400] SARLET, Ingo Wolfgang. A influência dos direitos fundamentais no direito privado: o caso brasileiro. In: SARLET, Ingo; NEUNER, Jörg; MONTEIRO, António Pinto. *Direitos fundamentais e direito privado*, op. cit., p. 134.

[401] NEUNER, Jörg. A influência dos direitos fundamentais sobre o direito privado alemão. In: SARLET, Ingo; NEUNER, Jörg; MONTEIRO, António Pinto. *Direitos fundamentais e direito privado*. Uma perspectiva de direito comparado. Coimbra: Almedina, 2007, p. 235.

[402] Para essas e outras considerações, posicionando-se favorável à garantia legal de uma "neutralidade da rede", ECONOMIDES, Nicholas. "Net Neutrality," Non-Discrimination and Digital Distribution of Content Through the Internet. *I/S: A Journal of law and policy for the information society*, v. 4, n. 2. Disponível em: www.stern.nyu.edu/networks/Economides_Net_Neutrality.pdf. Acessado em: 19 nov. 2008.

do é no mínimo inútil e provavelmente prejudicial quando se trata de direito da concorrência.[403] O fato é que o problema relaciona-se com a regulação em sentido estrito e, em *ultima ratio*, com a própria liberdade de expressão e com a questão do livre acesso na Internet. É um problema de discriminação, como quer que se coloque.[404]

A mercantilização da Internet é um problema relacionado que já foi abordado. Tornou-se imperioso averiguar até que ponto se mantém a Rede como um meio democrático, onde todos têm o mesmo poder de disseminar suas ideias, sem barreiras relacionadas a fatores econômicos. Colin Crawford trata do assunto de maneira curiosa. Ele sustenta que devemos reconhecer que as metáforas que usamos e outras características da Internet indicam que o ciberespaço deve ser tratado como propriedade e, portanto, sujeito às regras do direito de propriedade. Com o intuito de estabelecer determinados limites à liberdade dos particulares em suas relações na Rede, o autor norte-americano pretende a aplicação da doutrina da *public accommodation*,[405] que veda a discriminação e o "direito de excluir", naturais às relações entre particulares no que tange à propriedade. Isso significa que donos de estabelecimentos abertos ao público, como restaurantes e hotéis, não podem se negar a atender determinadas pessoas. A proteção garantida através dessa teoria resultaria mais ampla, contudo, que uma proibição de tratamento discriminatório.

O objetivo da argumentação é fundamentar um direito de acesso à Internet. A expectativa frustrada pelo *site* que não se adequou para internautas cegos não é exatamente a de igual tratamento, mas sim a de livre "circulação" no ciberespaço. Da mesma forma, outros exemplos nefastos abordados pelo autor são a exigência de fornecimento de dados pessoais e cadastro que determinadas empresas mantêm como condição para o acesso ao seu conteúdo. De posse desses dados, a empresa oferecerá informações ou ofertas diferentes conforme o poder aquisitivo da pessoa. Novamente vê-se suprimida a liberdade de acesso a informações, serviços, produtos, etc., independentemente das características do interessado, o que, reitera-se, é um dos pilares do ciberespaço. Em síntese: "[...] Um direito de

---

[403] Esse o entendimento manifestado por OWEN, Bruce M. The Net Neutrality Debate: Twenty Five Years after United States v. AT&T and 120 Years after the Act to Regulate Commerce. *Stanford Institute for Economic Policy Research*. Discussion Paper No. 0615. Disponível em: papers.ssrn.com/sol3/papers.cfm?abstract_id=963623. Acessado em: 19 nov. 2008.

[404] Nesse sentido, PEHA, Jon M.; LEHR, William H.; WILKIE, Simon. The State of the Debate on Network Neutrality. *International Journal of Communication*, n. 1, p. 709-716, 2007. Disponível em: http://ijoc.org/ojs/index.php/ijoc/article/viewFile/192/100. Acessado em: 20 nov. 2008.

[405] A concepção do autor encontra-se resumida no seguinte trecho: "The point here is that the ISPs, along with the other parties who construct the architecture and maintain the electronic infrastructure that is cyberspace, play a key role in the delivery of information—and thus to its accessibility. It follows that if an entity assists access for one consumer of goods, services, or facilities available through its operation, then *it should assist the access of all such takers, and on equal terms*. As our descriptive vocabulary for cyberspace suggests, at the most basic conceptual level, we conceive of cyberspace as little different from the kinds of physical entities now routinely understood to be places of public accommodation. (grifou-se)". (CRAWFORD, Colin. *Cyberplace*: defining a right to Internet access through public accommodation law. *Temple Law Review*, v. 76, p. 225-276, 2003).

acesso, porque esse promove os valores de transparência e igual oportunidade de uso, reforçaria os aspectos mais socialmente úteis da Internet".[406] Um tal direito, para Crawford, faria com que o "excessivo controle privado do recurso que é o ciberespaço fosse significativamente reduzido".[407]

À primeira vista pode parecer exagerado o temor de que os próprios provedores de acesso à Internet, aqueles que disponibilizam conteúdo, sejam responsáveis por violações à liberdade de "circulação" no ciberespaço. Conforme o mencionado *network effect*, o próprio valor de qualquer rede está associado ao número de participantes e seria do interesse dessas empresas ir ao encontro da efetivação do direito de acesso à Internet em vez de praticar violações relacionadas à dimensão negativa desse direito fundamental. Já havíamos mostrado que essa tendência natural, todavia, encontra limitações.

Nesse contexto adquire relevância a questão da regulação pelo código, já mencionada brevemente no segundo capítulo. Para Lawrence Lessig, as relações na Rede e o seu próprio modo de funcionamento são regulados pelo Direito, como se espera, mas também pelo código. A noção é que a arquitetura da Internet, as escolhas quanto à sua estruturação técnica, as regras computacionais que regem seu funcionamento são também uma forma de regulação.[408]

Lessig aponta que a concepção da Internet deu-se por engenheiros e acadêmicos avessos ao controle, e circunscrita ao objetivo do exército de criar uma rede descentralizada. Sua configuração, seu código, como resultado disso, foi estruturado de maneira que resultou o ambiente livre e democrático dos primeiros anos da popularização da *world wide web*. No entanto, a partir do momento que o interesse comercial de grandes empresas entrou na equação, o código passa a ser alterado para permitir certo privilégio de determinados entes com mais recursos financeiros. Esse é o assunto em sede da problemática da *net neutrality*. Mas uma ameaça ainda maior ao direito fundamental de acesso em sua dimensão negativa é vislumbrado pelo constitucionalista. O Estado necessita poder identificar e rastrear os indivíduos na Internet, e assim maquinará todos os seus esforços para obter um ciberespaço muito diferente daquele festejado nos idos de 1995.

A relação desse temor com a eficácia dos direitos fundamentais entre particulares está em que o Estado incentiva, pressiona ou até força as empresas de telecomunicações, provedoras de acesso, fornecedoras de conteúdo, a realizarem essas modificações no código, sendo o poder público apenas mediatamente o violador da liberdade de acesso. Segundo o autor, esse caminho já começou a ser trilhado, sendo essa força algo que limitada pelo poder político e pela opinião pública em prol da liberdade contra o controle, que se manifesta especialmente nos

---

[406] "A right of access, because it promotes the values of transparency and equal opportunity of use, would reinforce the Internet's more socially useful aspects" (CRAWFORD, op. cit., p. 259).
[407] "[...] excessive private control of the resource that is cyberspace would be significantly reduced" (CRAWFORD, op. cit., p. 271).
[408] LESSIG, Lawrence. *Code*. Version 2.0. New York: Basic Books, 2006, p. 7.

Estados Unidos. Mas bastaria um evento catastrófico – como um "11 de setembro cibernético" – para que o governo obtivesse momentaneamente a aprovação pública requerida para estabelecer definitivamente um sistema de controle.[409]

A discriminação financeira no que tange ao acesso e navegação pelo indivíduo é questão que atinge diretamente um direito fundamental de acesso à Internet, pois o âmbito de proteção deste abrange o acesso livre a locais tornados públicos, sem interferências ou manipulações, bem como a garantia de que o acesso ao tipo de informação enviada ou recebida não influencie o custo da banda de comunicação. A questão da identificação e controle dos internautas pelo governo é imediatamente protegida pelo âmbito do direito fundamental à proteção de dados pessoais, porém mediatamente também concernente ao direito de acesso, vez que o total rastreamento e ausência de privacidade inibem a atuação individual no ciberespaço.

Resta ainda apontar que mesmo o tipo de eficácia a ser aplicado para essa dimensão negativa em face de particulares resta controverso. Vagias Karavas traz profundas contribuições, enumerando vários sistemas novos de eficácia de direitos fundamentais na sociedade-rede.[410] Apesar de algumas insuficiências das teorias clássicas de eficácia entre particulares, no contexto do ciberespaço, apontadas por Karavas e outros autores, parece-nos ser o melhor caminho no momento o uso concomitante, na esteira de uma convivência dialógica há pouco defendida, da eficácia indireta como regra e da eficácia direta em casos específicos. Ou seja, aplica-se a teoria dos deveres de proteção de Canaris,[411] sendo função

---

[409] LESSIG, *Code*, op. cit., p. 61-80.

[410] KARAVAS, Vagias. *Digitale Grundrechte*. Elemente einer Verfassung des Informationsflusses im Internet. Baden-Baden: Nomos, 2007. Para o autor, mesmo a teoria dos deveres de proteção de Claus-Wilhelm Canaris resultaria em uma proteção estatal através da proibição de excesso e proibição de insuficiência que traria a falha de contemplar o indivíduo apenas como objeto de uma política de proteção pública e não como um responsável coautor do Direito ou como um solucionador de problemas (p. 80). Karavas menciona as proposições de três teóricos. A primeira é a de uma *polyarquia*, oferecida por Oliver Gestemberg: um novo entendimento da democracia. A produção de normas é feita de maneira autônoma e não por instâncias superiores ou através da delegação de competências. Os direitos fundamentais, graças à proteção do Judiciário, desempenham o papel de garantidores das chances de participação nesse processo de produção privada do Direito. A segunda, oferecida por Karl-Heinz Ladeur, condiciona uma atuação judicial possivelmente mais ampla que na *polyarquia* ao respeito à racionalidade própria dos particulares, em uma conciliação entre as necessidades da comunicação e a autorregulação da sociedade privada. A terceira proposição, feita por Gunther Teubner, é a compreensão dos direitos fundamentais, também no âmbito privado, como não apenas direitos subjetivos, mas como garantias institucionais de pluralidade de discurso na sociedade, como asseguradores da riqueza estrutural da sociedade, a partir da constatação de que a produção normativa por uma autoridade não é capaz de solucionar os conflitos da sociedade (p. 87-98). Pertinente nessa linha também o alerta de VESTING, Zur Entwicklung einer "Informationsordnung", op. cit., p. 239, de que o Tribunal Constitucional alemão ainda não sabe como reagir a um sistema de telecomunicações que não tem o Estado como centro supremo, mas sim reflete um novo modelo de sociedade acêntrica. O Tribunal deveria então concentrar-se apenas em dar suporte e estabilização aos processos de auto-organização e autorregulação, mesmo que isso implique correção de certas falhas (p. 240). Jack Balkin vê a questão de maneira semelhante. Para ele, "The model of judicial protection of individual rights remains crucially important in the digital age. But it will not be able to protect freedom of speech fully. [...] A healthy and well-functioning system of free expression depends on technologies of communication and a public ready and able to use those technologies to participate in the growth and development of culture" (BALKIN, op. cit., p. 51-52).

[411] CANARIS, op. cit., p. 56 e ss.

do legislador fornecer a proteção necessária do direito ao acesso à Internet dos indivíduos frente à particulares, respeitando os limites da proibição de proteção excessiva e proibição de proteção insuficiente.[412] Por outro lado, em algumas das situações antes apresentadas, é salutar a aplicação da eficácia direta à medida que determinados entes (como provedores de acesso) restam em posição assimétrica na relação com internautas, dando azo a abusos violadores do núcleo essencial do direito fundamental de acesso à Internet. Essa argumentação, sustentada pela proposição de solução diferenciadora de J. J. Gomes Canotilho,[413] deve levar em conta, todavia, que as relações de dominância verificáveis na sociedade – que serviriam de base para uma aplicação diferenciada da eficácia entre os diferentes entes privados – não se transpõem imutadas para a sociedade-rede. Isso não significa que não haja assimetria e, acima de tudo, que o núcleo essencial desse direito fundamental não reste por vezes ameaçado.

4.3.2. Dimensão positiva

A dimensão positiva ou prestacional de direitos fundamentais e a vinculação de particulares é tema assaz controverso, mais ainda que quando se trata de impor uma abstenção, como tratado anteriormente. Tal controvérsia resulta principalmente da relutância em reconhecer uma vinculação inclusive do Estado a um direito subjetivo a prestações decorrente diretamente dos direitos fundamentais sociais e sem a interposição prévia do Poder Legislativo. Entendimentos mais radicais negando tal possibilidade sempre e em qualquer situação não são mais a regra como outrora. O que parece ser unânime entre a doutrina, já a alemã e agora também a brasileira, até certo ponto, é que a regra é de fato a impossibilidade de reconhecer prestações de particulares como obrigatórias em decorrência diretamente dos direitos sociais. Os motivos para tanto já foram sucintamente apresentados anteriormente, vez que os argumentos – com os quais concordamos – são essencialmente os mesmos que se posicionam contra o reconhecimento de direitos subjetivos originários a prestações frente ao Estado como a regra. A evolução doutrinária e inclusive jurisprudencial, tanto na Alemanha quanto no Brasil, aponta, contudo, uma exceção.

Novamente o mínimo existencial, fundado no princípio do Estado Social e balizado pelo princípio da igualdade material, força o reconhecimento de prestações por parte de particulares naquilo que tange às condições essenciais de convivência social do indivíduo.[414] Não pretendemos aqui delimitar as mais diversas

---

[412] Sobre tais limites, ver SARLET, Ingo W. Constituição e Proporcionalidade: o direito penal e os direitos fundamentais entre proibição de excesso e de insuficiência. *Boletim da Faculdade de Direito da Universidade de Coimbra*. n. 81, p. 325-386, 2005 e STRECK, Lenio Luiz. Da proibição de excesso (Übermassverbot) à proibição de proteção deficiente (Untermassverbot): de como não há blindagem contra normas penais inconstitucionais. *Revista da Ajuris*. v. 32, n. 97, p. 171-202, mar. 2005.
[413] CANOTILHO, *Direito constitucional e teoria da constituição*, op. cit., p. 1253 e ss.
[414] Sobre o tema, remetemo-nos novamente às considerações de SARLET, Ingo W. Direitos fundamentais sociais, mínimo existencial e direito privado. *Revista de Direito do Consumidor*, a. 16, n. 61, p. 90-125. jan./mar. 2007.

situações – excepcionais, não custa reiterar – nas quais isso pode ser admitido. O que importa é que tal teoria se aplica na proteção do direito fundamental de acesso à Internet naquilo que tange à relação entre o individual e o provedor de acesso.

Uma proteção especial nesses casos decorre, segundo nosso entender, da dimensão positiva, prestacional, desse direito fundamental apenas em situações nas quais resta configurada uma total imprescindibilidade do acesso à Rede para determinada pessoa, conforme o caso concreto. *Mutatis mutandi*, dá-se à matéria o mesmo tratamento que nos casos de inadimplência da conta de luz, nos quais algumas vezes – porém certamente não como regra – o Judiciário proíbe o simples corte do serviço pela prestadora. Karavas identifica também uma especial proteção do individual frente ao provedor de acesso, como decorrência da essencialidade do serviço.[415]

Nesse ponto, pioneira a decisão prolatada pelo magistrado Carlos Alberto Etcheverry, do 3º Juizado Especial Cível da comarca de Porto Alegre, em dezembro de 2001. O provedor de acesso à Internet havia rescindido unilateralmente o contrato com o usuário, alegando "dificuldade de relacionamento". Este último moveu ação cominatória que foi dada por procedente em razão da essencialidade do serviço para o exercício de sua profissão. O argumento apresentado pelo juiz ancorou-se no direito fundamental ao trabalho, que nessa situação implicava o reconhecimento do acesso à Internet como "serviço essencial":

> É o caso do requerente, que atua incontroversamente como investidor autônomo no mercado financeiro, atividade com a qual provê sua subsistência. Permitir que lhe seja impossibilitado o acesso remoto e instantâneo às bolsas de valores equivale, assim, a impedir o exercício da profissão pela qual optou. O acesso à Internet é, neste caso, um serviço essencial, sob o ponto de vista deste consumidor, pois impede que implemente um dos direitos fundamentais previstos na Constituição Federal, que é *'o livre exercício de qualquer trabalho, ofício ou profissão, atendidas as qualificações profissionais que a lei estabelecer'*. (art. 5º, XIII) Como condição para que seja efetivada a dignidade da pessoa humana, assegura-se a todo cidadão o direito não só de escolher livremente o trabalho, ofício ou profissão através do qual irá se inserir no mundo social, como também o de não sofrer qualquer constrangimento nessa escolha por parte do Estado.[416]

A aplicação dessa proteção especial diretamente de um direito social, sem previsão legislativa, não deve ser a regra, conforme vimos, mas sim apenas justificável nos casos em que o nível de concretização pelo legislador da proteção necessária é excepcionalmente insuficiente ou nulo. Naquela situação específica, é o que ocorria, vez que a regra aplicável ao caso, conforme apontou o magistrado era excepcionalmente insuficiente para proteger o internauta. Conforme o art. 3º, inc. VII, da Lei nº 9.472/97, é proibida a "suspensão de serviço (de telecomuni-

---

[415] KARAVAS, op. cit., p. 53
[416] Proc. nº 00108393522, 3º Juizado Especial Cível, Comarca de Porto Alegre. Juiz prolator: Carlos Alberto Etcheverry. Sentença prolatada em 26 de dezembro de 2001. Disponível em: http://jus2.uol.com.br/pecas/texto.asp?id=469. Acessado em: 7 out. 2007.

cações) prestado em regime público, salvo por débito diretamente decorrente de sua utilização ou por descumprimento de condições contratuais". O art. 61, § 1º, contudo, exclui o serviço prestado pelo provedor de acesso, pois este é o que se denomina de um "serviço de valor adicionado" no marco regulatório da referida lei, e como tal, "não constitui serviço de telecomunicações", não estando abrangido pela proibição de suspensão de serviço.

A despeito de a fundamentação utilizada ser diferente daquela que aqui se sustentaria para chegar ao mesmo resultado, deve ser ressaltada a importância da época da decisão. Em 2001 uma real sociedade-rede no quadrante brasileiro era ainda mais distante do que é hoje. Nada impede, consoante já atestamos, seja garantida a devida proteção do direito de acesso à Internet àqueles que já fazem parte do ciberespaço. Resta claro, sobretudo, que a plausibilidade da pertença do acesso à Rede ao conteúdo do mínimo existencial, assim como a fundamentalidade mesma do direito de acesso, varia conforme o local e inevitavelmente torna-se mais significativa com a progressão do tempo.

4.4. CONCLUSÃO INTERMEDIÁRIA

A situação sobre a qual tratamos, a inclusão da sociedade brasileira na sociedade-rede, é um processo em franco andamento. Some-se o fato de que a maior parte da doutrina e jurisprudência, exceto alguns visionários e vanguardistas, trata das questões relacionadas à informação, sua disseminação e sua aquisição, sob o mesmo quadro teórico existente há décadas. Nesse contexto, resulta difícil e não raro complicado lançar proposições mais arrojadas e tirar algumas conclusões que auxiliem a moldar um Direito e uma teoria de direitos fundamentais aptos a desempenhar seus papéis apropriados agora em sede de um Estado-Rede.

Dito isto, reiteramos ser inevitável o surgimento de vários pontos de discordância, começando inclusive pela premissa sob a qual baseamos o presente capítulo, de que o acesso à Internet é um direito fundamental independente, não apenas desdobramento de outros direitos como o de liberdade de expressão ou um hoje frankensteiniano e todo-abrangente direito à informação. Não obstante os pontos polêmicos, entendemos ser essa a maneira mais adequada para proteger a dignidade dos indivíduos contra as violações, perpetradas por Estados e particulares, que se avultam no futuro próximo e que já ocorrem atualmente com infeliz frequência.

Algum consenso julgamos existir, dentre o que foi exposto aqui e a maneira como se procurou estruturar a matéria. O estudo da inclusão digital e das repercussões da Rede na proteção da dignidade da pessoa humana devem basear-se obrigatoriamente em uma teoria sólida e arejada de direitos fundamentais, sob pena de graves violações dessa dignidade, não importando sob qual direito fundamental intentemos sua salvaguarda.

Conclusão

Iniciamos nosso estudo fazendo alusão a uma nova democracia. O caminho percorrido até aqui permitiu lançar as bases para essa nova democracia, ao mesmo tempo que descobria indícios de sua configuração. Pretendemos agora atar as últimas pontas de maneira a criar mais um nó na rede comunicacional da sociedade-rede.

A nova democracia é permeada pelo reconhecimento. Utilizamos o termo aqui para significar, ao mesmo tempo e de forma interdependente, o respeito e a transparência. O respeito como sentimento de apercepção de um valor e a transparência como a característica daquilo que é claro, descoberto, sem censura, *informacionalmente livre*.

O reconhecimento permeia essa nova democracia na relação entre o indivíduo e o ambiente. Aqui a *Umweltbewusstsein*, o sentimento de conhecer a natureza, de saber da complexidade que lhe é inerente, de apre(e)nder a riqueza das relações entre cada ser vivo e o todo, entre espécies no âmbito de biomas e ecossistemas. É conhecer que as bases naturais da vida proporcionam um lugar de encontro para cada ser existente sobre a face da Terra. É aperceber-se do valor do ambiente, vislumbrando a dignidade da vida e das bases naturais da vida, uma dignidade que é intrínseca aos seres e às suas intrincadas relações nesse lugar de encontro. A humanidade, cada homem e mulher, reconhece a dignidade da natureza.

O reconhecimento permeia também a relação entre o indivíduo e o Estado. Para o cidadão médio o Poder Executivo é o Estado: esta pessoa não se envolve nas discussões no seio do Legislativo; não lê as leis editadas; raramente, se muito, recorre ao Judiciário para proteção de seus direitos. O Estado é a polícia, o hospital, a escola, o presidente que promete redução de impostos, o governador que realiza obras, o prefeito que comparece à inaugurações. Mas na sociedade-rede a comunicação não é mais hierarquizada. O Estado está – informacionalmente – para o indivíduo da mesma maneira que o indivíduo está para o Estado: acessível, transparente, capaz de dialogar. O Estado-Rede é aquele que permite um diálogo que se traduz em cooperação, em flexibilização, em participação nas decisões e auxílio no seu cumprimento e na aplicação da lei – que não representa mais algo imposto, mas algo coproduzido. A cooperação é um respeito das competências e capacidades da sociedade civil, de entes privados e do Estado, no contexto do cumprimento de diversos objetivos – a proteção do ambiente intrinsecamente digno é um dos centrais. O Estado-Rede deixa transparecer ao indivíduo a sua relação com cada Poder: uma relação de interação e conformação com o Legislativo; de interação e conformação com o Executivo; de acesso à justiça com o Judiciário. O indivíduo reconhece o Estado.

O reconhecimento permeia ainda a relação dos indivíduos entre si. Cada pessoa habita o ciberespaço transparecendo uma identidade. Mas essa identidade não é aquela que cada um molda no convívio social no mundo dos átomos: não é uma identidade estimulada por expectativas, por pressões, deformada por segredos, por diálogos e relações comunicacionais desiguais, escondendo as características que fazem o indivíduo único – aquilo que faz de cada um, cada um. No ciberespaço não há expectativas: há apenas o que a pessoa quer demonstrar. Não há preconceitos baseados no *status* social, na cor, no sexo e na idade: há o conhecer das características únicas ao indivíduo. Não há a deformação das conversas ocasionada por posições desiguais de comunicação, há o diálogo, constante, rico, não mediado, imediato. A identidade que genuinamente emana – não é imputada nem adivinhada ou pré-concebida – adquire o contorno complexo que reflete a riqueza do ser: é multifacetada. O cibernauta pode realizar-se como quem ele *é*, em um ambiente onde a peculiaridade e a complexidade de cada ser é respeitada. O indivíduo reconhece a dignidade do próximo.

O reconhecimento permeia, por último, as estruturas da proteção ambiental. O ambiente não conhece fronteiras geopolíticas – aves migratórias não carregam passaporte. Os sistemas jurídicos nacionais de preservação do ambiente irão sempre, por mais eficazes que sejam, apenas até o meio do caminho. Uma entidade centralizadora e organizadora da proteção ambiental global não existe – e talvez não devesse existir, dado o perigo de um déficit democrático amparando uma ecoditadura. A malha comunicacional em rede não conhece, entretanto, fronteiras, tal qual o ambiente. Os Estados podem utilizar a lei e o código para conter e desviar a comunicação transnacional, porém o ciberespaço se assemelha em muito com a natureza em que sempre encontra uma forma, uma brecha, uma falha em sistemas humanos de controle externo. A natureza sempre acha um jeito. Os *netizens* também. A rede global de comunicação pode ser a base para processos globais de participação na tomada de decisão ambiental. Se definir uma estrutura para isso afigura-se árduo, por outro lado o método atual de negociações democraticamente deficitárias (porque profundamente influenciadas por pressões econômicas) entre representantes de Estado para a determinação de regras de proteção torna utópica uma preservação adequada, não autoritária e – acima de tudo – tempestiva. A procedimentalização brilha como um caminho viável, no plano global tanto como no nacional, pois joga luz sobre fins e métodos da preservação, tornando a proteção ambiental internacional transparente. Contudo, é de se respeitar os limites e as deficiências (todos os sistemas as têm) da procedimentalização internacional sustentada sob a Rede. Os cidadãos reconhecem uma *possibilidade* de frear a degradação ambiental internacional por intermédio do estabelecimento de processos de informação ambiental e participação no ciberespaço.

O reconhecimento sustenta-se sobre a comunicação e a informação – reconhecer é comunicar. À medida que a informação ambiental tem um sustentáculo diferente consubstanciado pelo ciberespaço, a pertença à sociedade-rede permite o reconhecimento da natureza e de sua dignidade intrínseca. À medida que o cidadão se comunica com o Estado – não de uma forma diferente, mas, em muitos sentidos, pela primeira vez – ele reconhece o papel de cada um, o que viabiliza a cooperação, a Administração dialógica e a ciberdemocracia no Estado-Rede. À medida que o indivíduo genuinamente dialoga com seu próximo em um espaço sem hierarquias, percebendo a verdade da identidade multi-facetária de cada um, reconhece a dignidade da pessoa humana e a centralidade da proteção e realização dos direitos fundamentais de todos. À medida que há uma rede na qual a comunicação internacional entre cada um e entre a totalidade dos indivíduos é possível, pode-se reconhecer a superação das autocriadas barreiras das fronteiras geopolíticas, tornando viável – mas não garantindo – um sistema democrático internacional procedimental de proteção ambiental. Nesses contextos todos, nesses diversos retículos de uma rede da realidade da vida no século XXI, ser cidadão é algo diferente e a democracia pode ser diferente – mais estreitamente ligada às suas finalidades e melhor apta ao enfrentamento dos desafios de um Estado Ambiental e de um Estado-Rede.

Reconhecimento especialmente da dignidade de si e do próximo, de todos os concidadãos, bem como o reconhecimento da dignidade intrínseca das bases naturais da vida, afigura-se aqui como premissa para uma nova democracia, uma democracia da informação e da efetiva participação em uma rede comunicacional, de percepção de sua posição em um lugar de encontro situado em uma realidade alternativa, que espelha o lugar de encontro constituído pela natureza, dentro da qual também devemos aprender nossa posição: uma *e*-codemocracia.

Referências

AFONSO, Carlos A.. *Internet no Brasil:* o acesso para todos é possível? Disponível em: www.idrc.ca/uploads/user-S/10245206800panlacafoant.pdf. Acessado em: 15 jun. 2008.

ALEXY, Robert. *Teoria de los derechos fundamentales.* Madrid: Centro de Estudios Constitucionales, 1993.

ALLEMAR, Aguinaldo. A Sustentabilidade do desenvolvimento econômico e os princípios da precaução e da prevenção. *Revista do Curso de Direito da Universidade Federal de Uberlândia,* v. 33, n. 1/2, p. 171-189, 2004/2005.

ALMEIDA FILHO, José Carlos de Araújo. *Processo eletrônico e teoria geral do processo eletrônico*: a informatização judicial no Brasil. Rio de Janeiro: Forense, 2007.

ANDRADE, José Carlos Vieira de. *Os direitos fundamentais na constituição portuguesa de 1976.* Coimbra: Almedina, 1987.

APPEL, Ivo. *Staatliche Zukunfts- und Entwicklungsvorsorge.* Zum Wandel der Dogmatik des Öffentlichen Rechts am Beispiel des Konzepts der nachhaltigen Entwicklung im Umweltrecht. Tübingen: Mohr Siebeck, 2005.

ARAÚJO, Thiago Cássio D'Ávila. O estado ambiental de direito. *Revista da AGU,* v. 6, n. 14, p. 167-177, dez. 2007.

ARRUDA, Samuel Miranda. *O direito fundamental à razoável duração do processo.* Brasília: Brasília Jurídica, 2006.

ASSIS, Araken de. Garantia de acesso à justiça: benefício da gratuidade. In: TUCCI, Rogério Cruz e (coord.). *Garantias constitucionais do processo civil.* São Paulo: Revista dos Tribunais, 1999.

AZUMA, Eduardo Akira. *Considerações iniciais sobre a Internet e o seu uso como instrumento de defesa dos direitos humanos, mobilização política e social.* Disponível em: http://calvados.c3sl.ufpr.br/ojs2/index.php/direito/article/view/6995/4973. Acessado em: 21 fev. 2007.

BALDUS, Manfred. Freiheitsicherung durch den Rechtsstaat des Grundgesetzes. In: HUSTER, Stephan; RUDOLPH, Karsten. *Vom Rechtsstaat zum Präventionsstaat.* Frankfurt a.M.: Suhrkamp, 2008.

BARLOW, John Perry. *Declaration of Independence of Cyberspace.* Disponível em: http://homes.eff.org/~barlow/Declaration-Final.html. Acessado em: 19 out. 2009.

BALKIN, Jack. Digital speech and democratic culture: a theory of freedom of expression for the information society. *New York University Law Review.* V. 79, n. 1, p. 1-58. abr. 2004.

BARCELLOS, Ana Paula de. *A eficácia jurídica dos princípios constitucionais:* o princípio da dignidade da pessoa humana. Rio de Janeiro: Renovar, 2002.

BELL, Daniel. The social framework of the information society. In: MANSELL, Robin (org.). *The information society.* v. III (Democracy, governance and regulation). New York: Routledge, 2009.

BERG, Terrence. www.wildwest.gov: The impact of the Internet on state power to enforce the law. *Brigham Young University Law Review,* 2000.

BERNHARDT, Ute; RUHMANN, Ingo. Revolution von oben – Der Weg in die Informationsgesellschaft. In: TAUSS, Jörg; KOLLBECK, Johannes; MÖNIKES, Jan (orgs.). *Deutschlands Weg in die Informationsgesellschaft.* Herausforderungen und Perspektiven für Wirtschaft, Wissenschaft, Recht und Politik. Baden-Baden: Nomos, 1996.

BOBBIO, Norberto. *A era dos direitos.* Rio de Janeiro: Elsevier, 2004.

BOSSELMANN, Klaus. *Im Namen der Natur*. Der Weg zum Ökologischen Rechtsstaat. Berna: Scherz, 1992.

BRÖNNEKE, Tobias. *Umweltverfassungsrecht*. Der Schutz der natürlichen Lebensgrundlagen im Grundgesetz sowie in den Landesverfassungen Brandenburgs, Niedersachsens und Sachsens. Baden-Baden: Nomos, 1999.

BRUCE, Donald; DESKINS, John; FOX, William F. Has Internet access taxation affected Internet use? *Public Finance Review* 2004; 32; 131. Disponível em: http://pfr.sagepub.com/cgi/content/abstract/32/2/131. Acessado em: 21 maio 2008.

BULLINGER, Martin. Medien, Pressefreiheit, Rundfunkverfassung. In: BADURA, Peter; DREIER, Horst (Eds.). *Festschrift 50 jahre bundesverfassungsgericht*. Tübingen: Mohr Siebeck, 2001.

BURK, Dan L. Federalism in Cyberspace. *Connecticut Law Review*, 28, 1996.

BYRNE, Elaine; WEILBACH, Lizette. A human environmentalist approach to diffusion in ICT policies. In: AVGEROU, Chrisanthi; SMITH, Matthew L. (orgs.). *Social dimensions of information and communication technology policy*: proceedings of the Eighth International Conference on Human Choice and Computers (HCC8), IFIP TC 9, Pretoria, South Africa, September 25 – 26, 2008. New York: Springer, 2008.

CAIN, Bruce E. The Internet in the (dis)service of democracy? *Loyola of Los Angeles Law Review*, 34, 2000.

CALLIESS, Christian. *Rechtsstaat und Umweltstaat*: Zugleich ein Beitrag zur Grundrechtsdogmatik im Rahmen mehrpoliger Verfassung. Tübingen: Mohr Siebeck, 2001.

CANARIS, Claus-Wilhelm. *Direitos fundamentais e direito privado*. Coimbra: Almedina, 2003.

CANOTILHO, José Joaquim Gomes. *Direito constitucional e teoria da constituição*. 7. ed. Coimbra: Almedina, 2003.

———. Estado Constitucional Ecológico e Democracia Sustentada. In: SARLET, Ingo Wolfgang (org.). *Direitos fundamentais sociais*: estudos de direito constitucional, internacional e comparado. Rio de Janeiro: Renovar, 2003.

CANSIER, Dieter. Umweltgerechtigkeit in der Ökonomie. *Poiesis Prax*. N. 5, p. 33–51. Berlim: Springer Verlag, 2008.

CAPPELLETTI, Mauro. *Acesso à justiça*. Porto Alegre: S. A. Fabris, 1988.

CARRAZZA, Roque Antonio. *ICMS*. 11. ed. rev. ampl. São Paulo: Malheiros, 2006.

CARTER, Dave. 'Digital democracy' or 'information aristocracy'? Economic regeneration and the information economy. in: LOADER, Brian D (org.). *The governance of cyberspace*: politics, technology and global restructuring. Londres: Routledge, 1997.

CARVALHO, Luis Gustavo Grandinetti Castanho de. *Liberdade de informação e o direito difuso à informação verdadeira*. Rio de Janeiro: Renovar, 1994.

CARVALHO, Paulo de Barros. Não incidência do ICMS na atividade dos provedores de acesso à Internet. *Revista Dialética de Direito Tributário*, São Paulo, n. 73. p. 97-104, 2001.

CASPAR, Johannes; GEISSEN, Martin. O art. 20a da Lei Fundamental da Alemanha e o novo objetivo estatal de proteção aos animais. In: MOLINARO, Carlos Alberto; MEDEIROS, Fernanda Luiz Fontoura de; SARLET, Ingo Wolfgang; FENSTERSEIFER, Tiago (orgs.). *A dignidade da vida e os direitos fundamentais para além dos humanos*. Uma discussão necessária. Belo Horizonte: Fórum, 2008.

CASTELLS, Manuel. Infomationalism, Networks, and the Network Society: A Theoretical Blueprint. In: CASTELLS, Manuel (org.). *The network society*: a cross-cultural perspective. Cheltenham: Edward Elgar, 2004.

———. *A era da informação*: economia, sociedade e cultura. 9. ed. São Paulo: Paz e Terra, 2006. v. 1.

CAVEDON, Fernanda de Salles; SANTOS, Rafael Padilha dos. Considerações acerca do estado de direito ambiental e suas interfaces com a justiça ambiental: por um novo paradigma. *Revista Brasileira de Direito Ambiental*, v.1, n. 2, p. 287-316, abr./jun., 2006.

CAVELTY, Myriam Dunn. Is anything ever new? Exploring the specificities of security and governance in the information age. *In*: DUNN CAVELTY, Myriam (org.). *Power and security in the information age*: investigating the role of the state in cyberspace. Aldershot: Ashgate, 2007.

CHEN, Jim. Webs of life: Biodiversity conservation as a species of information policy. *Iowa Law Review*, 89, 2004.

CHON, Margaret. Radical plural democracy and the Internet. *California Western Law Review*, 33, 1996.

CLEMENTINO, Edilberto Barbosa. *Processo judicial eletrônico*: o uso da via eletrônica na comunicação de atos e tramitação de documentos processuais sob o enfoque histórico e principiológico, em conformidade com a Lei 11.419, de 19.12.2006. Curitiba: Juruá, 2007.

COÊLHO, Sacha Calmon Navarro. Tributação na Internet. In: MARTINS, Ives Gandra da Silva (Coord.). *Tributação na Internet*. São Paulo: Revista dos Tribunais, 2001.

COLEMAN, Stephen. The future of the Internet and democracy beyond metaphors, towards policy. In: CADDY, Joane; VERGEZ, Christian (Orgs.). *Promise and problems of e-democracy*: challenges of online citizen engagement. Organisation for Economic Co-operation and Development. Paris: OECD, 2003.

COMPAINE, Benjamin M. Declare the war won. In: COMPAINE, Benjamin M. (org.). *The digital divide*: facing a crisis or creating a myth? Cambridge (MA): MIT, 2001.

CRAWFORD, Colin. Cyber*place*: defining a right to Internet access through public accommodation law. *Temple Law Review*, v. 76, p. 225-276, 2003.

CUNHA, Paulo Ferreira da. Direito à informação ou deveres de protecção informativa do Estado? In: SARLET, Ingo Wolfgang. *Direitos fundamentais, informática e comunicação:* algumas aproximações. Porto Alegre: Livraria do Advogado, 2007.

DAHLGREN, Peter. The Internet, public spheres, and political communication. Dispersion and deliberation. In: MANSELL, Robin (org.). *The information society*. v. III (Democracy, governance and regulation). New York: Routledge, 2009.

DALEY, Dorothy. Public Participation and Environmental Policy: What Factors Shape State Agency's Public Participation Provisions? *Review of Policy Research*, v. 25, n. 1, 2008.

DAMODARAN, Leela; OLPHERT, Wendy. *Informing digital futures*: strategies for citizen engagement. Dordrecht: Springer, 2006.

DANWITZ, Thomas von. Aarhus-Konvention: Umweltinformation, Öffentlichkeitsbeteiligung, Zugang zu den Gerichten. *NvwZ*, Heft 3, 2004.

DENNINGER, Eberhard. Prävention und Freiheit. In: HUSTER, Stephan; RUDOLPH, Karsten. *Vom Rechtsstaat zum Präventionsstaat*. Frankfurt a.M.: Suhrkamp, 2008.

DIMAGGIO, Paul, et. al. Social implications of the internet. In: MANSELL, Robin (org.). *The information society*. v. IV (Everyday life). New York: Routledge, 2009.

DINAMARCO, Cândido Rangel. *A instrumentalidade do processo*. 12. ed. rev. atual. São Paulo: Malheiros, 2005.

DRISSEL, D. Contesting Internet governance: global dissent and disparities in the management of cyberspace resources. In: KONRAD, Morgan; BREBBIA, Carlos A. (orgs.). *The Internet society II*: advances in education, commerce & governance. Southampton: WIT Press, 2007.

EAGAN, Patrick D.; WIESE, Lynda M.; LIEBL, David S. Public access to environmental information. In: RICHARDS, Deanna J.; ALLENBY,Braden R.; COMPTON, W. Dale (eds.). *Information systems and the environment*. Washington D. C.: National Academies Press, 2001.

EASTERBROOK, Frank H. Cyberspace and the law of the horse. *University of Chicago Legal Forum*, 1996.

ECONOMIDES, Nicholas. "Net Neutrality," Non-Discrimination and Digital Distribution of Content Through the Internet. *I/S: A Journal of law and policy for the information society*. v. 4, n. 2. Disponível em: www.stern.nyu.edu/networks/Economides_Net_Neutrality.pdf. Acessado em: 19 nov. 2008.

EKARDT, Felix. Information, Verfahren, Selbstregulierung, Flexibilisierung: Instrumente eines effektiven Umweltrechts? *Natur und Recht* (2005) 4.

ELVERS, Horst-Dietrich. Umweltgerechtigkeit als Forschungsparadigma der Soziologie. *Soziologie*. Volume 36, Number 1, p. 21-44 / January, 2007. Disponível em: http://www.springerlink.com/content/a1765804472954t0/. Acessado em: 20 maio 2009.

ERBGUTH, Wilfried; SCHLACKE, Sabine. *Umweltrecht*. 2. ed. Baden-Baden: Nomos, 2008.

ERICHSEN, Hans-Uwe. Das Recht auf freien Zugang zu Informationen über die Umwelt – Gemeinschaftsrechtliche Vorgaben und nationales Recht. *NvwZ*, Heft 5, 1992.

ESTY, Daniel C. Environmental Protection in the Information Age. *New York University Law Review*, v. 79, 2004.

EWALD, François. Philosophie politique du principe de précaution. In: EWALD, François; GOLLIER, Christian; SADELEER, Nicolas de. *Le principe de précaution*. Paris: Presses Universitaires de France, 2001.

FARIS, Robert; ETLING, Bruce. Madison and the Smart Mob: The Promise and Limitations of the Internet for Democracy. *The Fletcher Forum of World Affairs*, 32, 2008.

FENSTERSEIFER, Tiago. *Direitos fundamentais e proteção do ambiente*. A dimensão ecológica da dignidade humana no marco jurídico-constitucional do estado socioambiental de direito. Porto Alegre: Livraria do Advogado, 2008.

FERREIRA, Ana Amelia Castro. Sistemas Tecnológicos e o Poder Judiciário. Racionalização ou Democratização da Justiça? *Revista de Derecho Informático*. n. 85, ago-2005. Disponível em: http://www.alfa-redi.org/rdi-articulo.shtml?x=1604. Acessado em: 9 jun. 2008.

FILHO, Demócrito Ramos Reinaldo. A Informatização do Processo Judicial – Da "Lei do Fax" à Lei 11.419/06: uma breve retrospectiva legislativa. *Revista de Derecho Informático*. n. 102, jan-2007. Disponível em: http://www.alfa-redi.org/rdi-articulo.shtml?x=8409. Acessado em: 9 jun. 2008.

FISHKIN, James. Possibilidades democráticas virtuais: Perspectivas da democracia via internet. In: EISENBERG, José; CEPIK, Marco. *Internet e política*: teoria e prática da democracia eletrônica. Belo Horizonte: UFMG, 2002.

FREEMAN, Chris. Social inequality, technology and economic growth. In: WYATT, Sally; HENWOOD, Flis; MILLER, Nod; SENKER, Peter (orgs.). *Technology and in/equality*: questioning the information society. Londres: Routledge, 2000.

FREIRE, Isa Maria. Janelas da cultura local: abrindo oportunidades para inclusão digital de comunidades. *Ciências da Informação*, Brasília, v. 35, n. 3, p. 227-235, set./dez. 2006. Disponível em: www.scielo.br/pdf/ci/v35n3/v35n3a22.pdf. Acessado em: 15 jun. 2008.

FREITAS, Juarez. Princípio da precaução: vedação de excesso e de inoperância. *Interesse Público*. v. 7, n. 35, p. 33-48, jan./fev. 2006.

FRISSEN, Paul. The virtual state. Postmodernisation, informatisation and public administration. In: LOADER, Brian D (org.). *The governance of cyberspace*: politics, technology and global restructuring. London: Routledge, 1997.

FROOMKIN, A. Michael. Habermas@discourse.net: Toward a critical theory of cyberspace. *Harvard Law Review*, 116, 2003.

GALDINO, Flavio. A evolução das idéias de acesso à Justiça. *Revista Autônoma de Processo*. n. 3, p. 61-94, abr./jun. 2007.

GETHMANN, Carl Friedrich. Zur Ethik des Handelns unter Risiko im Umweltstaat. In: KLOEPFER, Michael; GETHMANN, Carl Friedrich (eds.). *Handeln unter Risiko im Umweltstaat*. Berlim: Springer, 1993.

GODARD, Olivier. Le principe de précaution, une nouvelle logique de l'action entre science et démocratie. *Philosophie politique*. maio 2000. Disponível em: http://ceco.polytechnique.fr/CAHIERS/pdf/526.pdf. Acessado em: 2 maio 2008.

GOLDSMITH, Jack L. Against Cyberanarchy. *University of Chicago Law Review*, 65, 1998.

GOMES, Carla Amado. *Textos dispersos de direito do ambiente* (e matérias relacionadas). V. II. Lisboa: Aafdl, 2008.

GONÇALVES, Maria Eduarda. *Direito da informação*. Coimbra: Almedina, 1994.

GROEBEL, Jo. Digitale Entwicklung: Die sozialen Dimensionen. In: BÜLLESBACH, Alfred (Org.). *Informationsrecht 2000*: Perspektiven für das nächste Jahrzehnt. Köln: Schmidt, 2001.

GUCKELBERGER, Annette. Die EG-Verordnung zur Umsetzung der Aarhus-Konvention auf der Gemeinschaftsebene. *Natur und Recht* 30, 2008.

HAGENAH, Evelyn. *Prozeduraler Umweltschutz*: zur Leistungsfähigkeit eines rechtlichen Regelungsinstruments. Baden-Baden: Nomos, 1996.

HARTMANN, Ivar Alberto Martins. O acesso à Internet como direito fundamental. *Revista de Derecho Informático*. n. 118, maio 2008. Disponível em: http://www.alfa-redi.org/rdi-articulo.shtml?x=10359. Acessado em: 28 maio 2008.

———. O princípio da precaução e sua aplicação no direito do consumidor: dever de informação. *Revista de direito do consumidor*, v.18, n.70, p.172-235, abr./jun. 2009.

HÄBERLE, Peter. Grundrechte im Leistungsstaat. In: HÄBERLE, Peter; MARTENS, Wolfgang. *Grundrechte im Leistungsstaat*. Veröffentlichungen der Vereinigung der Deutschen Staatsrechtslehrer, Bd. 30. Berlin: Walter de Gruyter, 1972.

HEYMANN, Philip. *Civil liberties and human rights in the aftermath of september 11*. Disponível em: http://www.abanet.org/irr/hr/winter02/heymann.html. Acessado em: 9 mar. 2007.

HOFFMANN-RIEM, Wolfgang. Verwaltungsrecht in der Informationsgesellschaft. Einleitende Problemskizze. in: HOFFMANN-RIEM, Wolfgang; SCHMIDT-ASSMANN, Eberhard (orgs.). *Verwaltungsrecht in der Informationsgesellschaft*. Baden-Baden: Nomos, 2000.

HOFMANN, Hasso. "Umweltstaat". Bewahrung der natürlichen Lebensgrundlagen und Schutz vor den Gefahren und Risiken von Wissenschaft und Technik in staatlicher Verantwortung. In: BADURA, Peter; DREIER, Horst (Eds.). *Festschrift 50 jahre bundesverfassungsgericht*. Tübingen: Mohr Siebeck, 2001.

HÜSING, Tobias; GAREIS, Karsten; KORTE, Werner B. The impact of ICT on social cohesion: Looking beyond the digital divide. In: DUTTA, Soumitra (org.). *The information society in an enlarged Europe*. Berlin: Springer, 2006.

JAMBEIRO, Othon et al. *Inclusão digital e educação para a competência informacional: uma questão de ética e cidadania*. Disponível em: http://www.ibict.br/cienciadainformacao/viewarticle.php?id=672. Acesso em: 18 jan. 2007.

JOHNSON, David R.; POST, David. Law and borders – the rise of law in cyberspace. *Stanford Law Review*, 48, 1995.

JORDAN, Andrew; O'RIORDAN, Timothy. *The Precautionary Principle in Contemporary Environmental Policy and Politics*. Disponível em: http://www.ingentaconnect.com/content/whp/ev/1995/00000004/00000003/art00001. Acessado em: 2 maio 2008.

JUNG, Nikola. *Demokratisierung durch prozedurales Umweltrecht?* Die Implementation der europäischen Richtlinien über die Umweltverträglichkeitsprüfung und die Umweltinformation in der BRD. Tese de Doutorado. Universität Mannheim. Mannheim, 2006.

KARAVAS, Vagias. *Digitale Grundrechte*. Elemente einer Verfassung des Informationsflusses im Internet. Baden-Baden: Nomos, 2007.

KETTNER, Mattias. Deliberative democracy: from rational discourse to public debate. In: GOUJON, Philippe; LAVELLE, Sylvain; DUQUENOY, Penny; KIMPPA, Kai; LAURENT, Veronique; BERLEUR, Jacques (Eds.). *The information society*: innovation, legitimacy, ethics and democracy: in honor of Professor Jacques Berleur s.j. New York, NY: Springer, 2007.

KINDLER, Kilian. Umweltinformation im gesellschaftlichen Spannungsfeld. Chancen und Grenzen einer Umweltinformationsrichtlinie als Instrument zielgerichteter Umweltpolitik. In: HEGELE, Dorothea; RÖGER, Ralf (eds.). *Umweltschutz durch Umweltinformation*. Chancen und Grenzen des neuen Informationsanspruchs. Berlin: Berlin Verlag, 1993.

KISS, Alexandre Charles. *International Environmental Law*. Transnational Publishers, 1994.

KISSEL, Otto Rudolf. Internet für und gegen alle? *Neue Juristische Wochenschrift*, Heft 12, 2006.

KLEINWÄCHTER, Wolfgang. Internet co-governance. Towards a multilayer multiplayer mechanism of consultation, coordination and cooperation (M_3C_3). In: MANSELL, Robin (Org.). *The information society*. v. III (Democracy, governance and regulation). New York: Routledge, 2009.

KLOEPFER, Michael. *Umweltrecht*. 3. ed. Munique: Beck Juristischer Verlag, 2004.

———. *Umweltschutzrecht*. Munique: C.H. Beck, 2008.

———. Aspekte der Umweltgerechtigkeit. *Jahrbuch des Öffentlichen Rechts der Gegenwart*. Tübingen, v. 56, p. 1-22, 2008.

———. Aspekte eines Umweltstaates Deutschland. Eine umweltverfassungsrechtliche Zwischenbilanz. In: DOLDE, Klaus-Peter (Org.). *Umweltrecht im Wandel*. Bilanz und Perspektiven aus Anlass des 25-jährigen Bestehens der Gesellschaft für Umweltrecht (GfU). Berlin: Erich Schmidt Verlag, 2001.

———. Informationszugangsfreiheit und Datenschutz: Zwei Säulen des Rechts der Informationsgesellschaft. *DöV*, v. 6, 2003.

———. A caminho do Estado Ambiental? A transformação do sistema político e econômico da República Federal da Alemanha através da proteção ambiental especialmente desde a perspectiva da ciência jurídica. In: SARLET, Ingo W. (org.). *Estado socioambiental e direitos fundamentais*. Porto Alegre: Livraria do Advogado, 2010.

KNAUER, Joshua; RICKARD, Maurice. Internet global environmental information sharing. In: RICHARDS, Deanna J.; ALLENBY,Braden R.; COMPTON, W. Dale (eds.). Information systems and the environment. Washington D. C.: National Academies Press, 2001.

KOCH, Hans-Joachim (org.). Umweltrecht. 2. ed renov. e ampl. Colônia: Carl-Heymanns, 2007.

KOHLHEB, Norbert. Umweltpolitik, Umweltbewußtsein und Umweltinformation. Eine interdisziplinäre Studie zu den Möglichkeiten und Grenzen markwirtschaftlich-demokratischer Umweltpolitik unter Berücksichtigung von Umweltbewußtsein und Umweltinformation. Tese de Doutorado. Institut für Volkswirtschaftslehre und Volkswirtschaftspolitik Karl-Franzens Universität Graz. Graz, 1998.

KÖNEMANN, Britta. Der verfassungsunmittelbare Anspruch auf das Existenzminimum: Zum Einfluss von Menschenwürde und Sozialstaatsprinzip auf die Sozialhilfe. Hamburgo: Dr Kovac, 2005.

KOURILSKY, Philippe; VINEY, Geneviève. Le principe de précaution. Rapport au Premier ministre. Paris: Ed. Odile Jacob et la Documentation française, 2000.

KREIMER, Seth F. The freedom of information act and the ecology of transparency. University of Pennsylvania Journal of Constitutional Law, 10, 2008.

KRELL, Andreas J. Ordem Jurídica e meio ambiente na Alemanha e no Brasil: alguns aspectos comparativos. Revista de Direito Ambiental, v. 8, n. 31, p. 178-206, jul./set. 2003.

––––––. Discricionariedade administrativa e proteção ambiental: o controle dos conceitos jurídicos indeterminados e a competência dos órgãos ambientais : um estudo comparativo. Porto Alegre: Livraria do Advogado, 2004.

KRINGS, Bettina-Johanna. Hen or egg? The relationship between IC-technologies and social exclusion. in: BECHMANN, Gotthard (org.). Across the divide: work, organization and social exclusion in the European Information Society. Berlim: Sigma, 2003.

KUGELMANN, Dieter. Informationsfreiheit als Element moderner Staatlichkeit. DöV, v. 20, 2005.

LADEUR, Karl-Heinz. Das Umweltrecht der Wissensgesellschaft. Von der Gefahrenabwehr zum Risikomanagement. Berlim: Duncker & Humbolt, 1995.

––––––. Der Staat der "Gesellschaft der Netzwerke". Zur Notwendigkeit der Fortentwicklung des Paradigmas des "Gewährleistungsstaates". Der Staat, 2, 2009.

LAFER, Celso. Nova ordem internacional, globalização e o mundo pós 11 de setembro. Disponível em: http://www.inae.org.br/publi/ep/EP0028.pdf. Acessado em: 9 mar. 2007.

LAKE, Robert W. Volunteers, nimbys, and environmental justice: Dilemmas of democratic practice. Disponível em: http://www3.interscience.wiley.com/journal/119207185/abstract?CRETRY=1&SRETRY=0. Acessado em: 20 maio 2009.

LANGHEINRICH, Marc. Privacy invasions in ubiquitous computing. Disponível em: http://www.vs.inf.ethz.ch/publ/papers/uc2002-pws.pdf. Acesso em: 9 mar. 2007.

LAVINE, Dick. Updated Revenue Threat: Preserve Texas' Ability to Tax Internet Access. Disponível em: http://www.cpp.org/files/7/PP%20298%20on%20Internet%20taxations%20updated.pdf. Acessado em: 30 mai 2008.

LAZZARI, João Batista. O processo eletrônico como solução para a morosidade do Judiciário. Revista de Previdência Social. v. 30, n. 304, p. 173-174, mar. 2006.

LEITE, José Rubens Morato; AYALA, Patryck de Araújo. Direito ambiental na sociedade de risco. Rio de Janeiro: Forense Universitária, 2004.

––––––; PILATI, Luciana Cardoso; JAMUNDÁ, Woldemar. Estado de Direito Ambiental no Brasil. In: KISHI, Sandra Akemi Shimada; SILVA, Solange Teles da; SOARES, Inês Virgínia Prado (orgs.). Desafios do direito ambiental no século XXI: estudos em homenagem a Paulo Affonso Leme Machado. São Paulo: Malheiros, 2005.

LEMLEY, Mark A.; LESSIG, Lawrence. The end of end-to-end: Preserving the architecture of the Internet in the broadband era. UCLA Law Review, 48, 2000.

LESSIG, Lawrence. Code. Version 2.0. New York: Basic Books, 2006.

––––––. The zones of cyberspace. Stanford Law Review, 48, 1996.

LEVINE, Peter. Can the Internet rescue democracy? Toward an on-line commons. Disponível em: http://www.peterlevine.ws/internetdemocracy.htm. Acessado em: 18 jan. 2007.

LÉVY, Pierre. *Cyberdémocratie*: essai de philosophie politique. Paris: Odile Jacob, 2002.

LEWANDOWSKI, Enrique Ricardo. A formação da doutrina dos Direitos Fundamentais. *Revista da Faculdade de Direito da Universidade de São Paulo*, São Paulo, v. 98, p. 411-422, 2003.

LICOPPE, Christian; SMOREDA, Zbigniew. Rhythms and ties. Toward a pragmatics of technologically mediated sociability. In: KRAUT, Robert; BRYNIN, Malcolm; KIESLER, Sara (orgs.). *Computers, phones, and the internet*: domesticating information technology. Oxford: Oxford Univ. Press, 2006.

LIMBERGER, Têmis. A informática e a proteção à intimidade. *Revista da AJURIS*, Porto Alegre, n. 80, p. 319-333, dez. 2000.

LUCON, Paulo Henrique dos Santos. Duração razoável e informatização do processo judicial. *Panóptica*. Vitória, ano 1, n. 8, maio – junho, 2007, p. 368-384. Disponível em: http://www.panoptica.org. Acessado em: 9 jun. 2008.

MACHADO, Paulo Affonso Leme. *Direito à informação e meio ambiente*. São Paulo: Malheiros, 2006.

———. O princípio da precaução e a avaliação de riscos. *Revista dos Tribunais*, São Paulo, v. 96, n. 856, p. 35-50, fev. 2007.

McKENNA, Katelyn Y. A.; SEIDMAN, Gwendolyn. Considering the interactions. The effects of the Internet on self and society. In: KRAUT, Robert; BRYNIN, Malcolm; KIESLER, Sara (orgs.). *Computers, phones, and the internet*: domesticating information technology. Oxford: Oxford Univ. Press, 2006.

MADON, Shirin et al. Digital inclusion projects in developing countries: Processes of institutionalization. *Anais da 9ª Conferência Internacional sobre Implicações Sociais de Computadores em Países em Desenvolvimento*, São Paulo, Brasil, Maio 2007. Disponível em: http://portal.unesco.org/ci/en/ev.php-URL_ID=25684&URL_DO=DO_TOPIC&URL_SECTION=201.html. Acessado em: 24 set. 2008.

MAIER-RABLER, Ursula. Reconceptualizing e-policy: From bridging the digital divide to closing the knowledge gap. In: SARIKAKIS, Katharine; THUSSU, Daya Kishan (Orgs.). *Ideologies of the Internet*. Cresskill, NJ: Hampton Press, 2006.

MALJEAN-DUBOIS, Sandrine. La Convention Européenne des Droits de l'Homme et le Droit à l'Information en Matière d'Environnement. *Revue Générale de Droit International Public*, Paris, 4/995-1021, 1998.

MANCUSO, Rodolfo de Camargo. *Ação civil pública*: em defesa do meio ambiente, do patrimônio cultural e dos consumidores: Lei 7.347/1985 e legislação complementar. 11. ed., rev. e atual. São Paulo: Revista dos Tribunais, 2009.

MAÑAS, José Luis Piñar. El derecho fundamental a la protección de datos personales. In: MAÑAS, José Luis Piñar (org.). *Protección de datos de carácter personal en Iberoamérica*. Valencia: Tirant lo Blanch, 2005.

MARINONI, Luiz Guilherme. *Novas linhas do processo civil*. 4. ed. São Paulo: Malheiros, 2000.

MARQUES, Angélica Bauer. A cidadania ambiental e a construção do estado de direito do meio ambiente. *In*: FERREIRA, Heline Sivini; LEITE, José Rubens Morato (Coords.). *Estado de direito ambiental : tendências: aspectos constitucionais e diagnósticos*. Rio de Janeiro: Forense Universitária, 2004.

MARTINS, Ives Gandra da Silva. Tributação na Internet. In: MARTINS, Ives Gandra da Silva (coord.). *Tributação na Internet*. São Paulo: Revista dos Tribunais, 2001.

MATTOS, Fernando Augusto Mansor de; CHAGAS, Gleison José do Nascimento. Desafios para a inclusão digital no Brasil. *Perspectivas em Ciência da Informação*, v. 13, n. 1, p. 67-94, jan./abr. 2008.

MAYER, Franz C. Recht und Cyberspace. *NJW*, Heft 28, 1996.

MAZEROV, Michael. *Making the Internet Tax Freedom Act Permanent in the Form Currently Proposed Would Lead to a Substantial Revenue Loss for States and Localities*. Disponível em: http://www.cbpp.org/10-20-03sfp.pdf. Acessado em: 23 maio 2008.

MEDEIROS, Fernanda Luiza Fontoura de. *Meio ambiente*. Direito e dever fundamental. Porto Alegre: Livraria do Advogado, 2004.

MICHELMAN, Frank. Relações entre democracia e liberdade de expressão: discussão de alguns argumentos. In: SARLET, Ingo Wolfgang. *Direitos fundamentais, informática e comunicação*: algumas aproximações. Porto Alegre: Livraria do Advogado, 2007.

———. Why voting? *Loyola of Los Angeles Law Review*, 34, 2000.

MILARÉ, Édis. O compromisso de ajustamento de conduta e o fundo de defesa de direitos difusos: relação entre os instrumentos alternativos de defesa ambiental da lei 7.347/1985. *Revista de Direito Ambiental*. v. 10, n. 38, p. 7-22, abr./jun. 2005.

MIRRA, Álvaro Luiz Valery. Direito ambiental: o princípio da precaução e sua aplicação judicial. *Revista de Direito Ambiental*. v. 6, n. 21, p. 92-102, jan./mar. 2001.

MOLINARO, Carlos Alberto. *Racionalidade ecológica e estado socioambiental e democrático de direito*. Dissertação de Mestrado. Programa de Pós-Graduação em Direito da Faculdade de Direito da Pontifícia Universidade Católica do Rio Grande do Sul, 2006.

―――. *Direito ambiental*. Proibição de retrocesso. Porto Alegre: Livraria do Advogado, 2007.

MORALLES, Luciana Camponez Pereira. *Acesso à justiça e princípio da igualdade*. Porto Alegre: Fabris, 2006.

MOREIRA, Renato de Castro. O Direito à liberdade informática. *Revista da AJURIS*, Porto Alegre, p. 139-167, dez. 1999.

MORRIS, Dick. Direct democracy and the Internet. *Loyola of Los Angeles Law Review*, 34, 2000.

MURDOCK, Graham; GOLDING, Peter. Information poverty and political inequality. In: MANSELL, Robin (org.). *The information society*. v. III (Democracy, governance and regulation). New York: Routledge, 2009.

MURSWIEK, Dietrich. *Die staatliche Verantwortung für die Risiken der Technik*. Verfassungsrechtliche Grundlagen und immissionsschutzrechtliche Ausformung. Berlim: Duncker & Humblot, 1985.

―――. Grundrechte als Teilhaberechte, soziale Grundrechte. *In*: ISENSEE, Josef; KIRCHHOF, Paul (Orgs.). *Handbuch des Staatsrechts der Bundesrepublik Deutschland*. v. V. Allgemeine Grundrechtslehren. Heidelberg: C.F. Müller Juristischer Verlag, 2000.

―――. Staatsziel Umweltschutz (Art. 20a GG) – Bedeutung für Rechtsetzung und Rechtsanwendung. *NvwZ*, Heft 3, 1996.

NAKAGAWA, Layne. *Toxic Trade*: The Real Cost of Electronics Waste Exports from the United States. Disponível em: http://earthtrends.wri.org/features/view_feature.php?theme=5&fid=66. Acessado em: 22 nov. 2009.

NETANEL, Neil Weinstock. Cyberspace Self-Governance: A Skeptical View from Liberal Democratic Theory. *California Law Review*, 88, 2000.

NETO, Horácio Villen. Imunidade tributária e os provedores de informações via Internet. In: SCHOUERI, Luís Eduardo (Org). *Internet*: o direito na era virtual. 2. ed. Rio de Janeiro: Forense, 2001.

NEUMANN, Volker. Menschenwürde und Existenzminimum. *Neue Zeitschrift für Verwaltungsrecht*, 1995.

NEUNER, Jörg. A influência dos direitos fundamentais sobre o direito privado alemão. In: SARLET, Ingo; NEUNER, Jörg; MONTEIRO, António Pinto. *Direitos fundamentais e direito privado*. Uma perspectiva de direito comparado. Coimbra: Almedina, 2007.

NEVES, Fernando Crespo Queiroz. *Imposto sobre a prestação de serviços de comunicação & Internet*. Curitiba: Juruá, 2006.

NUNES JUNIOR, Amandino Teixeira. O estado ambiental de direito. *Revista de Informação Legislativa*, v. 41, n. 163, p. 295-307, jul./set. 2004.

O'ROURKE, Maureen A. Fencing Cyberspace: Drawing Borders in a Virtual World. *Minnesota Law Review*, 82, 1997.

ORIONE, Marcus. *Direito processual constitucional*. São Paulo: Saraiva, 1998.

OWEN, Bruce M. The Net Neutrality Debate: Twenty Five Years after United States v. AT&T and 120 Years after the Act to Regulate Commerce. *Stanford Institute for Economic Policy Research*. Discussion Paper No. 0615. Disponível em: papers.ssrn.com/sol3/papers.cfm?abstract_id=963623. Acessado em: 19 nov 2008.

PEHA, Jon M.; LEHR, William H.; WILKIE, Simon. The State of the Debate on Network Neutrality. *International Journal of Communication*, n. 1, p. 709-716, 2007. Disponível em: http://ijoc.org/ojs/index.php/ijoc/article/viewFile/192/100. Acessado em: 20 nov. 2008.

PEREIRA, Moacir. *A democratização da comunicação*: o direito à informação na constituinte. São Paulo: Global, 1987.

PÉREZ LUÑO, Antonio Enrique. ¿Ciberciudadaní@ o ciudadaní@.com? Barcelona: Gedisa, 2004.

PESSOA, Geraldo Paes. Imunidade do mínimo existencial. *Revista de Estudos Tributários*, v. 8, n. 47, p. 151-162, jan./fev. 2006.

PINTO, Paulo Mota. A influência dos direitos fundamentais sobre o direito privado português. In: SARLET, Ingo; NEUNER, Jörg; MONTEIRO, António Pinto. *Direitos fundamentais e direito privado*. Uma perspectiva de direito comparado. Coimbra: Almedina, 2007.

PIOVESAN, Flávia. A atual dimensão dos direitos difusos na Constituição de 1988. In: *Direito, cidadania e justiça*. São Paulo: Revista dos Tribunais, 1995.

POST, David G. "The Unsettled Paradox": The Internet, The State, and the consent of the Governed. *Indiana Journal of Global Legal Studies*, 5, 1998.

POWELL III, Adam Clayton. Falling for the gap: Whatever happened to the digital divide? In: COMPAINE, Benjamin M. (org.). *The digital divide*: facing a crisis or creating a myth? Cambridge (MA): MIT, 2001.

PÜNDER, Hermann. "Open Government leads to Better Government" – Überlegungen zur angemessenen Gestaltung von Verwaltungsverfahren. *Natur und Recht*, Heft 2, 2005.

RAWLS, John. *A theory of justice*. Cambridge (MA): Harvard University Press, 1999.

REHBINDER, Eckard. Das deutsche Umweltrecht auf dem Weg zur Nachhaltigkeit. *NvwZ*, Heft 6, 2002.

———. Precaution and Sustainability: Two Sides of the same coin? In: KISS, Alexander Charles. *A law for the environment: essays in honour of Wolfgang E. Burhenne*. Genebra: IUCN, 1994.

REIDENBERG, Joel R. Lex Informatica: The Formulation of Information Policy Rules Through Technology. *Texas Law Review*, 76, 1998.

RHEINGOLD, Howard. *The virtual community*: homesteading on the electronic frontier. Cambridge (MA): The MIT Press, 2000.

RIEHM, Ulrich. "Informationsgesellschaft" ohne Informationsinfrastruktur? In: TAUSS, Jörg; KOLLBECK, Johannes; MÖNIKES, Jan (orgs.). *Deutschlands Weg in die Informationsgesellschaft*. Herausforderungen und Perspektiven für Wirtschaft, Wissenschaft, Recht und Politik. Baden-Baden: Nomos, 1996.

ROCHA, Leonel Severo; CARVALHO, Delton Winter de. Policontexturalidade jurídica e estado ambiental. In: SANTOS, André Leonardo Copetti; STRECK, Lenio Luiz; ROCHA, Leonel Severo. *Constituição, sistemas sociais e hermenêutica*. Porto Alegre: Livraria do Advogado, 2007.

ROHRMANN, Carlos Alberto. *Curso de direito virtual*. Belo Horizonte: Del Rey, 2005.

ROSENBERG, Richard S. *The social impact of computers*. 3. ed. Amsterdam: Elsevier, 2004.

ROTENBERG, Marc. *La protection de la dignité humaine à l'ère du numérique*. Disponível em: http://unesdoc.unesco.org/images/0012/001219/121984f.pdf. Acessado em: 17 jan. 2007.

ROTHENBURG, Walter Claudius. A Constituição Ecológica. In: KISHI, Sandra Akemi Shimada; SILVA, Solange Teles da; SOARES, Inês Virgínia Prado (orgs.). *Desafios do direito ambiental no século XXI*: estudos em homenagem a Paulo Affonso Leme Machado. São Paulo: Malheiros, 2005

SARIKAKIS, Katharine. Mapping the ideologies of Internet policy. In: SARIKAKIS, Katharine; THUSSU, Daya Kishan (Orgs.). *Ideologies of the Internet*. Cresskill, NJ: Hampton Press, 2006.

SARLET, Ingo Wolfgang. Os direitos fundamentais e sua eficácia na ordem constitucional. *Revista da AJURIS*, Porto Alegre, v. 2, p. 365-396, dez. 1999.

———. Constituição e Proporcionalidade: o direito penal e os direitos fundamentais entre proibição de excesso e de insuficiência. *Boletim da Faculdade de Direito da Universidade de Coimbra*. n. 81, p. 325-386, 2001.

———. *A dignidade da pessoa humana e direitos fundamentais na Constituição Federal de 1988*. 4ª ed.rev. ampl. Porto Alegre: Livraria do Advogado, 2006.

———. *A eficácia dos direitos fundamentais*. 6. ed. Porto Alegre: Livraria do Advogado, 2006.

———. Direitos fundamentais sociais, mínimo existencial e direito privado. *Revista de Direito do Consumidor*, a. 16, n. 61, p. 90-125. jan./mar. 2007.

———. A influência dos direitos fundamentais no direito privado: o caso brasileiro. In: SARLET, Ingo; NEUNER, Jörg; MONTEIRO, António Pinto. *Direitos fundamentais e direito privado*. Uma perspectiva de direito comparado. Coimbra: Almedina, 2007.

———; FIGUEIREDO, Mariana Filchtiner. Reserva do Possível, Mínimo Existencial e Direito à Saúde: Algumas Aproximações. *Revista Direitos Fundamentais & Justiça*, v. 1, n. 1, out./dez. 2007.

———; FENSTERSEIFER, Tiago. Algumas notas sobre a dimensão ecológica da dignidade da pessoa humana e sobre a dignidade da vida em geral. In: MOLINARO, Carlos Alberto; MEDEIROS, Fernanda Luiz Fontoura de; SARLET, Ingo Wolfgang; FENSTERSEIFER, Tiago (orgs.). *A dignidade da vida e os direitos fundamentais para além dos humanos*. Uma discussão necessária. Belo Horizonte: Fórum, 2008.

———; TIMM, Luciano Benetti (orgs.). *Direitos fundamentais*: orçamento e "reserva do possível". Porto Alegre: Livraria do Advogado, 2008.

SARTORIUS, Ulrich. *Das Existenzminimum im Recht*. Baden-Baden: Nomos, 2000.

SCAFF, Fernando Facury. Reserva do Possível, Mínimo Existencial e Direitos Humanos. *Revista Interesse Público*, v. 32, 2005.

SCHEMENT, Jorge Reina. Of gaps by which democracy we measure. In: COMPAINE, Benjamin M. (org.). *The digital divide*: facing a crisis or creating a myth? Cambridge (MA): MIT, 2001.

SCHILLER, Frank. *Diskurs und Nachhaltigkeit*. Zur Dematerialisierung in den industrialisierten Demokratien. Disponível em: http://webdoc.sub.gwdg.de/diss/2004/schiller_frank/index.html. Acessado em: 7 out. 2007.

SCHMIDT, Reiner; KAHL, Wolfgang M. A. *Umweltrecht*. 7. ed. ampl. Munique: C.H. Beck, 2006.

SCHMIDT-ASSMANN, Eberhard. Verwaltungsrecht in der Informationsgesellschaft: Perspektiven der Systembildung. In: HOFFMANN-RIEM, Wolfgang; SCHMIDT-ASSMANN, Eberhard (orgs.). *Verwaltungsrecht in der Informationsgesellschaft*. Baden-Baden: Nomos, 2000.

SCHMIDT-JORTZIG, Edzard. Meinungs- und Informationsfreiheit. In: ISENSEE, Josef; KIRCHHOF, Paul (Orgs.). *Handbuch des Staatsrechts der Bundesrepublik Deutschland*. v. VI. Freiheitsrechte. Heidelberg: C.F. Müller Juristischer Verlag, 1989.

SCHMILLEN, Markus. *Das Umweltinformationsrecht zwischen Anspruch und Wirklichkeit*. Rechtliche und praktische Probleme des Umweltinformationsgesetzes unter Einbeziehung der UIG-Novelle und der neuen Umweltinformationsrichtlinie. Berlim: Erich Schmidt Verlag, 2003.

SENKER, Peter. A dynamic perspective on technology, economic inequality and development. In: WYATT, Sally; HENWOOD, Flis; MILLER, Nod; SENKER, Peter (orgs.). *Technology and in/equality*: questioning the information society. Londres: Routledge.

SILVA, José Afonso da. *Curso de direito constitucional positivo*. 20. ed. rev. atual. São Paulo: Malheiros, 2002.

SILVA, Marco Antonio Marques da. *Acesso à justiça penal e estado democrático de direito*. São Paulo: Juarez de Oliveira, 2001.

SORJ, Bernardo; GUEDES, Luís Eduardo. Exclusão digital. Problemas conceituais, evidências empíricas e políticas públicas. *Novos Estudos*, n. 72, jul. 2005. Disponível em: www.scielo.br/pdf/nec/n72/a06n72.pdf. Acessado em: 15 jun. 2008.

SRINIVASAN, Ramesh. Where information society and community voice intersect. In: MANSELL, Robin (org.). *The information society*. v. IV (Everyday life). New York: Routledge, 2009.

STEHR, Nico. Deciphering information technologies. Modern societies as networks. In: MANSELL, Robin (org.). *The information society*. v. III (Democracy, governance and regulation). New York: Routledge, 2009.

STEINBERG, Rudolf. *Der ökologische Verfassungsstaat*. Frankfurt a.M.: Suhrkamp, 1998.

STERN, Klaus. *Das staatsrecht der bundesrepublik Deutschland*. München: C. H. Beck, 1994. v. 3, t. 2.

STRECK, Lenio Luiz. Da proibição de excesso (Übermassverbot) à proibição de proteção deficiente (Untermassverbot): de como não há blindagem contra normas penais inconstitucionais. *Revista da Ajuris*, v.32, n.97, p.171-202, mar., 2005.

STRECKEL, Siegmar. Umweltschutz und sozialer Rechtsstaat. Recht als Instrument zur Bewältigung der Umweltkrise. In: REHBINDER, Manfred (org.). *Recht im sozialen Rechtsstaat*. Opladen: Westdeutscher Verlag, 1973.

SUNSTEIN, Cass R. *Beyond the precautionary principle*. Disponível em: http://www.law.uchicago.edu/Lawecon/index.html. Acessado em: 2. maio 2008.

THEUER, Andreas. Der Zugang zu Umweltinformationen aufgrund des Umweltinformationsgesetzes (UIG). *NvwZ*, Heft 4, 1996.

TORRES, Ricardo Lobo. O IPI e o princípio da seletividade. *Revista Dialética de Direito Tributário*, n. 18, mar. 1997.

──────. *Curso de direito financeiro e tributário.* 12. ed. Rio de Janeiro: Renovar, 2005.

TORRES, Silvestre Jasson Ayres. *O acesso à justiça e soluções alternativas.* Porto Alegre: Livraria do Advogado, 2005.

TRINDADE, Antônio Augusto Cançado. *Direitos humanos e meio-ambiente*: paralelo dos sistemas de proteção internacional. Porto Alegre: Fabris, 1993.

TSAI, Tzung-Jen. *Die verfassungsrechtliche Umweltschutzpflicht des Staates.* Zugleich ein Beitrag zur Umweltschutzklausel des Art. 20 a GG. Berlim: Duncker & Humblot, 1996.

TURIAUX, André. *Umweltinformationsgesetz.* Kommentar. Munique: C.H. Beck, 1995.

TUSHNET, Mark. *Weak Courts, Strong Rights*: Judicial Review and Social Welfare Rights in Comparative Constitutional Law. Princeton: Princeton University Press, 2007.

UERPMANN-WITTZACK, Robert; JANKOWSKA-GILBERG, Magdalena. Die Europäische Menschenrechtskonvention als Ordnungsrahmen für das Internet. *MultiMedia und Recht*, Heft 2, 2008.

VESTING, Thomas. Zur Entwicklung einer "Informationsordnung". In: BADURA, Peter; DREIER, Horst (eds.). *Festschrift 50 jahre bundesverfassungsgericht.* Tübingen: Mohr Siebeck, 2001.

──────. Zwischen Gewährleistungsstaat und Minimalstaat. Zu den veränderten Bedingungen der Bewältigung öffentlicher Aufgaben in der "Informations- oder Wissensgesellschaft". In: HOFFMANN-RIEM, Wolfgang; SCHMIDT-ASSMANN, Eberhard (orgs.). *Verwaltungsrecht in der Informationsgesellschaft.* Baden-Baden: Nomos, 2000.

WARSCHAUER, Mark. *Technology and social inclusion*: rethinking the digital divide. Cambridge (MA): MIT, 2004.

WEBSTER, Frank. *Theories of the information society.* 2. ed. Londres: Routledge, 2003.

WEIZSÄCKER, Ernst Ulrich von. Ética mundial ecológica. *Ciência y Ethos Mundial.* Madri: Trotta, 2006.

WOLF, Rainer. Der ökologische Rechtsstaat als prozedurales Programm. In: ROßNAGEL, Alexander; NEUSER, Uwe. *Reformperspektiven im Umweltrecht:* Dokumentation der "Haydauer Hochschul-Gespräche 1995". Baden-Baden: Nomos, 1996.

WU, Tim. When code isn't law. *Virginia Law Review*, 89, 2003.

ZELLER, Friedrich. Staatliche Umweltberatung und gesellschaftliche Umweltbewußtsein. Im Kontext der aktuellen EG-Richtlinie über den freien Zugang zu Umweltinformationen. In: HEGELE, Dorothea; RÖGER, Ralf (eds.). *Umweltschutz durch Umweltinformation.* Chancen und Grenzen des neuen Informationsanspruchs. Berlim: Berlin Verlag, 1993.

Sites consultados

http://www.envirolink.org

http://www.ibama.gov.br

http://www.scorecard.org

http://earthtrends.wri.org

http://news.bbc.co.uk

http://idgnow.uol.com.br

http://www.google.com.br